Islamisches Recht in Theorie und Praxis

Reihe für Osnabrücker Islamstudien

Herausgegeben von
Bülent Ucar und Rauf Ceylan

Band 21

PETER LANG
EDITION

Mouez Khalfaoui / Bülent Ucar (Hrsg.)

Islamisches Recht in Theorie und Praxis

Neue Ansätze zu aktuellen und klassischen islamischen Rechtsdebatten

PETER LANG
EDITION

Bibliografische Information der Deutschen Nationalbibliothek
Die Deutsche Nationalbibliothek verzeichnet diese Publikation in der DeutschenNationalbibliografie; detaillierte bibliografische Daten sind im Internet über http://dnb.d-nb.de abrufbar.

Gefördert durch: Niedersächsisches Ministerium für Wissenschaft und Kultur

Bundesministerium
für Bildung
und Forschung

Umschlagabbildung:
corgarashu / shutterstock.com

ISSN 2190-3395
ISBN 978-3-631-67357-7 (Print)
E-ISBN 978-3-653-06615-9 (E-Book)
DOI 10.3726/978-3-653-06615-9

Peter Lang Edition ist ein Imprint der Peter Lang GmbH.
Peter Lang – Frankfurt am Main · Bern · Bruxelles · New York · Oxford · Warszawa · Wien

Diese Publikation wurde begutachtet.

www.peterlang.com

Inhalt

Mouez Khalfaoui
Einführung ... 9

Mouez Khalfaoui
Orientalismus und das islamische Recht: Debatten über den Ursprung und das Wesen des islamischen Rechts ... 17

Bülent Ucar
ʾInsidād bāb al-iǧtihād: Einige Notizen zum Verhältnis von *ʾiǧtihād* und *taqlīd* ... 41

Ruggero Vimercati Sanseverino
„Wer dem Gesandten gehorcht, der gehorcht damit Gott" – Normativität der prophetischen Tradition und Gnadenerfüllung im sunnitischen Denken der spätformativen Periode ... 57

Mohammed Nekroumi
Ansätze hermeneutischen Denkens in Šāṭibīs *maqāṣid*-Theorie – Grundfragen einer modernen Relektüre ... 79

Benjamin Jokisch
ʾiǧmāʿ und Globalisierung – Praktikabilität und Wandelbarkeit des islamischen Konsensusprinzips in der Gegenwart ... 105

Ibrahim Salama
Moderne Medizinische Beweisführung und ihre Relevanz für die Normenlehre ... 119

ʾAbū ʾIsḥāq ʾIbrāhīm b. Mūsā aš-Šāṭibī
Warum Gott die Menschen durch die Offenbarung seiner Weisungen in die Pflicht nimmt nach der Darlegung des ʾAbū ʾIsḥāq ʾIbrāhīm b. Mūsā aš-Šāṭibī (gest. 790 A.H.) in seinen al-Muwāfaqāt, II, 4 übersetzt von Jens Bakker ... 137

ʿAllāl Al-Fāsī
Maqāṣid Ash-Schariʿa al-Islamiyya wa makārimihā, Dar al Gharb al Islami, Auflage 5, S. 62–80, übersetzt von Hala Fouad Sindlinger mit einer Einleitung von Mouez Khalfaoui 171

Personenverzeichnis 199

Zur wissenschaftlichen Umschrift des Arabischen, Türkischen etc.

In diesem Buch werden meistens die DMG-Transkriptionsregeln angewandt. Jedoch haben wir bewusst aufgrund der zu verzeichnenden Entwicklungen im deutschsprachigen Raum andere Formen zugelassen. Die im 19. und 20. Jahrhundert genutzten Transkribierungsregeln wurden dafür entwickelt, um fremde bzw. unbekannte Begriffe ins Deutsche zu übertragen. Dies entsprach einer Zeitära, in der weder Muslime noch der Islam bekannt waren.

Gegenwärtig sind zahlreiche Begriffe, Ausdrücke und Redewendungen dem westlichen Leser bekannt, sodass nicht unbedingt eine transkribierte Schreibweise notwendig ist, um die Bedeutungen dieser Wörter zu verstehen. Begriffe wie Scharia, Islam, Muhammad, Ghazali, Ibn Khaldun, Maqasid, Hadith etc. sind hierzulande geläufig geworden und benötigen deshalb keine „klassische" Schreibweise. Deshalb sind manchmal zwei Schreibweisen ein und desselben Wortes vorhanden. Jedoch haben wir darauf geachtet, dass eine einheitliche Fassung in den jeweiligen Beiträgen benutzt wird. Unsere Hoffnung besteht darin, die Beheimatung dieser Begriffe voran zu treiben.

Mouez Khalfaoui

Einführung

Warum ist das islamische Recht (in Deutschland auch islamische Normenlehre, islamische Jurisprudenz genannt) in den letzten Jahren so wichtig geworden? Weshalb ist dieses Thema in Europa beziehungsweise in Deutschland überhaupt von Interesse? Welcher gesellschaftliche Nutzen könnte durch diesen Wissensbereich entstehen und welche Ansätze sollte die Forschung hierzu verfolgen? Diese Fragen begleiten fast jede Diskussion über das islamische Recht, insbesondere wenn diese im europäischen beziehungsweise deutschen Kontext stattfindet.

Dass das islamische Recht heutzutage von globalem Interesse ist, hängt mit den immer lauter werdenden Plädoyers seitens ultrakonservativer muslimischer Akteure für die Vollstreckung der Scharia sowohl in islamisch geprägten Staaten als auch in anderen Regionen der Welt zusammen. Denn die Berufung auf die Scharia als Gottesrecht ist gegenwärtig der einzige gemeinsame Nenner, auf den sich unterschiedliche muslimische konservative Kräfte weltweit einigen können. In Europa und in westlichen Staaten ist die Diskussion über islamisches Recht meistens von Vorurteilen und Klischees geprägt. Bei näherer Betrachtung der massenmedialen Darstellung des Islams und der tatsächlichen Lebenswelt von Muslimen in Westeuropa fällt auf, dass in Zusammenhäng mit der Scharia große Aufmerksamkeit erregt wird. Dies liegt größtenteils daran, dass der Begriff „Scharia" mit drakonischen Strafen assoziiert und somit als Bedrohung für europäische Werte und Rechtssysteme angesehen wird.

Die teilweise oder vollständige Wiedereinführung islamischer Rechtsnormen in zahlreichen muslimischen Staaten, wie etwa Iran, Pakistan, Sudan, Nigeria und Afghanistan, ist mit Kritik und Skepsis seitens der internationalen Staatengemeinschaft und der Menschenrechtsorganisationen aufgenommen worden. Die Nachrichten aus den oben genannten Ländern verzeichnen zudem, dass die aktuelle Implementierung islamischer Rechtsnormen weder den versprochenen Wohlstand und die Gerechtigkeit noch die Reduktion der Kriminalität gebracht haben. Diese Situation wirft zahlreiche Fragen auf: Wie wird die Scharia gegenwärtig rezipiert, interpretiert und implementiert? Welche Aspekte der klassischen Ansätze können angewendet werden? Was sollte angepasst werden und was unverändert bleiben? Wie kann das islamische Recht reformiert werden? Welchen Modellen sollte man in diesem Zusammenhang folgen: westlich-säkularen oder islamisch-traditionellen?

Zunächst einmal gilt es zu klären, wie das islamische Recht an verschiedenen Orten und in unterschiedlichen Epochen verstanden und umgesetzt wurde beziehungsweise werden soll(te). In muslimischen Staaten kollidieren diesbezüglich die Ansichten zweier Lager: Auf der einen Seite stehen die sogenannten progressiven Akteure, die für eine starke Reform des islamischen Rechts oder sogar für die Übernahme westlicher Rechte plädieren und sich gegen die Anwendung jedweder islamischer Rechtsnormen aussprechen. Auf der anderen Seite stehen die sogenannten konservativen Akteure, die in der Wiedereinführung des „Rechts Gottes“ die einzige Möglichkeit für Fortschritt und Entwicklung muslimischer Gesellschaften sehen. Die Auseinandersetzung zwischen diesen beiden Gruppen hat gegenwärtig mit der Diskussion über die neuen Verfassungen etlicher Staaten wie unter anderem in Tunesien, Libyen und Ägypten ihren vorläufigen Höhepunkt erreicht. Dort werden die Fragen nach der Umsetzbarkeit der Scharia und ihrem Verhältnis zum kodifizierten modernen Recht beziehungsweise zum säkularen Recht diskutiert.

In Europa beziehungsweise in Deutschland wird die Auseinandersetzung mit dem islamischen Recht durch verschiedene Faktoren verschärft. Die dauerhafte freiwillige Niederlassung einer großen muslimischen Minderheit in europäischen Staaten und die Annahme der Staatsangehörigkeit dieser Staaten erfordert die Anerkennung des jeweils geltenden säkularen Rechts. Zwar garantieren alle diese Rechtssysteme die freie Ausübung der Religionsfreiheit, lassen jedoch praktischen Aspekten des islamischen Rechts in den meisten anderen Bereichen des geltenden Rechts keinen Raum. In diesem Zusammenhang stellt sich die Frage, wie Muslime dem säkularen Rechtsstaat gegenüberstehen und ob und in welchem Ausmaß Normen des islamischen Rechts in nichtmuslimischen Staaten anwendbar sind, ohne dass es zu einem Verstoß gegen die herrschende säkulare Justiz europäischer Staaten kommt. Wurden diese Punkte lange Zeit nur im „stillen Kämmerlein“ von Forschungsinstitutionen diskutiert, sind sie heute Teil des öffentlichen Diskurses geworden.

Gegenwärtig erfolgt die Beschäftigung mit dem islamischen Recht in Europa aus zwei Blickwinkeln: Eine praktisch-pragmatische Herangehensweise befasst sich mit Fragen nach der Implementierung der Rechtsnormen und deren Kompatibilität mit Demokratie und Menschenrechten. Bei der zweiten Betrachtungsweise handelt es sich um die klassisch-historische Perspektive. Hierzu gehört unter anderem die altbekannte Forschung, wie sie von westlichen Orientalisten seit dem 19. Jahrhundert betrieben wurde, die jedoch in den letzten Jahren zugunsten der pragmatischen Herangehensweise an Bedeutung verloren hat. Aspekte, die in diesem Zusammenhang im Vordergrund stehen, sind die Entstehung und Entwicklung des islamischen Rechts sowie die Frage, wo und wie das islamische Recht gegenwärtig praktiziert werden kann.

Eine weitere Betrachtungsperspektive im Bereich des islamischen Rechts ist durch die Etablierung der Zentren für Islamische Theologie entstanden. Seit 2010 bieten die fünf bisher etablierten Zentren der islamischen Theologie in Deutschland eine umfassende theologische Ausbildung an. Dabei werden unter anderem sowohl die Geschichte des islamischen Rechts als auch dessen gegenwärtige Implementierung vermittelt bzw. untersucht. In diesem Zusammenhang wird auch der Frage nachgegangen, inwiefern dieses Recht für die im Westen lebenden muslimischen Minderheiten von Nutzen sein könnte.

Der vorliegende Band dokumentiert die einzelnen Beiträge der Tagung „Islamisches Recht: Theorie und Praxis“. Diese Tagung wurde im Januar 2013 gemeinsam von den Zentren für Islamische Theologie in Osnabrück und Tübingen organisiert.[1] Die Stiftung Mercator, die sich für die Belange der islamischen Theologie einsetzt, übernahm dankenswerterweise die Finanzierung der Tagung. Die Beiträge dieses Tagungsbandes decken drei Hauptgebiete des islamischen Rechts ab. Im ersten Kapitel des Buches werden grundlegende Fragen bezüglich der Geschichte des islamischen Rechts sowie einige Konzepte wie die Hauptziele der Scharia (*maqāṣid*) und die Idee des Gemeinwohls (*maṣlaḥa*) behandelt. Im zweiten Teil werden praxisbezogene Themen des islamischen Rechts angesprochen. Aufgrund des bisherigen Mangels und der großen Nachfrage nach deutschsprachigen

---

1 http://www.gkit.de/fileadmin/user_upload/graduiertenkolleg/uploads/Fiqh_Workshop_GKIT.pdf.

Quellen des islamischen Rechts werden im dritten Teil zwei Kapitel aus bedeutenden Rechtsquellen in der deutschen Übersetzung präsentiert. Somit deckt der vorliegende Sammelband einige der wichtigsten Gebiete des islamischen Rechts ab. Im Folgenden werden die einzelnen Beiträge kurz zusammengefasst.

Im ersten Beitrag „*Orientalismus und das Islamische Recht: Debatten über den Ursprung und das Wesen des Islamischen Rechts*" beschäftigt sich Mouez Khalfaoui mit der Frage, wie das islamische Recht seitens der Orientalisten untersucht wurde. Ausgehend von der Annahme, dass das islamische Recht einen wichtigen Zugang zur Untersuchung der muslimischen Kultur und des muslimischen Orients darstellt, zeichnet Khalfaoui die Darstellung des islamischen Rechts in der westlichen Forschung von der Mitte des 19. Jahrhunderts bis in die Gegenwart nach. Der Autor teilt diesen Zeitraum in drei Phasen ein und führt, um die einzelnen Phasen eingehend untersuchen zu können, zwei Faktoren an, die bei jeder Beschäftigung mit dem islamischen Recht seitens westlicher Forscher eine Rolle spielten: Die Erkenntnisinteressen und den Quellenstand. Anhand mehrerer Beispiele aus den verschiedenen Phasen des Untersuchungszeitraums stellt der Autor fest, dass die Forschung über das islamische Recht seit Mitte des 19. Jahrhunderts einen maßgeblichen Wandel erfahren hat. So wurde im Laufe der Zeit – insbesondere seit Mitte des 20. Jahrhunderts – umfangreiches Quellenmaterial entdeckt, welches tiefere Einblicke in den Ursprung des islamischen Rechts ermöglicht. Von zentraler Bedeutung ist die Forschung, die in den Jahrzehnten nach dem Zweiten Weltkrieg betrieben wurde – eine Phase, die der Autor als Epoche Joseph Schachts (1902–1969) bezeichnet. Khalfaoui untersucht daher einerseits den Ansatz Schachts und widmet sich gleichzeitig der Frage, inwiefern dieser seine Nachfolger und Kritiker beeinflusst hat. Von großer Relevanz ist der vorerst letzte Entwicklungsschritt auf diesem Gebiet: Die Entstehung des Studienfachs der Islamischen Theologie an einigen europäischen Universitäten. Diese Innovation öffnet neue Perspektiven für weitere Forschungen auf dem Gebiet des islamischen Rechts.

Der Beitrag von Bülent Ucar über „*Insidād bāb al-iǧtihād: Einige Notizen zum Verhältnis von iǧtihād und taqlīd*" bietet einige inhaltliche und methodische Zugänge zu der andauernden Debatte über die Vergangenheit und Zukunft der islamischen Rechtsnormen. Diese Debatte hat sich seit einigen Jahrzehnten auf die Frage konzentriert, ob und inwieweit muslimische

Rechtsgelehrte neue Antworten und Überlegungen erzeugen können und damit teilweise die Meinungen vorheriger Rechtsgelehrter zu revidieren oder abzulehnen vermögen. Die Drehscheibe für diese Diskussion bildet die Beziehung der Rechtsnormen zum Lebenskontext der Menschen. Ausgehend von der Annahme, dass das islamische Recht eng mit der Lebenssituation der Muslime in Verbindung steht, stellt sich die Frage, wie man neue Lösungen für unser modernes Leben erzeugen kann. Hierbei haben sich zwei ideologische und methodische Konstellationen herausgebildet. Beide beziehen sich auf die Interpretation der Rechtsquellen in der modernen Zeitepoche. Auf der einen Seite stehen die sogenannten konservativen Kräfte. Diese bestehen auf einer fast buchstäblichen Interpretation der Quellen; die Ultrakonservativen denken sogar, dass nur eine einzige und unveränderbare Interpretation vorhanden ist; für sie bietet eine genaue Umsetzung geerbter Normen die ideale Lösung für die Probleme gegenwärtiger Gesellschaften. Für eine andere Gruppe bräuchte eine Umsetzung der Rechtsnormen unbedingt eine Anpassung an unseren Lebenskontext und daher eine neue Interpretation der Rechtsquellen. Eine weitere Gruppe besteht aus ablehnenden Stimmen, die dafür plädieren, die Normen des islamischen Rechts ganz aufzugeben und stattdessen Normen des modernen Rechts anzuwenden. Alle diese Doktrinen haben ihre Anhänger in der muslimischen Welt sowie auch im Westen und die Diskussion zwischen ihnen scheint noch eine Weile in Anspruch zu nehmen.[2]

Im seinem Beitrag „‚*Wer dem Gesandten gehorcht, der gehorcht damit in der Tat Gott*‘ – *Die theologischen Grundlagen der normativen Autorität des Propheten im sunnitischen Denken*“ geht Ruggero Vimercati Sanseverino der Frage nach, welche Bedeutung der Hadith und die Person des Propheten Muhammad im islamischen Recht haben. Sanseverino formuliert die Annahme, dass die Tradition des Propheten Muhammad ein heikles Thema im Bereich des islamischen Rechts darstellt. Hierbei wird die Frage nach dem Bezug der Hadithe zum Koran gestellt. Um diese Frage zu beantworten, fokussiert Sanseverino seine Forschung auf das *Kitāb aš-Šifāʾ* (das Buch der Heilung) des berühmten mālikitischen Gelehrten Qāḍī ʿIyāḍ (gest. 544/1149) und geht hierbei insbesondere auf zwei Aspekte näher ein:

2 Siehe Beitrag Ucar, „*Insidād bāb al-iǧtihād: Einige Notizen zum Verhältnis von iǧtihād und taqlīd*“, Seiten 41–55 in diesem Band.

Die Entstehung und Entwicklung der Gattung „Merkmale der Prophetie" (*Šamāʾil an-Nubuwwa*) zum einen und die Position des Propheten Muhammad und die Frage nach dessen Unfehlbarkeit zum anderen. Sanseverino ermöglicht es somit die Art und Weise, wie im sunnitischen Denken die dogmatischen Grundlagen für die normative Autorität des Propheten erarbeitet werden, zu verstehen.[3]

Im dritten Beitrag mit dem Titel *„Ansätze hermeneutischen Denkens in Šāṭibīs-Maqāṣid-Theorie. Grundfragen einer modernen Relektüre"* befasst sich Mohammed Nekroumi mit dem Konzept der Ziele der Scharia (*maqāṣid*) und interpretiert sie im Rahmen der immer akuter werdenden Frage der Reform beziehungsweise Erneuerung des islamischen Rechts seit dem 20. Jahrhundert. In seinem Beitrag versucht er durch einen Vergleich die Auslegungen bezüglich der Norm der *maqāṣid* zu erläutern: Als Fallbeispiele dienen die Werke von Abū Isḥāq aš-Šāṭibī (gest.1388) und ʿAlāl al-Fāsi (gest.1974). Hier bedient sich Nekroumi zweier unterschiedlicher Ansätze: Der Autor nutzt den historisch-analytischen Ansatz, um die Geschichte der *maqāṣid* im islamischen Denken zu interpretieren. Dabei stellt er fest, dass *maqāṣid* bereits in der klassischen Epoche des islamischen Rechtsdenkens thematisiert wurde, etwa bei al-Ǧuwaynī (gest. 478/1085) und dessen Nachfolgern. Dieser Abschnitt vermittelt einen Einblick in die Entstehung und Entwicklung der *maqāṣid*-Theorie. Im zweiten Teil des Beitrags wird das Verhältnis von Offenbarung und Vernunft anhand von Šāṭibīs *maqāṣid*-Vorstellungen erläutert.[4]

Das zweite Kapitel des Buches ist zwei praktischen Aspekten des islamischen Rechts gewidmet. Benjamin Jokisch befasst sich in seinem Beitrag *„Iǧmāʿ und Globalisierung – Praktikabilität und Wandelbarkeit des islamischen Konsensusprinzips in der Gegenwart"* mit der Rolle der Norm der Übereinstimmung muslimischer Gelehrter (*iǧmāʿ*). In Bezug auf aktuelle Globalisierungsprozesse wirft Jokisch die Frage auf, wie die dritte Quelle

3 Sanseverino, *„‚Wer dem Gesandten gehorcht, der gehorcht damit in der Tat Gott' – Die theologischen Grundlagen der normativen Autorität des Propheten im sunnitischen Denken"*, Seiten 57–77 in diesem Band.

4 Siehe Beitrag Nekroumi, *„Ansätze hermeneutischen Denkens in Šāṭibīs-Maqāṣid-Theorie. Grundfragen einer modernen Relektüre"*, Seiten 79–103 in diesem Band.

des islamischen Rechts gegenwärtig in Anspruch genommen werden kann. Dabei stellt er fest, dass der Einfluss solcher Globalisierungsprozesse auf *iǧmāʿ* ein zweischneidiges Schwert sei.[5]

Bemerkenswert ist in diesem Zusammenhang die Haltung zeitgenössischer muslimischer Gelehrter bezüglich der Anwendung des *iǧmāʿ*. Hierzu werden die Meinungen von unter anderem Muḥammad ʿAbduh (gest.1905), Muḥammad Iqbāl (gest. 1938) und Kamāl Farūqī (gest. 1977) vorgestellt. Abschließend stellt der Autor die Frage, wie aktuelle *fiqh*-Foren, wie etwa der European Fatwa Council und die Liga der muslimischen Welt als überregionale und *maḏhab*-übergreifende Institutionen, diesen neuen Herausforderungen entgegentreten und entsprechende Lösungen bieten können.

Ibrahim Salama beschäftigt sich in seinem Artikel mit der Frage, was die Fortschritte im Bereich der medizinischen Forschung zur Beweisführung im muslimischen Recht beitragen können. Der Beitrag *„Moderne medizinische Beweisführung und ihre Relevanz für die Normenlehre“* gliedert sich folglich in zwei Hauptteile. Im ersten Teil wird die Beweisführung, wie wir sie im klassischen islamischen Recht vorfinden, erläutert und die Relevanz dieser Methode im Rechtswesen hervorgehoben. Im zweiten Teil wird die praktische Anwendung der Beweisführung in der Gegenwart thematisiert. Ausgehend von der Frage, ob und inwiefern wissenschaftliche Entdeckungen, wie etwa die DNS und entsprechende Technologien im Zuge von Gerichtsverfahren angewendet werden können, stellt Salama jene Bereiche dar, in denen die Anwendung dieser Methoden denkbar ist und zu tiefgreifenden Veränderungen führen könnte. Dabei darf jedoch nicht vergessen werden, dass diese Methoden selbst stetem Wandel unterliegen und zuweilen widerlegt werden, weshalb ihre uneingeschränkte Anwendung in Frage gestellt werden muss.[6]

Der Sammelband *Islamisches Recht: Theorie und Praxis* enthält neben den oben angeführten Beiträgen gegenwärtiger Forscherinnen und Forscher zwei Quellentexte aus unterschiedlichen Epochen. Aufgrund des Mangels an deutschsprachigen Quellen und des entsprechend großen Bedarfs, solche

5 Jokisch, *„Iǧmāʿ und Globalisierung – Praktikabilität und Wandelbarkeit des islamischen Konsensusprinzips in der Gegenwart“*, Seiten 105–118 in diesem Band.
6 Siehe Beitrag Salama, *„Moderne medizinische Beweisführung und ihre Relevanz für die Normenlehre“*, Seiten 119–135 in diesem Band.

Texte der Öffentlichkeit zugänglich zu machen, wurde ein Text von Abū Isḥāq aš-Šāṭibī (gest.1388), übersetzt von Jens Bakker, und ein Text von ʿAlāl al-Fāsi (gest. 1974), ins Deutsche übersetzt von Hala Fouad-Sindlinger, ausgewählt. Beide Texte befassen sich mit *maqāṣid* und sind im dritten Kapitel dieses Sammelbandes zu finden. Al-Šāṭibī ist als einer der Begründer der *maqāṣid*-Philosophie im 15. Jahrhundert bekannt, während Al-Fāsī als einer der wichtigsten Autoren und Reformer im 20. Jahrhunderts gilt. Anhand dieser beiden Texte lässt sich die Entstehung der *maqāṣid* nachzeichnen, sowie ihre gegenwärtige Interpretation verstehen.

Zusammenfassend lässt sich sagen, dass dieser Sammelband den aktuellen Stand der Forschung auf dem Gebiet des islamischen Rechts an den Zentren für Islamische Theologie in Deutschland widerspiegelt. Vor allem zeigt er auf, welche Themen angesprochen und welche Hindernisse noch überwunden werden müssen.

Dieser Sammelband wurde durch Kolleginnen und Kollegen aus den beiden genannten Islamischen Zentren lektoriert und korrigiert. Unser Dank geht vor allem an Frau Bettina Kruse-Schröder, Frau Susanne Klinger, Frau Corinna Küster und Frau Dorothee Bartlakowski für ihre große Zuverlässigkeit und ihr Engagement.

Ich wünsche Ihnen viel Vergnügen beim Lesen.

Tübingen, November 2015
Mouez Khalfaoui

Mouez Khalfaoui

Orientalismus und das islamische Recht: Debatten über den Ursprung und das Wesen des islamischen Rechts

Einleitung

Dieser Beitrag befasst sich mit der Frage, wie und aus welcher Perspektive das islamische Recht im Westen erforscht wurde bzw. wird. Dabei geht er insbesondere der Frage nach, wie das Wesen und die Geschichte des islamischen Rechts bisher seitens westlicher Forscher erforscht und rezipiert wurden. Die Begriffe „Islamisches Recht", „Gottesrecht", „Scharia", „*fiqh*" und „muhammadanes Recht" werden gegenwärtig in Europa häufig als Synonyme verwendet. Dabei werden sie von verschiedenen Beobachtern zu unterschiedlichen Zwecken herangezogen, etwa, um die Ängste, die mit der Einführung der Scharia verbunden sind, zum Ausdruck zu bringen, oder auch, um sich gerade für deren Wiedereinführung stark zu machen. Zweifellos beruht die Haltung gegenüber dem islamischen Recht auf der Rolle dieses Rechts im Leben und Denken der Muslime. Denn das islamische Recht wird seit Langem als fundamentaler Bestandteil der muslimischen Kultur und Religion betrachtet. So vermerkt Joseph Schacht, dass der Islam ohne Betrachtung der rechtlichen Aspekte unverständlich bleiben muss:

> Islamic law is the epitome of Islamic thought, the most typical manifestation of the Islamic way of life, the core and kernel of Islam itself. The very term *fiḳh*, 'knowledge', shows that early Islam regarded knowledge of the sacred Law as the knowledge *par excellence*. [...] Apart from this, the whole life of the Muslims, Arabic literature, and the Arabic and Islamic disciplines of learning are deeply imbued with the ideas of Islamic law; it is impossible to understand Islam without understanding Islamic law.[1]

Obwohl das islamische Recht bereits seit dem 19. Jahrhundert von westlichen und muslimischen Forschern eingehend behandelt wurde und vor

---

1 Joseph Schacht, *An Introduction to Islamic Law*, Oxford University Press, Oxford 1982 (repr.), S. 1.

allem in den letzten Jahrzehnten im Rahmen der Diskussion über den Islam im Westen immer mehr in den Vordergrund rückte, besteht noch ein großer Erklärungsbedarf. Gründe hierfür sind die sich stetig wandelnde Quellenlage sowie die Unterschiedlichkeit der Forschungs- und Anwendungsansätze. So ist es nicht nur dringend nötig, das islamische Recht an sich weitergehend zu untersuchen; auch die Geschichte der diesbezüglichen Forschung muss gleichermaßen näher betrachtet werden, damit deutlich wird, aus welchen Perspektiven und unter welchen Gesichtspunkten das islamische Recht bisher untersucht wurde bzw. wird.

Dieser Beitrag befasst sich an erster Stelle mit den Forschungsansätzen der sogenannten Orientalisten. „Orientalisten" wird hier als Sammelbegriff verwendet für westliche bzw. europäische Forscher und Forschungsinstitutionen, die sich mit dem islamischen Recht befasst haben. Dabei wird der rechtliche Aspekt als Mittel dafür verwendet, die Kultur und Religion muslimischer Völker zu verstehen. Historisch erstreckt sich dieser Ansatz vom 18. bzw. 19. Jahrhundert bis in die Mitte des 20. Jahrhunderts. Die Ära nach dem Zweiten Weltkrieg wird als „Post-Orientalismus" betrachtet. Von besonderer Bedeutung ist hierbei die Rolle der Orientalisten bei der Erforschung des islamischen Rechts an westlichen Forschungsinstitutionen. Hier können im Wesentlichen zwei Strömungen unterschieden und hervorgehoben werden. Auf der einen Seite steht der „klassische" Orientalismus, der seit dem 19. bis zur Mitte des 20. Jahrhunderts betrieben wurde; demgegenüber gibt es die aus dem Orientalismus entstandenen „Islam-Studien" (Islamic Studies/ Middle Eastern Studies),[2] die sich nach dem Zweiten Weltkrieg formierten und sich als Gegenbewegung zu den Orientalisten verstehen. Diese Wandlung in der zweiten Hälfte des 20. Jahrhunderts erfolgte zum Teil aufgrund der heftigen Kritik an den bis dato betriebenen Orientalismus-Studien und den entsprechenden Ansätzen zur Erforschung des islamischen Rechts. Die seitens der Orientalisten betriebene Forschung

---

2 Für eine ausführliche Interpretation dieser Zeitepoche in Deutschland siehe: Baber Johansen, *"Politics and Scholarship: The Development of Islamic Studies in the Federal Republic of Germany"*, in: Tareq Y. Ismael (Hg.), *Middle East Studies: International Perspectives on the State of the Art*, Praeger, New York 1991, S. 71–130.

seit Mitte des 20. Jahrhunderts wird auch als „Post-Orientalismus" bezeichnet.[3] Diese Ära steht im Mittelpunkt dieses Beitrages.

Zweifelsohne leisteten die sogenannten „Orientalisten" einen wichtigen Beitrag zur Erforschung des islamischen Rechts seit dem 19. Jahrhundert sowie zur Wiedereinführung alter und vergessener Rechtsquellen, sodass die Untersuchung ihrer Forschungsansätze bezüglich des Wesens des islamischen Rechts und seiner Geschichte unabdingbar erscheinen für jegliche Forschung auf diesem Gebiet. Zu einer Zeit, in der ein Großteil der muslimischen Rechtsquellen unbekannt war, bzw. in Vergessenheit geraten war, und sich das islamische Recht in den meisten muslimischen Gesellschaften zu einem komplizierten und undurchsichtigen Wesen wandelte, leisteten Islam- und Orientforscher eine entscheidende Arbeit zur Wiederbelebung des Diskurses über das islamische Recht und der Entwicklung von neuen Forschungsansätzen und Forschungsparadigmen. Dadurch erreichten fortlaufende Forschungen über das islamische Recht seit dem Anfang des 19. Jahrhundert die Öffentlichkeit. Mit den wegweisenden Werken von Joseph Schacht, in denen er die Forschung seiner Vorgänger zusammenfasste und die bis heute die wissenschaftliche Auseinandersetzung mit dem islamischen Recht prägen, erreichte die Debatte auf diesem Gebiet gegen Mitte des 20. Jahrhunderts einen vorläufigen Höhepunkt. Es muss hierbei hervorgehoben werden, dass die für falsch erachteten Interpretationen einiger Orientalisten bezüglich des islamischen Rechts und die heftigen Vorwürfe, die sowohl im Westen als auch in der muslimischen Welt ihnen gegenüber erhoben wurden, die positiven Aspekte und die erzielten positiven Ergebnisse auf dem Gebiet des islamischen Rechts nicht überschatten sollten.[4] Aus thematischen und methodischen Gründen werden die Meinungen muslimischer Forscher bezüglich des islamischen Rechts und insbesondere ihre Kritik gegenüber den Orientalisten in diesem Beitrag nur dann herangezogen, wenn es für die

3 Vgl. Carl W. Ernst/Richard C. Martin, "*Toward a Post-Orientalist Approach to Islamic Religious Studies*", in: ders. (Hg.), *Rethinking Islamic Studies: From Orientalism to Cosmopolitanism*, The University of South Carolina Press, South Carolina 2010, S. 1–19.

4 Vgl. Muhammad Shama, *Al-Islam fi ʾarwiqat al-Mustašriqīn*, Maktabat al-ʾIymān, Kairo 2012, S. 16ff.

Beleuchtung bestimmter Aspekte der Debatte notwendig erscheint. Dabei ist der Autor der Meinung, dass

1. sich die Beschäftigung mit dem islamischen Recht (bzw. mit der muslimischen Jurisprudenz) seitens westlicher Forscher von Beginn an auf zwei Forschungsgebiete konzentriert hat, nämlich auf den rechtlichen und den historischen Aspekt. Der juristische und pragmatische Aspekt des islamischen Rechts dominierte die Forschung vor allem in der Anfangsphase, d.h. im 19. Jahrhundert. Im Laufe der Zeit gewann der historische Aspekt in der Forschung zunehmend an Bedeutung. Von besonderer Relevanz ist hierbei die Beschäftigung mit der Entstehungsphase der muslimischen Rechtstheorie in der Forschung des ausgehenden 19. Jahrhunderts, die daher in diesem Beitrag intensiv behandelt wird.[5]
2. die Beschäftigung mit dem Wesen des islamischen Rechts seitens westlicher Forscher aus der Frage nach der Originalität bzw. der Authentizität des islamischen Rechts hervorging. Dabei gehen westliche Islamforscher der Frage nach, ob und inwieweit das islamische Recht vom jüdisch-christlichen oder römischen Recht geprägt worden sei.[6]
3. die Erforschung des islamischen Rechts in orientalistischen Kreisen von zwei Hauptfaktoren abhing. So spielen die Erkenntnisinteressen der Forscher und der jeweiligen Forschungsinstitutionen selbstverständlich eine entscheidende Rolle.[7]
4. Aufgrund der Tatsache, dass die meisten Forscher, insbesondere jene aus der Frühphase der Auseinandersetzung mit islamischer Rechtstheorie, aus einem christlich-jüdisch geprägten Kulturkreis stammen, zielte ihre Forschung oftmals darauf ab, aufzuzeigen, dass sich das islamische Recht auf entsprechende Grundlagen zurückführen lässt.

---

5 Vgl. Ahmad Atif Ahmad, *Structural Interrelations of Theory and Practice in Islamic Law: A Study of Six Works of Medieval Islamic Jurisprudence*, Brill, Leiden 2006, S. 19ff.

6 Vgl. Harald Motzki, *Die Anfänge der Islamischen Jurisprudenz. Ihre Entwicklung in Mekka bis zur Mitte des 2./8. Jahrhunderts*, Kommissionsverlag Franz Steiner, Stuttgart 1991, S. 8ff.

7 Vgl. ebd.

Es muss betont werden, dass die Einbindung vieler Forscher in politische Einrichtungen und koloniale Institutionen eine Fokussierung auf pragmatische Aspekte des islamischen Rechts, wie u.a. Familien- und Erbrecht, bedingte. So wollte man ein tieferes Verständnis für die muslimischen Untertanen der Kolonialmächte erreichen, eine Herangehensweise, die letzten Endes auch dem Machterhalt zugutekommen sollte. Ebenso hingen die Ergebnisse der Forschungen über das islamische Recht vom Quellenstand ab, denn zum Ende des 19. Jahrhunderts waren zahlreiche Rechtsquellen noch nicht bekannt.[8] Diese beiden Faktoren – die Erkenntnisinteressen der Forscher in der Frühphase der Auseinandersetzung mit dem islamischen Recht und der unvollständige Quellenstand – führten manchmal zu Fehlinterpretationen auf Seiten der westlichen Forschung.

Da die Begriffe des „Orientalismus" und des „Islamischen Rechts" im vorliegenden Beitrag von zentraler Bedeutung sind, werden diese zunächst einleitend erläutert. Im Anschluss wird dargestellt, wie westliche Forscher sich in der Vergangenheit dem Wesen des islamischen Rechts und dessen Geschichte angenähert haben.

1. Begriffe und Definitionen

1.1 Der Orientalismus

Bei dem Begriff Orientalismus (engl. *orientalism*) handelt es sich um einen sehr umstrittenen Begriff. Er bezeichnet im Allgemeinen die Wissenschaft, die sich mit dem Orient befasst.[9] Schwierigkeiten entstehen jedoch, wenn es um die Ziele und Hintergründe dieser Wissenschaft geht. Dabei muss hervorgehoben werden, dass die historische Entwicklung auf diesem Gebiet eine Wandlung im Verständnis des Begriffs „Orientalismus" aufweist: In seiner Anfangsphase deutete der Orientalismus auf eine Faszination seitens westlicher Künstler, Forscher und Reisender für den Orient hin. Dies drückt sich u.a. durch ihre Kunst, Malerei und Reiseberichte aus.[10] Mit der

8 Vgl. ebd., S. 9.

9 Vgl. *Brockhaus Enzyklopädie*, hrsg. v. Brockhaus-Verlag, dtv-Verlag, Mannheim 1989, Bd. 13, S. 230; Edward E. Said, *Orientalismus*, übers. v. Hans Günther Holl, Fischer, Frankfurt a. M. 2012, S. 10ff.

10 Vgl. Christine Peltre, *Les Orientalistes*, Hazan, Paris 1997, S. 9ff.; Edmund Burke/David Prochaska, *"Introduction: Orientalism from Postcolonial Theory*

Stärkung und Ausdehnung europäischer Mächte und durch die Entstehung des Kolonialismus im 19. Jahrhundert kam der wissenschaftlichen Auseinandersetzung mit dem Orient eine wichtige Aufgabe zu. Es wurde von den Orientalisten erwartet, dass sie ihr Wissen über den Orient anderen Institutionen, wie z.B. Militärinstitutionen, zugänglich machten.[11] In der postkolonialen Epoche (insbesondere nach dem Zweiten Weltkrieg) ist dieser Ansatz in die Kritik geraten. Edward E. Saids Monographie über *Orientalismus* verdeutlicht diese Situation. So wird dem Orientalismus vorgeworfen, für die Misshandlung, Kolonialisierung und Unterdrückung der Völker des Orients durch westliche Mächte verantwortlich zu sein.[12] In muslimischen Gesellschaften bzw. aus muslimischer Wahrnehmungsperspektive haben die Begriffe „Orientalist“ und „Orientalismus“ eine abwertende Bedeutung. Dieses Misstrauen prägt die Rezeption des Orientalisten-Diskurses in muslimischen Gesellschaften noch heute.[13] Obwohl Said deutliche Unterschiede im Orientalismus-Diskurs der verschiedenen Länder aufzeigt,[14] kann man hier von einer allgemeinen Skepsis bezüglich des westlichen Orientalismus ausgehen. Wegen der bereits belasteten Beziehung zwischen dem muslimischen Orient und westlichen Forschungsinstitutionen kann jede Beschäftigung mit dem Orient seitens westlicher Forscher oft zu Verwirrung und Misstrauen führen, insbesondere wenn Forscher sich geographisch zu positionieren versuchen.

1.2 Das islamische Recht

„Islamisches Recht“ wird häufig mit zahlreichen anderen Begriffen gleichgesetzt oder verwechselt, wie etwa „Scharia'“, „muhammadane Jurisprudenz“, „islamische Rechtstheorie“, „islamische Normenlehre“ und „*fiqh*“. In seinem 2005 erschienenen Buch *Between God and the Sultan* widmet sich

to World History", in: Dies. (Hg.), *Genealogies of Orientalism: History, Theory, Politics*, University of Nebraska Press, London 2008, S. 1–71.

11 Vgl. ebd.

12 Vgl. Said, *Orientalismus*, S. 11ff.

13 Vgl. Shama, *Al-Islam*, S. 16ff. Obwohl der Autor dieses Buches in Deutschland studierte und die Orientalistik sehr gut kennt, bleibt seine Kritik gegen die Orientalisten unbegründet.

14 Insbesondere zwischen dem deutschen Orientalismus und dem britisch-französischer Ansätze, vgl. Said, *Orientalismus*, S. 38ff.

Knut Vikør diesem Thema und geht der Frage nach, ob es „das islamische Recht“ wirklich gibt.[15] Seiner Grundannahme zufolge gibt es mehrere unterschiedliche Konzepte für das islamische Recht, was einerseits Schwierigkeiten mit sich bringt, andererseits aber auch Lösungen aufzeigen kann und die wissenschaftliche Bearbeitung erleichtert. Trotz der unterschiedlichen Perspektiven und Ansätze besteht jedoch laut Vikør eine Gemeinsamkeit. Diese besteht in der Annahme, dass “The Law should be the expression of God’s Will for mankind and [it should] be based on His [God’s] Revelation.”[16] Vikør befasst sich jedoch nicht nur mit der Terminologie an und für sich, sondern setzt sich auch mit der Anwendung der o.g. Begriffe auseinander. So kritisiert er die Eindimensionalität der pragmatischen Fragen bezüglich des islamischen Rechts, aufgrund derer viele Aspekte nur unzureichend oder gar nicht behandelt werden:

> Questions like ‘what does the Shariʿa say about such-and-such’ may be partly meaningless, because Islamic law is no more than a body of sources of revelation and a methodology for making rules from these sources.[17]

Betrachtet man die historische Entwicklung der für „das islamische Recht“ angewandten Begriffe bis in die Gegenwart, lässt sich feststellen, dass die ersten Orientalisten des 19. Jahrhunderts den Begriff „Muhammadan law“ oder „muhammadanisches Recht“ verwendet haben. Der Begriff „Islamisches Recht“ war zu jener Zeit noch nicht gebräuchlich. Dass die Diskussion über den Begriff eine wichtige Rolle in der Diskussion über das Wesen des islamischen Rechts spielt, bringt Asaf Fyzee 1955 in seinem Buch *Outlines of Muhammadan Law* auf den Punkt. Fyzee stellt bereits am Anfang seines Buches fest, dass der Begriff „Muhammadan Law“ samt der verschiedenen Schreibweisen dieses Ausdrucks, wie sie bei seinen Vorgängern erscheinen, nicht ausreichend sei, um das Wesen des islamischen Rechts zu verdeutlichen:

> This ugly term as well as its variants Moohummudun (Baillie), Mahomedan (The Judicial Commitee of the Privy Council and most Indian High Courts), Mahommedan (Ameer Ali), Anglo-Muhammadan (Wilson), Mohammedan

---

15 Vgl. Knut S. Vikør, *Between God and the Sultan: A History of Islamic Law*, Oxford University Press, Oxford 2005, S. 1ff.

16 Vgl. ebd.

17 Ebd.

(Nicholson), and occasionally Mussalman (various Indian Acts), are all open to serious objection.[18]

Fyzee nutzt diese Gelegenheit, um weitere Begriffe zu erklären und neue Definitionen des islamischen Rechts zu thematisieren:

> Strictly speaking, the religion taught by the Prophet was Islam, not Muhammadanism; and the people who believe in it are Muslims, not Muhammadans. The system developed by the Muslim doctors is fiqh, and I wish to make it clear that I use the term 'Islamic Law' synonymously with it. 'Muhammadan law' is, however, a useful expression so far as India is concerned; for here, as in many other countries, not the whole of the fiqh, but only a certain part of it, is applied to the Muslims. By Muhammadan law, therefore, I mean that portion of the Islamic Civil Law which is applied in India to Muslims as a personal law.[19]

Es ist hier zu bemerken, dass die Anfänge der Forschung über das islamische Recht im Westen vor allem von den unterschiedlichen Bezeichnungen für den Begriff „Muhammadan law“ geprägt waren. Gegen Mitte des 20. Jahrhunderts wird allmählich der Begriff der „islamische Jurisprudenz“ oder „muhammedanische Jurisprudenz“ angewendet. Danach kommen unterschiedliche Termini zur Anwendung, insbesondere der Begriff „Islamisches Recht“, der in der Forschung und der wissenschaftlichen Auseinandersetzung mit dem islamischen Recht bevorzugt verwendet wird.[20] In den nächsten Kapiteln wird die Geschichte der Forschung bezüglich des islamischen Rechts in drei Hauptepochen geteilt und dementsprechend näher erläutert.

2. Die Geschichte der Forschung bezüglich des islamischen Rechts im Westen

Betrachtet man die Geschichte der Beschäftigung mit dem islamischen Recht an westlichen Forschungsinstitutionen seit Mitte des 19. Jahrhunderts, so lassen sich drei Hauptepochen feststellen. Hierbei kommen die beiden zuvor genannten Faktoren (Quellenstand und Erkenntnisinteressen der Forscher) zum Tragen. Die erste Phase der wissenschaftlichen Auseinandersetzung

18 Asaf A. A. Fyzee, *Outlines of Muhammadan Law*, Oxford University Press, Oxford 1955, S. 2f.

19 Ebd.

20 Dies beweisen die Forschungen der letzten Jahrzehnte, siehe u.a. Mathias Rohe, *Das islamische Recht: Geschichte und Gegenwart*, H.C. Beck, München 2009.

mit dem islamischen Recht von Seiten westlicher Forscher erstreckt sich von ca. 1850 bis 1950 und kann als eine Epoche der Grundsteinlegung betrachtet werden. Die zweite Phase dauerte von ca. 1950 bis 1970. In diesem Zeitraum – in dem Joseph Schacht selbst wegweisende Forschung betrieb – wurden die Hauptthesen des islamischen Rechts diskutiert und untersucht. Zudem wurden in diesem Zeitraum neue Quellen entdeckt und mit in die Forschung einbezogen. Hervorzuheben ist außerdem, dass in dieser Phase ein Wandel in der wissenschaftlichen Auseinandersetzung mit dem islamischen Recht stattfand. Hiernach wird das islamische Recht nicht länger als pragmatisches Mittel zur Regulierung von Angelegenheiten der muslimischen Untertanen europäischer Kolonialmächte in den jeweiligen Kolonien betrachtet, sondern als eigenständiges Forschungsthema behandelt. Nach Schachts Tod 1969 beginnt eine dritte Phase, die bis in die Gegenwart andauert. Hier findet vor allem eine Neuinterpretation und -definierung des islamischen Rechts statt. Ab dem 21. Jahrhundert spricht man von einer neuen Forschungsära bezüglich des islamischen Rechts, in der alte und neue Ansätze zusammengefasst werden. Diese Zeitepoche wird zum Schluss dieses Beitrags kurz vorgestellt. Im Folgenden werden die hier angerissenen Epochen der Forschung über das islamische Recht an westlichen Universitäten dargestellt.

2.1 Das islamische Recht in der europäischen Forschung: ca. 1850–1950

In der Zeit zwischen 1850 und 1950 verfügten die europäischen Staaten über wirtschaftliche und daraus resultierende militärische Macht. Aufgrund dieser Macht und den Versuchen, diese auszudehnen, wird dieser Zeitraum als die Epoche der Globalisierung und Expansion Europas bezeichnet.[21] Dies führte dazu, dass sich ab Mitte des 19. Jahrhunderts europäische Wissenschaftler intensiv mit der islamischen Welt befassten. Daher sollte eine Beschäftigung mit dem islamischen Recht aus Sicht der damaligen Zeit verstanden werden. Zu den Forschern dieser Zeitepoche, die sich mit

---

21 Vgl. Hartmut Kaelble, *„Eine europäische Geschichte der Repräsentationen des Eigenen und des Anderen"*, in, Jörg Baberowski/Hartmut Kaelble/Jürgen Schriewer (Hg.), *Selbstbilder und Fremdbilder. Repräsentation sozialer Ordnung im Wandel*, Campus, Frankfurt a. M. 2008, S. 67–81.

den Aspekten der islamischen Jurisprudenz auseinandersetzten, zählen namhafte Forscher wie etwa Edward Sachau (gest. 1930), Ignaz Goldziher (gest. 1921), Gotthelf Bergsträßer (gest. 1933) und Christiaan Snouck Hurgronje (gest. 1936). Die meisten dieser Wissenschaftler waren in einem jüdisch-christlichen Bildungsumfeld ausgebildet worden und tätig. Dies verlieh ihrer Forschung zumeist einen vergleichenden Aspekt. Zudem ist die Entstehung der akademischen Disziplin der Orient- bzw. Islamforschung an westlichen Universitäten zweifelsohne vom Zeitgeist des 18. bzw. 19. Jahrhunderts geprägt: So waren die ersten Forscher auf dem Gebiet des islamischen Rechts in Kolonialinstitutionen oder militärische Einheiten ihres Landes eingebunden. Da ein Großteil der europäischen Kolonien in Afrika und Asien aus muslimischen Gebieten bestand, zielte die Beschäftigung mit dem islamischen Orient im Allgemeinen und dem islamischem Recht im Speziellen darauf ab, die Kultur der kolonialisierten Völker besser zu verstehen, um die Herrschaftsausübung nachhaltiger und effizienter zu gestalten. Demzufolge gehörten die meisten britischen Forscher beispielsweise der East India Company an, die – zumindest bis 1858 – als Vertreter der Interessen Großbritanniens in Südasien tätig war.[22]

Die Erschließung und Übersetzung zahlreicher Rechtsquellen diente zum einen dazu, das Rechtssystem muslimischer Minderheiten zu erschließen, um es in deren Rechtsangelegenheiten entsprechend anwenden zu können, und zum anderen, die Geschichte des „Muhammadan law" zu verstehen und einen Vergleich mit dem britischen *personal law* zu ermöglichen. Im Rahmen dieser Beschäftigung mit dem islamischen Recht erschienen in dieser Epoche zahlreiche Publikationen mit dem Titel *Muhammedan Law*. Dabei wurden die wichtigsten Quellen, insbesondere die berühmte *fiqh*-Quelle *al-Hidāya* von al-Marġinānī (gest. 593/1197), ins Englische übersetzt und unmittelbar in den Gesetzbüchern diskutiert.[23]

Als deutschsprachiges Pendant für die englischen Forscher in British India gelten Eduard Sachau und Ignaz Goldziher. Sachau verstand seine

22 Vgl. Penelope Carson, *The East India Company and Religion, 1698–1858*, Boydell Press, Woodbridge 2012, S. 9ff.

23 Er erwähnt u.a. die Übersetzung von *Al-Hidaya* durch Charles Hamilton jr. im Jahr 1791, siehe Eduard Sachau, *Muhammedanisches Recht nach Schafiitischer Lehre*, W. Spemann, Stuttgart 1897, S. ixf.

Forschung als Mittel für die Behandlung der Angelegenheiten muslimischer Untertanen der deutschen Kolonialmacht in Afrika. Er verdeutlicht dies, indem er sein Buch *Muhammedanisches Recht nach Schafiitischer Lehre* der preußischen Kaiserin Augusta widmete.[24] Bereits im Vorwort dieses Werks verweist Eduard Sachau auf die veränderte geopolitische Situation:

> In Folge der Ausdehnung der politischen Macht Europas über seine geographischen Grenzen hinaus sind mehrere christliche Staatsoberhäupter zu Souveränen muhammedanischer Länder geworden, und über Millionen von Muslims wird gegenwärtig unter der Aegide, meistens direkt im Namen eines christlichen Kaisers oder Königs oder einer christlichen Republik Recht gesprochen.[25]

Die Abhandlung von Sachau über das islamische Recht kann folglich als Gesetzbuch verstanden werden, das für die Entscheidung rechtlicher Angelegenheiten der vor Ort [Afrika] lebenden Muslime herangezogen werden soll. Inhaltlich betont Sachau, in Anlehnung an die Herangehensweise britischer Forscher, dass für seine Zwecke lediglich die Bereiche des Erb- und Familienrechts im Rahmen einer wissenschaftlichen Erforschung des islamischen Rechts von Bedeutung seien. Folglich widmet er sich vor allem diesen beiden Rechtsbereichen. Angesichts der Tatsache, dass Muslime in Ostafrika überwiegend der schafiitischen Rechtsschule (*maḏhab*) folgen, konzentriert Sachau seine Abhandlung auf die Übersetzung und Interpretation einer schafiitischen Rechtsquelle des Gelehrten Abū Šuǧāʿ.[26]

Während Sachau sich mit praktischen Fragen des islamischen Rechts beschäftigt und seine Arbeit auf die Gebiete des Erb- und Familienrechts begrenzt, erforscht Ignaz Goldziher die Frage der Entstehung und Entwicklung des islamischen Rechts. Für diese Fragestellung sind insbesondere die ersten zwei bis drei Jahrhunderte der Hidschra (7.-10. Jh) von großer Bedeutung: Die Fragen, wie und wann das islamische Recht entstanden ist und welche Rolle die beiden Quellen Koran und Sunna hierbei spielten, waren für seine Forschung richtungsweisend. In Bezug auf die Quellen des

---

24 Sachau, ebd.

25 Sachau, ebd., S. vii. Über die Einmischung der Ministerien der Kolonien in die Forschung über das islamische Recht berichtet das Buch von Theodoor W. Juynboll über die islamischen Gesetze, vgl. Theodoor W. Juynboll, *Handbuch des Islamischen Gesetzes: Nach der Lehre der Schāfiitischen Schule*, Otto Harrassowitz, Leipzig 1910.

26 Vgl. Sachau, *Muhammedanisches Recht*, S. viiff.

islamischen Rechts geht Goldziher davon aus, dass das islamische Recht weder aus dem Koran noch aus der Tradition des Propheten Muhammad (Hadith) stammt.[27] Ihm zufolge stellt die Sunna eine praktische Referenz (*sunna ʿamalīya*) für die Nachfolger des Propheten dar. Goldziher vertritt zudem die Meinung, dass die erste und zweite Nachfolgegeneration die Taten des Propheten nachahmten, wohingegen der dritten Generation (das heißt, den *Tabiʿ at-Tabi ʿīn*) keinerlei praktische Normen zur Verfügung standen und sie sich allein auf ihre eigenen Ansichten (*raʾy*) verlassen mussten. Aus diesem Grund begannen die *fuqahāʾ* zu jener Zeit, nach neuen Lösungsstrategien zu suchen. Dies war, Goldziher zufolge, der Zeitpunkt der Entstehung des islamischen Rechts[28] und fällt in die zweite Hälfte des 2. muslimischen Jahrhunderts.

Diese Interpretation der Geschichte des *fiqh* entspräche, so Goldziher, der soziopolitischen Entwicklung der islamischen Geschichte.[29] Die Entstehung der abbasidischen Dynastie und die Ausdehnung des islamischen Reichs gelten als ausschlaggebende Faktoren für die neue Entwicklung auf dem Gebiet des islamischen Rechts. Folglich reichten die lokalen und in Arabien entstandenen Rechtsnormen nicht mehr aus, um die neuen und komplexen Handels- und Arbeitsbeziehungen auf anderen geographischen Gebieten zu steuern und diesbezügliche Konflikte zu lösen. Diese Interpretation bahnt den Weg für die „Import-Doktrin", die besagt, dass muslimische Gelehrte wegen des Mangels an Rechtsnormen auf jüdische, christliche und römische Rechtstraditionen angewiesen waren (eine Theorie, die von den Nachfolgern Sachaus und Goldzihers ausgebaut wird). Wie oben erwähnt stellt sich Ignaz Goldziher gegen die Annahme, dass das islamische Recht aus Koran und Hadith entstanden ist.[30] Aus Koran und Hadith lässt sich ihm zufolge nicht direkt *fiqh* d.h. die Gesetzwissenschaft ableiten, da dies (*fiqh*) römisch geprägt sei.

> Es kann nicht auffallend sein, dass auf die Ausbildung dieser juristischen Methode und die Einzelheiten ihrer Anwendung auch fremde Kultureinflüsse gewirkt haben.

---

27 Vgl. Ignaz Goldziher, *Vorlesungen über den Islam*, Carl Winter, Heidelberg 1910, S. 36ff.

28 Vgl. ebd., S. 48ff.

29 Vgl. ebd., S. 46ff.

30 Vgl. ebd., S.48f.

> Auch die islamische Gesetzkunde trägt z.B. sowohl in ihrer Methodologie als auch in ihren Einzelbestimmungen unleugbare Spuren des Einflusses des römischen Rechts. Diese gesetzwissenschaftliche Tätigkeit, die ihre Blütezeit bereits im II. Jahrhundert erreichte, hat der geistigen Kultur des Islams ein neues Element zugeführt: die Wissenschaft des Fikh, des religiösen Gesetzes, das in seiner kasuistischen Entartung für die Richtung des religiösen Lebens und der religiösen Wissenschaft bald verhängnisvoll werden sollte.[31]

Dieser Meinung liegt ein Rechtsverständnis zugrunde, dem zufolge sich rechtliche Regeln meist auf die vorherige und nicht auf die zukünftige Wirklichkeit beziehen.[32] Daher ist Goldziher der Meinung, dass die Entstehung des *fiqh* dem *ra'y* (der Ansatz der Analogie) und nicht dem Koran zuzuschreiben ist. Der Koran bezieht sich Goldziher zufolge lediglich auf die Wirklichkeit Arabiens zur Zeit Muhammads. Dazu stellt Goldziher die These auf, dass ein Widerspruch zwischen der Theorie und der Wirklichkeit im islamischen Recht bestünde. Diese Meinung baut auf die o.g. Thesen auf und versucht, zwischen dem pragmatischen Nutzen des Rechts und den theoretischen Normen des Rechts zu unterscheiden.

Aus diesen Betrachtungen ergibt sich, dass die erste Phase der Beschäftigung mit dem islamischen Recht von Seiten westlicher Orientalisten den Beginn einer wissenschaftlichen Auseinandersetzung darstellt. In dieser Phase befassen sich die Forscher überwiegend mit der Neuausgabe der alten Quellen und der Erstellung neuer Thesen über die Entstehung und Entwicklung des islamischen Rechts. In den zu damaliger Zeit aufgestellten Thesen über das islamische Recht lassen sich vielerlei Fehlannahmen ausmachen, die auf die Rechtslage und den institutionellen Hintergrund der beteiligten Forscher zurückgeführt werden können. In dieser ersten Phase werden insbesondere praktische Aspekte des islamischen Rechts erforscht, was sich mit den kolonialen Verhältnissen der Zeit erklären lässt. Die meisten zu jener Zeit veröffentlichten Werke waren daher Übersetzungen von Rechtsquellen, die man in Gerichtsverfahren nutzen wollte. Wie Sachau zu Recht zum Ausdruck brachte, umfasste das Rechtsverständnis hierbei nur zwei Hauptthemen, nämlich das Familienrecht und das Erbrecht, die als Äquivalent

---

31 Ebd.

32 Vgl. Harald Motzki, *Die Anfänge der Islamischen Jurisprudenz. Ihre Entwicklung in Mekka bis zur Mitte des 2./8. Jahrhunderts*, Kommissionsverlag Franz Steiner, Stuttgart 1991, S. 14ff.

zum britischen *personal law* verstanden wurden. Neben dem pragmatischen Aspekt fand jedoch auch eine theoretische Auseinandersetzung mit dem islamischen Recht statt, allerdings war dies damals nicht von großem Belang und wurde nur nebensächlich behandelt. Goldziher beispielsweise untersuchte das Recht und seine Quellen nur im Rahmen seiner Beschäftigung mit der zahiristischen Rechtsschule, und zwar aus einer historischen Perspektive. Dieser Forschungsansatz bezüglich des islamischen Rechts erlebte seine Kehrtwende im Zuge der Befreiungskämpfe in den Ländern des Orients, u.a. in Ịndien und Algerien. Dies führte letztendlich dazu, dass die pragmatische Beschäftigung mit dem islamischen Recht nachließ und Platz für theoretische Ansätze diesbezüglich geschaffen wurde. Als bedeutendes Beispiel für die neuen Forschungsansätze dieser Zeitepoche kann die Arbeit von Joseph Schacht herangezogen werden.

2.2 Die zweite Forschungsepoche (die Ära Joseph Schacht): 1950–1970

Wie eingangs erwähnt, kann diese Phase als die Epoche Joseph Schachts bezeichnet werden. Joseph Schacht (1902–1969) war Schüler zweier der bedeutendsten Orientalisten des 19. Jahrhunderts, Christiaan Snouck Hurgronje (1857–1936) und Gotthelf Bergsträßer (1886–1933), deren Thesen Schacht in seiner Forschung ausgebaut und verfeinert hat. Seine akademische Laufbahn hat Schacht an europäischen und amerikanischen Universitäten zugebracht, von wo aus er die Forschung über das islamische Recht sowohl in der westlichen als auch in der muslimischen Welt nachhaltig prägte. Neben zahlreichen Aufsätzen, etwa in der *Encyclopaedia of Islam*,[33] erläuterte Schacht seine Thesen über das islamische Recht in zwei bedeutenden Monographien: *The Origins of Muhammadan Jurisprudence* und *An Introduction to Islamic Law*. Beide Werke waren und sind immer noch sehr verbreitet, wurden in zahlreiche Sprachen übersetzt, und prägen die Forschung bezüglich des islamischen Rechts noch heute. Schacht konzentriert sich dabei auf die Epoche der Entstehung des islamischen Rechts (d.h. die

33 Durch diesen Artikel erreichen die Thesen Schachts die große Öffentlichkeit und erzielten eine große Ausbreitung. Der Beitrag ist eine Überarbeitung von Goldzihers Artikel, vgl. *Encyclopaedia of Islam*, hrsg. v. C.E. Bosworth u.a., New Edition, E.J. Brill, Leiden 1965, vol. 2, S. 886–891.

ersten drei Jahrhunderte der islamischen Zeitrechnung). Zu Beginn seiner Monographie über *The Origins of Muhammadan Jurisprudence* betont er die Rolle von ash-Shafi'i: "Though Shafi'i laid the essentials of the classical theory of Muhammadan law, he did not say the last word with regard either to consensus or to analogy".[34] Er verweist auf dessen Rolle als "perfectionist of the legal theory":[35] "[who] carried it to a degree of competence and mastery".[36] Schacht unterstützt die Thesen von Goldziher bezüglich der Rolle der Tradition des Propheten Muhammad (Hadith) und vertritt die Meinung, dass die meisten Hadithe der späteren Epochen unglaubwürdig seien, da sie erst zu einer späteren Zeit nachgeschrieben bzw. fabriziert worden seien (und nicht bereits zu Lebzeiten des Propheten Muhammad).[37] Dabei betont Schacht die Rolle von ash-Shafi'i bei der Anwendung der Hadithe als Quelle für das islamische Recht.[38] Schacht geht davon aus, dass die Auseinandersetzung zwischen ash-Shafi'i und den anderen Rechtsschulen sich vorwiegend um die Rolle des Hadith in der Rechtstheorie dreht.[39] Von besonderer Bedeutung hierbei ist die Beschäftigung Schachts mit dem Hadith und seiner Rolle bei der Entstehung des *usul al-fiqh*. Schacht, wie Goldziher vor ihm, ist der Meinung, dass das islamische Recht aus der *ra'y*-Tradition in al-Kufa im 2./8. Jahrhundert entstand. Seiner Meinung nach war die Hadith-Tradition bis dahin (d.h. bis zur 2. Hälfte des 2. muslimischen Jahrhunderts) nicht sehr umfangreich; erst in der 2. Hälfte des 2./8. Jahrhunderts (insbesondere im letzten Vierteljahrhundert des 8. Jh.), so Schacht, seien zahlreiche Hadithe entstanden, die als Gegenschlag bzw. als Ausdruck des Widerstands der Schule von al-Ḥiğāz gegen die *qiyās*- (*ra'y*) Schule von al-'Iraq zu verstehen seien.

In seinem *An Introduction to Islamic Law* (Einführung in das islamische Recht) stellt Schacht das islamische Recht als zentrales Instrument zum

34 Joseph Schacht, *The Origins of Muhammadan Jurisprudence*, Oxford University Press, Oxford 1950, S. 1f.

35 Vgl. Schacht, ebd. S. 4f.

36 Schacht, The Origins of Muhammadan Jurisprudence, S. 1ff.

37 Vgl. ebd., S. 15.

38 Vgl. Sami Zubaida, *Law and Power in the Islamic World*, I. B. Tauris, London 2005, S. 18ff.

39 Vgl. Schacht, *The Origins of Muhammadan Jurisprudence*, S. 17ff.

Erkenntnisgewinn über den Islam in den Vordergrund.[40] Das islamische Recht wird hier als Kernbereich aller islamischen Wissenschaften gesehen. Schacht untersucht in diesem Werk die rechtliche Lage in Arabien vor dem Hintergrund des Islams, wobei es seiner Meinung nach eine schwierige Übergangsphase gab von einer Epoche, die durch Stammesrecht geprägt war, zu einer Epoche, in der religiöse Normen im Vordergrund standen.[41] Ihm zufolge existierte in Arabien zur Zeit der Entstehung des Islams kein Recht außerhalb des jeweils gültigen Stammesrechts. Schacht stellt fest, dass der Prophet Muhammad ein anderes Ziel hatte als ein neues Recht zu gründen, vielmehr sei es sein [Muhammads] Anliegen gewesen, Menschen darüber zu informieren, wie sie sich zu verhalten und wie sie ihr Leben zu führen hätten:

> [...] Muhammad had little reason to change the existing customary law. His aim as a Prophet was not to create a new system of law; it was to teach men how to act, what to do, and what to avoid in order to [...] enter Paradise.[42]

Was die Entstehung der ersten rechtlichen Normen anbetrifft, vertritt Schacht die Meinung, dass diese im Gebiet des heutigen Irak herausgebildet und dabei maßgeblich von anderen Rechtskulturen, insbesondere der jüdischen und römischen, beeinflusst wurden. So versteht Schacht die Entstehung des islamischen Rechts unter der Herrschaft der Omayyaden als „primitives Recht",[43] da es sich meistens um das Bestreben handelte, Recht allein auf den Koran aufzubauen. Demgegenüber steht die irakische *ra'y*/ Analogie-Schule, die ihre Rechtsmethodik auf den Analogieschuss gründet und gilt damit zu einer eigenständigen Rechtsschule erklärt wird. Die Rolle von ash-Shafi'i bestand in dem Versuch, das Recht in Einklang mit alten Traditionen des Propheten Muhammad zu bringen, wobei Schacht die Loyalität von ash-Shafi'i zu seiner ersten Schule, die von Medina, betont. Dank der Anstrengung ash-Shafi'i s wurden andere Schulenauf die Wichtigkeit des Hadith im islamischen Recht aufmerksam. So erfolgte eine Wiederbelebung des Hadith im islamischen Recht in den sunnitischen Rechtsschulen,

---

40 Vgl. Schacht, *"Introductory"*, in: Ders., *An Introduction to Islamic Law*, Oxford University Press, S. 1f.

41 Vgl. Schacht, *Islamic Law.*, S. 11.

42 Ebd., S. 181ff.

43 Ebd., S. 23ff.

die auf unterschiedliche Art und Weise stattfand. Im Gegensatz zu seiner Begeisterung bezüglich der Tradition des Propheten bemerkt Schacht, dass ash-Shafiʿi der Rolle des *iǧmāʿ* (Übereinkommen der Gelehrten) als Rechtsquelle eher skeptisch gegenübersteht.[44]

Schacht beharrt darauf, dass das Wesen des islamischen Rechts durch seine Geschichte bestimmt wird. Denn diese Geschichte weist ihm zufolge einen allgemeinen Charakter auf, der in dem Widerspruch zwischen Theorie und Praxis besteht "The nature of Islamic law is to a great extent determined by its history, and its history is dominated by the contrast between theory and practice."[45] Desweiteren ist Schacht der Auffassung, dass das islamische Recht nicht in Arabien bzw. al-Ḥiǧāz entstanden ist, sondern in al-ʿIraq. Dort kam es zu einem intensiven Austausch und zu einer Auseinandersetzung zwischen jüdischem und muslimischem Recht, woraus Schacht die Schlussfolgerung zieht, das islamische Recht habe eine starke Prägung durch das provinziale Recht (Recht mit römischen Wurzeln in nicht römischen Ländern) in seiner Entstehungsphase erfahren. Islamische Rechtsinstitute wie u.a. Wirtschafts- und Kriegsverträge, sind seiner Meinung nach von römisch-rechtlichen Institutionen geprägt und übernommen worden. Die Interpretation der zweiten Forschungsphase über das islamische Recht seitens westlicher Forscher bekräftigt die Auffassung, dass die in der ersten Forschungsphase entstandenen Vermutungen bezüglich des Wesens des islamischen Rechts und seiner Geschichte in der zweiten Forschungsphase bestätigt und ausgeweitet wurden.

2.3 Die dritte Forschungsepoche (Ära nach Schacht): 1970 bis dato

Wie in den vorherigen Abschnitten bereits dargelegt wurde, hat Schacht die Forschung über das islamische Recht seit den 1950er-Jahren stark beeinflusst. Aufgrund dessen kann die Epoche seit den 1970er-Jahren als eine permanente Auseinandersetzung mit den Thesen Schachts betrachtet werden. Die Mehrheit der nachfolgenden Forscher folgte zwar Schachts Ansätzen,

44 Schacht, *An Introduction*, S. 59.
45 Ebd., S. 199.

jedoch lassen sich auch viele Kritiker finden, die versuchten, seine Thesen zu relativieren oder sie sogar gänzlich zu widerlegen.

Nachstehend werden drei Beispiele der Nachfolger und Kritiker von Schacht präsentiert. Es handelt sich hierbei um Patricia Crone, Wael B. Hallaq und Harald Motzki.

2.3.1 Patricia Crone (1945–2015)

Die dänische Islam-Forscherin profitierte vom britischen Forschungsansatz, vertreten durch Wansbrough, Watt, Couck u.a. Ihre wichtigsten Thesen zum islamischen Recht hat sie in ihrem Buch *Roman, provincial and Islamic law* dargestellt, aber auch in anderen Veröffentlichungen, wie etwa *Hagarism: The Making of the Islamic World* und *Meccan Trade and the Rise of Islam*, wartet sie mit Thesen bezüglich des islamischen Rechts auf. Was die Entstehung des islamischen Rechts betrifft, teilt Crone Schachts Ansicht. So stimmt sie ihm zu, dass die ersten Rechtsschulen bzw. die islamische Rechtstheorie erst im 2. bzw. 3. Jahrhundert entstand und das islamische Recht von anderen Rechtstheorien, insbesondere jüdischen und römischen, geprägt wurde:

> It [Schachts *The Origins of Muhammadan Jurisprudence*] showed that the beginnings of Islamic law cannot be traced further back in the Islamic tradition than to about a century after the Prophet's death, and this strengthened the *a priori* case in favour of the view that foreign elements entered the Sharīʿa.[46]

Gleichwohl ist Crone – im Gegensatz zu Schacht – der Meinung, dass diese Prägung des islamischen Rechts durch Fremdelemente nicht im Irak, sondern in Syrien stattfand. Dadurch stellt sie die These des Einflusses durch das *provincial law* infrage und vertritt die Ansicht, dass es sich nicht um einen direkten Import aus römisch-byzantinischen Rechtsinstitutionen handele.[47] Um dies zu verdeutlichen, nennt Crone die „islamisch-rechtsinstitution" von *al-walāʾ*, die ihr zufolge eine große Ähnlichkeit mit römischen Bräuchen aufweist. Crone bestätigt jedoch, dass die Formung dieser Institution unter muslimischer Herrschaft mehr Ähnlichkeit mit dem römischen als mit dem

46 Patricia Crone, *Roman, Provincial and Islamic Law: The Origins of the Islamic Patronate*, Cambridge University Press, Cambridge 1987, S.7.

47 Ebd., S. 15f.

arabischen vorislamischen Modell zeigt.[48] Anhand des Beispiels *al-walāʾ* und ähnlicher Fälle fasst Crone ihre Thesen bezüglich der Entstehung des islamischen Rechts folgendermaßen zusammen:

> [O]n the basis of the material reviewed in this book the genetic make-up of Islamic law might thus be hypothetically summarised as follows. The tribal legacy of the invaders in conjunction with Jewish concepts provides the Muslims above all with the capacity to reshape, though Jewish law certainly and tribal law possibly contributed raw material too. What they reshaped was essentially provincial practice. This practice contained elements of Roman law in Syria and Egypt, just as it contained elements of Sasanid law in Iraq; and Roman law certainly, and Sasanid law probably, entered the Sharīʿa as a result [...]. The Muslims sifted and systematised this law in the name of God, imprinting it with their own image in the process. [...] But it will be admitted that there is good reason to suspect that the clue to la mystère de la formation et des origines du fiqh is to be found in provincial law.[49]

2.3.2 *Wael B. Hallaq (1955–)*

McGill, Columbia Professor für islamisches Recht, gehört zu den wichtigsten Kritikern von Schacht in den letzten Jahrzehnten. Hallaqs Kritik an Schacht bezieht sich in erster Linie auf dessen Thesen bezüglich der Rolle von ash-Shafiʿi bei der Entstehung der islamischen Jurisprudenz und nimmt hierzu Stellung. Hallaq bemerkt, dass Schachts Thesen, die ash-Shafiʿi als Erfinder bzw. Gründer des islamischen Rechts hervorheben, der historischen Entwicklung der islamischen Rechtstheorie widersprechen.[50] An dieser Stelle zeigt Hallaq auf, dass ash-Shafiʿi im 2./8. Jahrhundert als Rechtsgelehrter unbekannt war und dass keiner der Gelehrten dieser Zeit ihn als *faqīh* (Rechtsgelehrter) erwähnt, was diesen Eindruck zusätzlich unterstreicht. Erst ab dem 9.-10. Jh., so Hallaq, wird über ash-Shafiʿi in islamischen Rechtskreisen gesprochen. Darüber hinaus wird ash-Shafiʿi in Bezug auf seine Hadith-Expertise – und nicht in Bezug auf das islamische Recht – erwähnt. Hallaq bemerkt hierzu, dass selbst die schafiitische Rechtschule nicht von ash-Shafiʿi selbst, sondern von seinen Nachfolgern

48 Vgl. ebd., S. 84ff.
49 Ebd., S. 99.
50 Vgl. Wael B. Hallaq, *"Was al-Shafiʿi the Master Architect of Islamic Jurisprudence?"*, in: International Journal of Middle East Studies 25 (4/1993), S. 587–605.

und Schülern gegründet wurde.[51] Die richtigen und wahren Gründer der schafiitischen Rechtschule sind seiner Meinung nach Ibn Surayǧ, al-Qaffāl und aṣ-Ṣayrafī, die im 3./4. bzw. 9./10. Jh. lebten.[52] Obwohl Hallaq selbst seine Kritik nur als Revision von Schachts Meinungen versteht, lässt sich feststellen, dass auf dieser Grundlage in den letzten beiden Jahrzehnten vermehrt Kritik an Schachts Thesen geübt wurde.

2.3.3 Harald Motzki (1948–)

Harald Motzki gehört zu den schärfsten Kritikern von Schacht und Crone. Ihm zufolge stellt Schacht die Glaubwürdigkeit der Hadithe in Frage, indem er annimmt, dass zahlreiche Hadithe in späteren Epochen retrospektiv fabriziert wurden. Wie oben skiziert, würden die *'asānīd* der meisten Hadithe nicht bis zum ersten Jahrhundert islamischer Zeitrechnung zurückreichen, bzw. kann man sie nicht bis zum Propheten zurückverfolgen. Die existierenden *'asānīd* wurden laut Schacht im Iraq in der zweiten Hälfte des 8. Jahrhunderts fabriziert.[53] Motzki lehnt diese oben dargelegte Ansicht Schachts ab und belegt durch seine Arbeit an zuvor existierender Musannaf-Literatur (insbesondere Musannaf Abd' ar-Razzāq aṣ-Ṣan'ānī [gest. 211/744/]), dass es doch glaubwürdige Hadith-*'asānīd* gibt, die man in Bezug zu der ersten Epoche des islamischen Rechts bzw. zur Hiǧazi-Epoche setzen kann. Motzki bemängelt, dass Schachts Forschung zwar auf Werken wie *Musannaf aṣ-Ṣan'ānī* aufbaut, er die wichtigsten Erkenntnisse zu den *'asānīd* aus diesem Buch jedoch nicht nutze. Hierin besteht der entscheidende Unterschied zwischen Schacht und Motzki: Während Schacht seine Argumentation auf einer inhaltlichen Auseinandersetzung mit den Quellen aufbaut, geht Motzki von der Form bzw. den *'asānīd* der Überlieferungen aus. Obwohl Motzki seine Thesen nur als Rektifikation für Schachts Thesen versteht,[54] sind seine Ansichten von großer Bedeutung für die gesamte Bewertung der Geschichte des islamischen Rechts.[55]

51 Vgl. ebd.
52 Vgl. ebd.
53 Vgl. Motzki, *Anfänge*, S. 22ff.
54 Vgl. ebd., S. 4f.
55 Vgl. ebd.

Fazit

Lange Zeit galt das Interesse der Forschung im Westen vor allem der Entstehung und Geschichte des islamischen Rechts.[56] Durch die starke Fokussierung auf die erste Zeitepoche, d.h. die Entstehungsepoche des islamischen Rechts sind spätere und nicht minder bedeutsame Zeitepochen des islamischen Rechts, insbesondere die Epoche zwischen dem 12. und dem 16. Jahrhundert, in Vergessenheit geraten und vernachlässigt worden, obwohl sie weiterführende Erkenntnisse über die Entwicklung des islamischen Rechts liefern können.[57] Zu den wichtigsten erforschten Fragen gehört der Übergang von „primitiven" Rechtsnormen und Rechtssystem zur Zeit des Propheten Muhammad bzw. im ersten islamischen Jahrhundert zum komplexen Rechtssystem im dritten Jahrhundert. Hier lassen sich unterschiedliche Meinungen festmachen: Während die These des Einflusses bzw. der Befruchtung des islamischen Rechts durch Fremdrechtskulturen (u.a. durch die römische, jüdische oder vorislamische) große Aufmerksamkeit von Seiten der Orientalisten erfuhr, wird diese Auffassung gegenwärtig von zahlreichen muslimischen und nicht muslimischen Forschern kritisiert und infrage gestellt. Ferner kann festgehalten werden, dass ein alleiniger Fokus auf die historischen Aspekte des islamischen Rechts der Gesamtheit dieses islamischen Rechtssystems nicht gerecht wird. Die Gegenüberstellung der Ansätze westlicher Islamforscher und derer muslimischer Forscher zeigt, dass eine eindimensionale Forschung bezüglich des islamischen Rechts dieses in seiner ganzen Komplexität nicht umfassen kann, weder seinem Wesen oder seiner Geschichte nach.[58]

---

56 Vgl. Ahmad, *Structural Interrelations*, S. 19ff.

57 Vgl. Motzki, *Islamische Jurisprudenz*, S. 7ff.; Ahmad, *Structural Interrelations*, S. 19ff.

58 Ahmad stellt fest, dass sich muslimische Wissensinstitutionen u.a. in Al-Azhar fast ausschließlich auf den Inhalt der *fiqh*-Quellen fokussieren und dabei einige wichtige Merkmale wie die Form dieses Wissen außer Acht lassen. Demgegenüber stehen westliche Institutionen bzw. orientalistische Forschungsinstitutionen, an denen sehr viel Wert auf die Form (*sanad*) der *fiqh*-Quellen gelegt wird. Beide Methoden, wie Ahmad zu Recht anmerkt, weisen Mängel auf. In diesem Zusammenhang drängt sich die Frage auf, auf welche Weise weiterführende Forschung in diesem Bereich betrieben werden kann. Siehe Ahmad, *Structural Interrelations*, S. 19ff.

Zum einen sei an dieser Stelle darauf verwiesen, dass beide Methoden, sowohl der Orientalisten als auch der muslimischen Lehr- und Forschungsinstitutionen, für die Forschung von großem Belang sind. Trotz der Behauptung, dass die perfektionierte kritische Methode der westlichen Forschung am geeignetsten für Fragen des islamischen Rechts sei, weist diese Methode Lücken auf und lässt sich durch den Einsatz anderer Methoden korrigieren bzw. ergänzen. Das Gleiche gilt für die klassische Methode der muslimischen Gelehrten, die sich meistens ausschließlich mit Textquellen befasst und seinen Kontext außer Acht lässt.[59]

Eine Perspektive für eine erfolgreiche Erforschung des islamischen Rechts könnte darin bestehen, beide Forschungsansätze zu kombinieren und aufeinander zu beziehen. Ein gutes Beispiel dafür sind die in den letzten Jahren im Westen entstandenen Institutionen der Islamischen Theologie, etwa die Zentren für Islamische Theologie in Deutschland. An diesen Zentren wird das islamische Recht als Bestandteil des Curriculums unterrichtet und erforscht. Die hier tätigen Wissenschaftler sind überwiegend muslimischen Glaubens, durchliefen ihre wissenschaftliche Ausbildung jedoch an westlichen Einrichtungen. Dies widerspricht den alten Forschungsparadigmen von der Gegenüberstellung der Ansätze islamisch versus orientalistisch. Ferner beinhaltet das Curriculum der theologischen Zentren sowohl klassische Aspekten und Quellen des islamischen Rechts, als auch moderne Sichtweisen und Fragestellungen bezüglich der Modernisierung des islamischen Rechts und seiner Anwendbarkeit in Europa bzw. im Westen. Hinsichtlich der Methodik und Herangehensweise werden dort klassische Ansätze mit modernen Forschungsperspektiven kombiniert.

Bisher liegen noch keine ausreichenden Erfahrungswerte für die islamischen Theologie-Institute vor, sodass bislang keine eindeutigen Schlussfolgerungen möglich sind; generell drängt sich jedoch der Eindruck auf, dass die Forschung über das islamische Recht von dieser Tendenz nur profitieren kann und diese neuen Zentren somit einen wichtigen Beitrag zur Entwicklung der Forschung bezüglich des islamischen Rechts auf globaler Ebene leisten können.

59 Vgl. ebd., S.19f.

Literatur

Ahmad, Atif Ahmad, *Structural Interrelations of Theory and Practice in Islamic Law: A Study of Six Works of Medieval Islamic Jurisprudence*, Brill, Leiden 2006.

Brockhaus-Enzyklopädie, dtv-Verlag, Mannheim 1989, Bd. 13.

Burke III, Edmund/Prochaska, David, *"Introduction: Orientalism from Postcolonial Theory to World History"*, in: Dies. (Hg.), *Genealogies of Orientalism: History, Theory, Politics*, University of Nebraska Press, London 2008, S. 1–71.

Carson, Penelope, *The East India Company and Religion, 1698–1858*. Boydell Press, Woodbridge 2012.

Crone, Patricia, *Roman, provincial and Islamic law: The Origins of the Islamic Patronate*, Cambridge University Press, Cambridge 1987.

Encyclopaedia of Islam, hrsg. v. Bosworth, C.E., u.a., New Edition, E.J. Brill, Leiden 1965.

Ernst, Carl W./Martin, Richard C., *"Toward a Post-Orientalist Approach to Islamic Religious Studies"*, in: Ernst, Carl W./Martin, Richard C. (Hg.), *Rethinking Islamic Studies: From Orientalism to Cosmopolitanism*, The University of South Carolina Press, South Carolina 2010, S. 1–19.

Fyzee, Asaf A. A., *Outlines of Muhammadan Law*, Oxford University Press, Oxford 1955.

Goldziher, Ignaz, *Vorlesungen über den Islam*, Carl Winter's Universitätsbuchhandlung, Heidelberg 1910.

Hallaq, Wael B., *"Was al-Shafiʿi the Master Architect of Islamic Jurisprudence?"*, in: International Journal of Middle East Studies 25 (4/1993), S. 587–605.

Johansen, Baber, *"Politics and Scholarship: The Development of Islamic Studies in the Federal Republic of Germany"*, in: Ismael, Tareq Y. (Hg.), *Middle East Studies: International Perspectives on the State of the Art*, Praeger, New York, S. 71–130.

Juynboll, Theodoor W., *Handbuch des Islamischen Gesetzes: Nach der Lehre der Schāfiitischen Schule*, Otto Harrassowitz, Leipzig 1910.

Kaelble, Hartmut, *„Eine europäische Geschichte der Repräsentationen des Eigenen und des Anderen"*, in: Baberowski, Jörg/Kaelble, Hartmut/

Schriewer, Jürgen (Hg.), *Selbstbilder und Fremdbilder. Repräsentation sozialer Ordnung im Wandel*, Campus, Frankfurt a. M., S. 67–81.

Motzki, Harald, *Die Anfänge der islamischen Jurisprudenz. Ihre Entwicklung in Mekka bis zur Mitte des 2./8. Jahrhunderts*, Kommissionsverlag Franz Steiner, Stuttgart 1991.

Peltre, Christine, *Les Orientalistes*, Hazan, Paris 1997.

Rohe, Mathias, *Das islamische Recht: Geschichte und Gegenwart*, H.C. Beck, München 2009

Sachau, Eduard, *Muhammedanisches Recht nach Schafiitischer Lehre*, W. Spemann, Stuttgart 1897.

Said, Edward E., *Orientalismus*, übers. v. Hans Günther Holl, Fischer, Frankfurt a. M. 2012.

Schacht, Joseph, *An Introduction to Islamic Law*, Oxford University Press, Oxford 1982 (repr.).

—, *The Origins of Muhammadan Jurisprudence*, Oxford University Press, Oxford 1950.

Shama, Muhammad, *Al-Islam fi ʾArwiqat al-Mustašriqīn*, Maktabat al-ʾIymān, Kairo 2012.

Vikør, Knut S., *Between God and the Sultan: A History of Islamic Law*, Oxford University Press, Oxford 2005.

Zubaida, Sami, *Law and Power in the Islamic World*, I.B. Tauris, London 2005.

Bülent Ucar

ʾInsidād bāb al-iǧtihād: Einige Notizen zum Verhältnis von *ʾiǧtihād* und *taqlīd*[1]

Da sich der Islam seit seiner Frühzeit nach der herrschenden Lehre als eine ganzheitliche Religion definiert, hat er kontinuierlich über die unterschiedlichen Räume faktisch, wie auch normativ den Anspruch erhoben, auf die verschiedenen Lebensbereiche der Muslime wesentlich einzuwirken. Dabei beschränkt er sich nicht ausschließlich auf den genuin spirituellen und gottesdienstlichen Bereich. Dieser holistische Aspekt hat u.a. zur Folge, dass bis in unsere Gegenwart in den allermeisten islamisch geprägten Ländern – unabhängig von der Diskussion, ob ein „islamischer Staat"[2] religiös zwingend geboten oder ob er eine mögliche Alternative sei – die Religion als eine entscheidende Komponente wesentlich das Leben der Gläubigen mit beeinflusst. Hinzu kommt, dass unabhängig von der politischen und staatlich verordneten rechtlich verbindlichen Rolle religiöser Normen über Rückgriff auf diverse *fiqh*- (im Türkischen eher) *Ilmihal*-Bücher auch in das individuelle Leben der Muslime stark eingegriffen wird. Diese entfalten eine enorme Wirkungsmacht, die an der ausgeübten religiösen Praxis und den Frömmigkeitsriten beobachtet werden können. Die vergleichsweise immer noch sehr vitale religiöse Kultur kann zu Spannungen sowohl innerhalb der weitestgehend homogen strukturierten aber immer mehr pluralisierten muslimischen Gesellschaften als auch zuweilen zu Irritationen in stark säkularisierten westlichen Gesellschaften führen. Aufgrund dieses umfassenden Geltungsanspruches ist es für diese Gesellschaften wichtig, ob religiös legitimierte Normen als starr und statisch oder flexibel und anpassungsfähig zu verstehen sind. Seit jeher wird über diesen Themenkomplex

---

1 Die hier skizzenhaft dargestellten Gedanken entstammen der unveröffentlichten Habilitationsschrift des Autors, *Moderne Koranexegese und die Wandelbarkeit der Scharia in der aktuellen Diskussion der Türkei*, Universität Erlangen/Nürnberg 2008.

2 Über eine nötige neue Bezeichnung der jetzt negativ konnotierten Wortkombination soll an dieser Stelle nicht diskutiert werden. Dennoch ist eine Kenntnisnahme der Notwendigkeit hier unausweichlich.

mit unterschiedlichen Ausgangsbedingungen und Zielsetzungen zwischen islamischen Gelehrten diskutiert. Auch lange vor der Konfrontation mit den modernen Erscheinungsformen westlicher Ideen und Einflüsse haben sich klassisch ausgebildete muslimische Gelehrte zu diesen Fragestellungen Gedanken gemacht und hierzu ausführlich reflektiert.

Das Hauptthema des vorliegenden Beitrags bezieht sich auf diesen Kernbereich der islamischen Jurisprudenz (*ʾuṣūl al-fiqh*). Ohne den Anspruch, die Fragen der Modernisierung bzw. *ʾiǧtihād* und *taqlīd* beantworten zu wollen, sollen in diesem Beitrag die Hauptbegriffe der islamischen Rechtswissenschaft (*fiqh* und *ʾuṣūl al-fiqh*, *šarīʿa*, *iǧtihād*, *maḏhab*, *taqlīd*) vorgestellt werden. Denn diese Basisbegriffe und Termini aus dem *ʾuṣūl al-fiqh* liefern uns das Fundament und das Hauptgerüst für das richtige Verständnis des Rechtsdenkens islamischer Gelehrter. Gleichzeitig besteht bei der Verwendung dieser Termini eine verwirrende Ausgangssituation in den einschlägigen Diskursen zu diesen Themenkomplexen. Die Frage, ob man vom islamischen Recht oder doch lieber genuin islamische Begriffe, wie *fiqh* und Scharia,[3] verwenden sollte, ist Gegenstand von weiteren aktuellen Diskussionen.[4] Scharia bedeutet wörtlich breiter Weg bzw. Weg, der aus der Wüste zur Tränke und Quelle führt.[5] Sie regelt das beziehungsgeleitete Verhalten ds Menschen.[6] *Fiqh* bedeutet wörtlich Einsicht und Verständnis und bezeichnet das Wissen über die religiöse Praxis.[7] Beide Begriffe werden

---

3 Scharia wird in diesem Artikel in der eingedeutschten Form verwendet.

4 Murteza Bedir, *"Fiqh to law: Secularization through Curriculum"*, in: Islamic Law und Society 11 (2004), S. 378–401.

5 H. Wehr, *Arabisches Wörterbuch für die Schriftsprache der Gegenwart*, Wiesbaden 1958, S. 424; Ar-Rāġib al-Iṣfahānī, *al-Mufradāt fī ġārīb al-Qurʾān*, 2 Bde., Bd. 1, ed. M. A. Ḫalafallāh, Kairo 1970, S. 379; Ibn Kaṯīr, *Tafsīr al-Qurʾān al-ʿAẓīm*, 5 Bde., Bd. 2, Kairo o. J., S. 65–66.

6 Vgl. Ali Dere, *"Bazı çağdaş Islam hukukçularına göre Şeriatın tatbiki sorunu"*, in: Islamiyat 1998 (1), S. 107–118, hier: S. 108; H. Karaman, *Islam hukuk tarihi*, Istanbul ²1989, S. 23; M. Erdoğan, *Islam hukukunda ahkamın değişmesi*, ISAV yay., Istanbul ²1994, S. 110ff.; Elmalılı M. H. Yazır, *Hak dini Kuran dili*, 10 Bde., Bd. 7, Istanbul o. J., S. 88; N. Calder, *"Sharia"*, in: EI², Bd. 11, S. 321.

7 H. Wehr, *Arabisches Wörterbuch*, S. 646; Ibn Manẓūr, *Lisān al-ʿarab*, Būlāq 1390, S. 522–523; Ar-Rāġib al-Iṣfahānī, *al-Mufradāt*, Bd. 2, S. 577; I. Goldziher, *"Fiqh"*, in: EI, Bd. 2, Leiden 1927.

häufig als Synonyme verwendet.[8] Während *fiqh* die Urteilsfindung im konkreten Fall belegt und erörtert, untersucht die *ʾuṣūl al-fiqh* den Grad der *Beweisbarkeit* von Argumenten im Allgemeinen und ihre Quellen. Es handelt sich also um eine Methode der Normenfindung sowie um eine Rechtsquellen- und Interpretationslehre.[9]

Iǧtihād bedeutet Kraft, Mühe und Anstrengung.[10] Beschäftigt sich *iǧtihād* mit den Grundsätzen bzw. Methoden der Normenfindung und der Quellenlehre (*ʾuṣūl al-fiqh*) und verändert diese, spricht man von einem absoluten *iǧtihād*. Die Rechtsgelehrten (*fuqahāʾ*), die absoluten *iǧtihād* ausübten, gelten als Gründer von *maḏāhib* (Rechtsschulen) und wiesen nach einhelliger Auffassung muslimischer Gelehrter außerordentlichen Scharfsinn in der Methodenlehre auf.[11] Ob und wann die Rechtsgelehrten begonnen haben, die Ausübung des *iǧtihād* zu verbieten, ist umstritten. Vor allem gibt es in der westlichen Islamwissenschaft[12] unterschiedliche Meinungen dazu, wann und inwieweit es zur „Schließung des Tores zum *iǧtihād*" (*insidād bāb al-iǧtihād*) kam. Diese Fragestellung ist für unsere Ausgangsfrage relevant, da hiermit eine weitgehende Nivellierung von Entwicklung angedeutet und eine Traditionsnachahmung in toto nahegelegt wird. Der holländische

8 Bedrettin Çetiner, „*Müzakere*", in: I. Kurt/S. A. Tüz (Hg.), *Islami ilimlerde metodoloji/usul meselesi. Tartışmalı ilmi ihtisas toplantıları. Hadis ilminde usul meselesi*, Bd. 1, Istanbul 2005, S. 613; inhaltliche Gleichstellung dieser Begriffe bei A. Dere, *"Bazı çağdaş Islam"*, S. 108–109. *Fiqh* als Interpretation und Anpassung der Scharia wiederum ebd., S. 109.

9 B. Krawietz, *Hierarchie der Rechtsquellen im tradierten sunnitischen Islam*, Berlin 2002, S. 4.

10 H. Wehr, *Arabisches Wörterbuch*, S. 128–129; Al-Ġazālī, *Al-Mustaṣfā min ʿilm al-ʾuṣūl*, Bd. 2, Bulāq 1322–1324, S. 350. Siehe zur türkischen Übersetzung des Werks Yunus Apaydın bei Rey yay. Kayseri.; Ar-Rāġib al-Iṣfahānī, *Al-Mufradāt*, Bd. 1, S. 142; Az-Zamaḫšarī, *Asās al-balāġa*, Beirut 1965, Paragraph *ǧahada*; Az-Zabīdī, *Tāǧ al-ʿarūs min ǧawāhir al-qāmūs*, 10 Bde., Bd. 2, Ägypten 1307, S. 329. (S. 332–333 Book Eye); Ibn Qudāma, *Rawḍat an-nāẓir wa-ǧannat al-munāẓir fī ʾuṣūl al-fiqh ʿalā maḏhab al-imām Aḥmad b. Ḥanbal*, Bd. 2, ed. S. M. Ismāʿīl, Mekka/Beirut 2002, S. 333.

11 Aš-Šīrāzī, *Kitāb al-lumaʿ fī ʾuṣūl al-fiqh*, as-Saʿāda, Ägypten 1326, S. 84–85, 87.

12 Vgl. auch G. Flügel, *Die Classen der hanefitischen Rechtsgelehrten in Abhandlungen der philosophisch-historischen Classe der königlich sächsischen Gesellschaft der Wissenschaften*, Leipzig 1861, S. 267ff.

Orientalist Snouck Hourgronje bezieht sich im 19. Jh. auf die Ausführungen von al-Bağūrī (gest. 1277/1861). Laut diesem sei das Tor zum *iğtihād* nach dem 3. Jh. der Hidschra endgültig geschlossen worden und es habe seitdem keine *iğtihād*-Tätigkeit mehr gegeben.[13] Schacht wird später diesbezüglich auf einen Konsens islamischer Gelehrten hinweisen.[14] Obgleich diese Ansicht weit verbreitet ist,[15] teilen nicht alle Orientalisten die Ansicht, dass das Tor des *iğtihād* vollständig geschlossen sei.[16] So müsse man unterscheiden zwischen einer rechtsdogmatisch begründeten Schließung

---

13 P. Koningsveld, *Scholarship and Friendship in Early Islamwissenschaft – The Letters of C. Snouck Hourgronje to I. Goldziher*, Leiden 1985, S. 113. Obwohl er zuvor noch eine Unterscheidung zwischen *iğtihād muṭlaq* und *iğtihād fī l-maḏhab* befürwortet, ebd., S. 162–163; S. Hourgronje, *„Sachaus Mohammedanisches Recht nach Schafiitischer Lehre"*, in: ZDMG 1899, S. 141–142 (120–139).

14 J. Schacht, *An Introduction to Islamic Law*, Oxford 1979, S. 71; ders., *"The Schools of Law and Later Developments of Jurisprudence"*, in: M. Khadduri/ H. J. Liebesny, *Law in the Middle East: Origins and Development of Islamic Law*, Washington 1955, Bd. 1, S. 57–84, S. 73; N. Calder, *"Al-Nawawi's Typology of Muftis and its Significance for a General Theory of Islamic Law"*, in: ILS 1996, S. 155; gegen diesen Konsens L. Wiederhold, *"Legal Doctrines in Conflict: The Relevance of Madhab Boundaries to Legal Reasoning in the Light of an Unpublished Treatise on Taqlid and Ijtihad"*, in: ILS 1996 (3), S. 269–272, S. 238; ders., *„Das Manuskript Ms. orient. A 918 der Forschungsbibliothek Gotha als Ausgangspunkt für einige Überlegungen zum Begriff ‚igtihad' in der sunnitischen Rechtswissenschaft"*, in: Zeitschrift der Deutschen Morgenländischen Gesellschaft 143 (1993), S. 328–361, S. 333ff.

15 T. W. Juynboll, *Handbuch des islamischen Gesetzes nach der Lehre der schafiitischen Schule*, Leiden 1910, S. 24; J. Schacht, *Introduction*, S. 71–72; N. J. Coulson, *A History of Islamic Law,* Edinburgh University Press, Edinburgh 1971, S. 80–81.

16 M. Watt, *"The Closing of the Door of Iğtihād"*, in: Orientalia Hispanica 1974 (I), S. 675–678, S. 675–678; B. Weiss, *"Interpretation in Islamic Law: The Theory of Ijtihad"*, in: AJCL 1978 (26), S. 199–213, S. 208; S. Wild, *„Muslim und Madhab: Ein Brief von Tokio nach Mekka und seine Folgen in Damaskus"*, in: P. Bachmann/U. Haarmann, *Die islamische Welt zwischen Mittelalter und Neuzeit- Festschrift für Hans Robert Roemer zum 65. Geburtstag*, Beirut 1979, S. 674–689, S. 675; siehe auch ausführlich W. Hallaq, *"Was the Gate of Ijtihad Closed?"*, in: IJMES 1984, S. 3–41; ders., *"On the Origins of the Controversy about the Existence of Mujtahids and the Gate of Ijtihad"*, in: SI 1986, S. 129–141.

und einem faktischen Ausbleiben von *iğtihād*, weil keine ausreichende Gelehrtenkompetenz vorhanden gewesen sei.[17] Der Begriff „Torschluss" sei also ungeeignet, um die tatsächliche Situation zu beschreiben.[18] Die beiden Koryphäen dieses Bereiches, sowohl Schacht als auch Hallaq, erkennen an, dass *iğtihād* auch nach dem 3. Jh. der Hidschra mit unterschiedlichen Graden und unterschiedlichem Wirkungskreis eingeschränkt weiterbetrieben worden sei.[19] So sei auch dieser *iğtihād* noch *rechtsschöpferisch* gewesen.[20] Ungeklärt ist, wann und durch wen der Begriff vom „Schließen des Tores zum *iğtihād*" zuerst benutzt wurde.[21]

Ein weiterer mit *iğtihād* in Verbindung stehender Begriff ist *taqlīd*. Das Auftreten von *taqlīd* als „blinde Nachahmung" wurde lange Zeit in der westlichen

---

17 M. Watt, *Islamic fundamentalism*, London 1988 (1. Aufl. 1982), S. 106; B. Jokisch, *Islamisches Recht in Theorie und Praxis*, Berlin 1996, S. 211; As-Suyūṭī, *Taqrīr al-istinād fī tafsīr al-iğtihād*, Ägypten 1983, S. 33. Einige Ḥanbaliten hätten *iğtihād* weiterbetrieben und die Schließung nicht akzeptiert. Zur Diskussion, ob *iğtihād* zu irgendeiner Zeit ausbleiben kann, ebd., S. 29ff. Siehe auch beim Hanbaliten Ibn ʿAqīl (gest. 512/1119), *Kitāb al-Funūn*, Bd. 1, Damaskus 1991, S. 92ff.; vgl. auch B. Jokisch, *Islamisches Recht*, S. 211; L. Wiederhold, *„Das Manuskript"*, S. 336. Ähnlich auch hier der Hanbalit Ibn Ḥamdān (gest. 694/1295), *Sifat al-fatwā*, Damaskus 1960, S. 16–17.
18 L. Wiederhold, *„Das Manuskript"*, S. 352, vgl. auch ebd., S. 333–335.
19 Ob hier der *iğtihād muṭlaq* oder die eingeschränkte *iğtihād*-Ausübung gemeint ist, bleibt offen; vgl. A. Noth, *„Die Scharia das religiöse Gesetz des Islam – Wandlungsmöglichkeiten, Anwendung und Wirkung"*, in: W. Fikentscher (Hg.), *Rechtliche Traditionen im Islamischen Recht*, München 1980, S. 429; W. Hallaq, *"Was the gate"*, S. 15ff. Nach dem 3. Jh. habe es keinen *muğtahid muṭlaq-muntasib* bei den Ḥanafiten gegeben, Šāh Walī Allāh ad-Dihlawī, *Al-Inṣāf fī bayān sabab al-iḥtilāf fī l-aḥkām al-fiqhīya*, Kairo ³1398, S. 53; vgl. auch N. Calder, *"Al-Nawawi's Typology"*, S. 156ff.; As-Suyūṭī, *Taqrīr al-istinād*, S. 29ff.
20 J. Schacht, *Bergsträssers Grundzüge des islamischen Rechts*, Berlin 1935, S. 18; ders., *„Zur soziologischen Betrachtung des islamischen Rechts"*, in: Der Islam, Band 22, Heft 3, 1935, S. 207–238, S. 229; J. Schacht, *An Introduction*, S. 73ff.; siehe kritisch zu Schacht auch L. Wiederhold, *„Das Manuskript"*, S. 336; hier jedoch recht einschränkend J. Schacht, *"Idjtihad"*, in: EI, Bd. 3, Leiden 1927, S. 1026; etwas unklar die Formulierung bei A. Poya, *„Iğtihād und Glaubensfreiheit: Darstellung einer islamisch-glaubensfreiheitlichen Idee anhand sunnitisch-rechtsmethodologischer Diskussionen"*, in: Der Islam 1998, S. 226–258, S. 232.
21 L. Wiederhold, *„Das Manuskript"*, S. 334; ders., *"Legal doctrines"*, S. 236; siehe auch al-Ġazālī, *Al-Mustaṣfā*, Bd. 1, S. 196.

wie auch in der modernen islamischen Literatur negativ bewertet und ist/wurde als mitverantwortlich für den Niedergang der islamischen Rechtskultur gewesen/angesehen.[22] Dies sieht man heute in der Forschung differenzierter. So hat *taqlīd* zu zwei wesentlichen Dingen beigetragen: zur Rechtssicherheit und -einheit sowie zur Akzeptanz und Anerkennung früherer Autoritäten.[23] *Taqlīd* und die Gründung der *maḏāhib* waren demzufolge Ausdruck eines Gruppen-*iǧtihād*, dessen Autorität in umgekehrter Reihenfolge von der Bevölkerung, den Gelehrten und den muslimischen Herrschern anerkannt wurde. Es verhinderte sowohl die auswuchernde Anzahl von Rechtsnormen als auch die beliebige Anzahl von Auslegungen. In dieser Zeit hatten die politischen Führer noch die Möglichkeit, das Recht und dessen Verständnis durch die Gelehrten verändern bzw. negativ ausgedrückt manipulieren zu lassen. Durch die Etablierung der *maḏāhib* wurden zugleich die Auslegungsfreiheit für die Gelehrten und die Einflussmöglichkeit durch spätere Herrscher eingeschränkt.[24] Gerade in Umbruchzeiten, z.B. dem Zerfall des Abbasidenreichs oder während der Kreuzzüge,[25] bewahrte *taqlīd* aufgrund fehlender staatlicher Autorität die Rechtsgültigkeit der Scharia.[26] *Taqlīd* bedeutet in diesem Sinne *das Profitieren von den Erfahrungen früherer Gelehrter*. Es verweist hier folglich auf die Akzeptanz und Anerkennung der Autoritäten und nicht auf die blinde

22 Siehe nur S. A. Jackson,"*Taqlid legal, scaffolding and the scope of legal injunctions in postformative theory*", in: ILS 1996 (3), S. 165–192, S. 170; I. Schneider, *Das Bild des Richters in der adab al-qadi-Literatur*, Frankfurt/M. et al. 1990, S. 104–105. Aber auch historisch wurde dieser Begriff durchaus negativ konnotiert. So etwa bei al-Ġazālī, *Al-Mustaṣfā*, Bd. 2, S. 387; Ibn Ḥazm, *Al-Iḥkām*, 8 Bde., Bd. 5, ed. A. M. Šākir, Beirut 1983, S. 854–855.

23 Siehe auch W. Hallaq, *A History of Islamic Legal Theories: An Introduction to Sunni Usul Al-fiqh* , Cambridge 1999, S. 144ff.; bereits T. W. Juynboll betont in seinem Standardwerk aus dem Jahre 1910, dass *taqlīd* „mit Autorität bekleiden" heißt, ders., *Handbuch des islamischen Gesetzes*, S. 31.

24 I. Schneider, *Das Bild des Richters*, S. 229, 235; vgl. zudem Kadis N. J. Coulson, *A history of Islamic Law*, Edinburgh University Press, Edinburgh 1971, S. 121–134; Šāh Walī Allāh ad-Dihlawī, *Al-Inṣāf*, S. 59–60.

25 Vgl. A. Noth, „*Die Scharia*", S. 429.

26 Vgl. J. Schacht, „*Zur soziologischen Betrachtung des islamischen Rechts*", in: Der Islam. Band 22, Heft 3, 1935, S. 207–238, S. 229; F. Koca, "*Mezhep*", in: DIA, Bd. 29, Ankara 2004, S. 540.

Nachahmung,[27] wie vor allem die westlichen Islamforscher den *taqlīd* definierten.[28] Evtl. kam dieser Gedankengang durch eine zu kurz gedachte Übernahme der Definition islamischer Gelehrter zustande,[29] die aber noch weiter zwischen bloßer Nachahmung und bewusstem Nachfolgen (*ittibā'*) differenzierten.[30] *Taqlīd*, der durch eine einzelne Rechtsschule (*maḏhab*) verbreitet wird, soll erst im 4. Jh. der Hidschra entstanden sein.[31] Daneben erfolgte in den folgenden Jahrhunderten die Etablierung der Rechtsschulen,[32] die ihre Zuständigkeiten zunehmend ausweiteten[33] und die Rechtsprechung vereinheitlichten.[34]

Die geschilderte Entwicklung führte zur Ausformung verschiedener *iğtihād*-Grade, die Gelehrte betreiben konnten. Im Wesentlichen wird zwischen dem

---

27 G. Makdisi, *"Freedom in Islamic Jurisprudence: Ijtihad, Taqlid and Academic Freedom"*, in: *La notion de liberté au Moyen Age: Islam, Byzance, Occident*, Paris 1985, S. 79–88, S. 83–84; N. Calder, *"Al-Nawawi's Typology"*, S. 162; S. A. Jackson, *"Taqlid legal"*, S. 170–173;

28 Vgl. S. A. Jackson, *"Taqlid legal"*, S. 170; „Taqlid ist die sklavische Anbindung an die alten Schulentscheidungen", I. Goldziher, *Vorlesungen über den Islam*, ND, Darmstadt 1963, S. 260; B. Krawietz, *Hierarchie der Rechtsquellen*, S. 393–394 m.w.N.

29 Al-Ġazālī, *Al-Mustaṣfā*, Bd. 2, S. 387; siehe auch al-Ġazālī, *Al-Munqiḏ min aḍ-ḍalāl*, Kairo 2004, S. 266.

30 Šāh Walī Allāh ad-Dihlawī, *'Iqd al-ğīd fī aḥkām al-iğtihād wa-t-taqlīd*, Kairo ²1398, S. 42–43. Das eigenständige Denken wird immer wieder betont und der *taqlīd* kritisiert al-Ġazālī, *Al-Ma'ārif al-'aqlīya*, ed. 'A. al-' ṯmān, Damaskus 1963, S. 35ff.

31 J. Schacht, *Taklid*, Bd. 4, Enzyklopädie des Islam, Leiden 1934, S. 681–683, hier S. 682; C. Melchert, *The Formation of the Sunni Schools of Law, 9th–10th Centuries C.E.*, Studies in Islamic law and society, vol. 4, Leiden 1997, S. XXII. Bereits Mitte des 9. Jahrhunderts muss sich al-Muzanī (gest. 264/878) mit der *taqlīd*-Frage auseinandersetzen: al-Muzani, *Muḫtaṣar al-Muzanī fī furū' aš-Šāfi'ī*, Beirut 1998/1419, S. 3; An-Nawawī, *Kitāb al-mağmu' šarḥ al-muhaḏḏab li-š-šīrāzī*, ed. Muḥammad Nağīb al-Muṭī'ī, Dschidda o.J., S. 76; Šāh Walī Allāh ad-Dihlawī, *Al-Inṣāf*, S. 40; As-Suyūṭī, *Taqrīr al-istinād*, S. 37; F. Koca, *"Mezhep"*, S. 538; siehe auch Ibn Ḥazm, *Al-Iḥkām*, Bd. 5, S. 854ff.

32 S. A. Jackson, *"Taqlid legal"*, S. 168, insb. Fußnote 11; J. Schacht, *Introduction*, S. 65ff.

33 L. Wiederhold, *"Legal doctrines"*, S. 252.

34 Siehe zum Wandel des *taqlīd* auch W. Hallaq, *A History of Islamic Legal Theories*, S. 144ff.

muğtahid fī š-šarīʿa, auch als *muğtahid mustaqil* bzw. *muğtahid muṭlaq*[35] bezeichnet, und dem *muğtahid fī l-maḏhab* unterschieden. Der erstgenannte Gelehrte betreibt einen eigenständigen *iğtihād* und ist befugt, eine eigene Normenableitungsmethode festzulegen. Nach Abū Zahra (1315–1394/1898–1974) beschreibt dies einen absoluten *muğtahid*.[36] Der Zweitgenannte ist an die Lehre seiner Rechtsschule gebunden und übt einen eingeschränkten *iğtihād* aus. In diesem Fall existieren unterschiedliche Klassifizierungen und Begrifflichkeiten, insbesondere zu den Gelehrten, die *iğtihād* innerhalb der Rechtsschulen ausübten.[37] Laut Ibn ʿĀbidīn (gest. 1258/1842) habe der Gelehrte des *iğtihād fī l-maḏhab* noch eine gewisse Eigenständigkeit und könne in seinen Fatwas von der etablierten Rechtsposition abweichen.[38] Eine weitere Zwischenstufe nennt An-Nawawī (gest. 675/1277): So bezeichne ein *muğtahid muṭlaq muntasib* im Grunde ebenfalls einen unabhängigen *muğtahid*, der jedoch zufällig die gleiche Methodenlehre gefunden habe wie ein Rechtsschulbegründer[39] und fortan unter dieser Schule geführt würde.[40]

---

35 Letztere Zuschreibung bei Ibn Ḥamdān, *Sifat al-fatwā*, S. 16–17.

36 Abū Zahrā, *Tārīḫ al-maḏāhib al-islāmīya*, Dār al-fikr al-ʿarabī, Kairo o.J., S. 319ff.

37 Siehe zur den unterschiedlichen *iğtihād*-Graden G. Flügel, *Die Classen der hanefitischen Rechtsgelehrten*, S. 267ff.; I. A. Nyazee, *"The Scope of Taqlid in Islamic Law"*, in: IS, 1983 (22), S. 1–29; L. Wiederhold, *"Legal Doctrines"*, S. 269–272; N. Calder, *"Al-Nawawi's Typology of Muftis"*; zum Begriff als *muğtahid mustaqil muṭlaq* siehe Šāh Walī Allāh ad-Dihlawī, *Al-Inṣāf*, S. 44ff.; siehe für die Unterscheidung *muğtahid mustaqil* und *muğtahid fī l-maḏhab* Ibn aṣ-Ṣalāḥ, *Fatāwā wa masāʾil Ibn aṣ-Ṣalāḥ*, ed. A. A. Qalʿağī, Beirut 1406, Bd. 1, S. 21, 29; As-Suyūṭī, *Taqrīr al-istinād*, S. 46; die erste systematische Auflistung der *muğtahid*-Voraussetzungen und damit der verschiedenen *iğtihād*-Grade soll Abu'l-Ḥusain al-Baṣrī (gest. 435/1044) vorgelegt haben; B. Krawietz, *Hierarchie der Rechtsquellen*, S. 360; siehe auch Ibn Ḥamdān (gest. 694/1295), *Sifat al-fatwā wa-l-muftī wa-l-mustaftī*, Beirut 1984, S. 17ff.

38 Ibn ʿĀbidīn, *Ḥāšiyat radd al-muḥtār ʿalā d-durr al-muḫtār*, Bd. 1, Ägypten 1386, S. 77; ders., *„Šarḥ ʿuqūd rasm al-muftī"*, in: *Mağmuʿa ar-rasāʾil*, Istanbul 1325, S. 10–52, hier S. 11.

39 Siehe auch aš-Šāṭibī, *Al-Muwāfaqāt fī ʾuṣūl aš-šarīʿa*, 4 Bde., Bd. 4, Kairo o.J., S. 164. Siehe zur türkischen Übersetzung von Mehmet Erdoğan bei İz yay. Istanbul.

40 Šāh Walī Allāh ad-Dihlawī, *Al-Inṣāf*, S. 42, 44, 51; so auch Ibn ʿĀbidīn (gest. 1258/1842), *"Šarḥ ʿuqūd rasm al-muftī"*, S. 11; B. Krawietz, *Hierarchie der Rechtsquellen*, S. 362; siehe auch S. Jackson, *"Taqlid legal"*, S. 169.

Uneinigkeit besteht zwischen den Gelehrten darüber, ob zuletzt im 2. oder 3. Jh. der Hidschra der höchste Grad eines *muǧtahid* aufgetreten sei.[41] Diese Beurteilung wird dadurch erschwert, dass sich zu späteren Zeiten einige Muftis (islamische Rechtsgelehrte, die Fatwas erteilen) nicht mehr als *muǧtahid* zu erkennen gaben.[42] Für An-Nawawī (gest. 675/1277) war aš-Šāfiʿī (gest. 204/820) der letzte *muǧtahid mustaqil*.[43] Diese Beurteilung wirkt sich auch auf die Anerkennung von Rechtsschulen aus und begründet die unterschiedlichen Aussagen zur „Schließung des Tores zum *iǧtihād*".[44]

Die vollständige Bindung an eine bestimmte Rechtsschule wird von manchen Gelehrten mit Blick auf die nach Rechtsschulen getrennte gemeinschaftliche Gebetsverrichtung kritisiert, da dies in extremer Ausprägung dazu führe, die Befolgung bestimmter Ausdrucksformen über die gottesdienstliche Handlung zu stellen,[45] welche zudem zum Teil im Widerspruch zu den Primärquellen stände.[46] Nur wenige, wie Ibn Ḥazm (gest. 438/1046), ziehen hieraus den Schluss, *taqlīd* vollständig zu verbieten.[47] Vorherrschend

---

41 Ibn Qayyim al-Ǧauzīya, *Iʿlām al-muwaqqiʿīn ʿan rabb al-ʿālamīn*, Bd. 4, Riad 2002, S. 16ff.; Šāh Walī Allāh ad-Dihlawī, *Al-Inṣāf*, S. 46; H. H. Abdul Rahman, *"The Origin and Development of Ijtihad and its Application to Solving Modern Complex Legal Problems"*, in: Muslim Education Quarterly 1999 (16), S. 55–67, S. 61.

42 As-Suyūṭī, *Taqrīr al-istinād*, S. 55; Šāh Walī Allāh ad-Dihlawī, *Al-Inṣāf*, S. 44, 51.

43 An-Nawawī, *Kitāb al-maǧmuʿ šarḥ al-muhaḏḏab li-š-šīrāzī*, S. 76; siehe hiergegen Šāh Walī Allāh ad-Dihlawī, *Al-Inṣāf*, S. 45–46; siehe auch N. Calder, *"Al-Nawawi's typology"*, S. 143ff.

44 Ibn Qayyim al-Ǧawzīya, *Iʿlām*, Bd. 4, S. 16–17; Y. Melchert, *The Formation*, S. 125ff.; siehe auch Šāh Walī Allāh ad-Dihlawī, *Al-Inṣāf*, S. 53. Ibn Ḥanbal sei Schüler von aš-Šāfiʿī; B. Krawietz, *Hierarchie der Rechtsquellen*, S. 71.

45 As-Subkī, *Muʿīd an-niʿam wa-mubīd an-niqam*, ed. M. A. an-Naǧǧār, Kairo 1948, S. 74; siehe jedoch L. Wiederhold, *"Legal doctrines"*, S. 251. So soll es nicht ungewöhnlich gewesen sein, dass Muslime verschiedener *maḏhab*-Zugehörigkeit nicht gemeinsam gebetet haben. M. Çağlayan, *Mezheplerin birlestirilmesi ve İctihad meselesi*, Istanbul 1982, S. 26–29.

46 ʿIzz ad-Dīn b. ʿAbd as-Salām, *Qawāʿid al-aḥkām fī maṣāliḥ al-anām*, Beirut 1990, S. 305; Y. al-Qaraḍāwī, *Šarīʿat al-islām ṣāliḥa li t-taṭbīq fī zamān wa makān*, Kairo 1393, S. 110ff.

47 Ibn Ḥazm, *Al-Iḥkām*, Bd. 5, S. 855ff.; Ibn Qayyim al-Ǧauzīya, *Iʿlām*, Bd. 4, S. 16–17. Der Disput wirkt zuweilen auch wie ein Definitionsstreit um Begrifflichkeiten. Man müsse zwischen *ittibāʿ* (Folgeleisten) und dem *taqlīd*

unter den großen Gelehrten jener Zeit ist eher ein anderes, vermittelndes Denken. *ʿIzz ad-Dīn* b. ʿAbd as-Salām (gest. 660/1262) beispielsweise kritisiert zwar die blinde Nachahmung der Rechtsschulen, befürwortet sie jedoch indirekt aufgrund pragmatischer Erwägungen.[48]

Im Gegensatz zu den Gelehrten soll vor allem der einfache in Fragestellungen des *fiqh* ungebildete Muslim aus dem Volk (*ʿāmmī*) dem Mufti und dessen *maḏhab* nachfolgen.[49] Um von der muslimischen Bevölkerung anerkannt werden zu können, muss ein Mufti *iǧtihād* ausüben können. Für das Volk besteht daher die Pflicht, den zuverlässigsten und kompetentesten Gelehrten zu finden und dessen Auskunft zu befolgen. Hierbei kann ein einfacher Muslim sich auch auf die Empfehlung einer *gerechten Person* verlassen. Denn die einfache Bevölkerung ist nicht zu *iǧtihād* verpflichtet.[50] Bei unterschiedlichen Antworten solle man entweder frei entscheiden, bzw. alternativ *iǧtihād* ausüben können, um die richtige Antwort zu erhalten oder um sich an der anspruchsvolleren Entscheidung zu orientieren. Dies würde jedoch dem Grundsatz widersprechen, dass Religion zur Erleichterung des Lebens beitragen solle, wie jedenfalls aš-Šīrāzī (gest. 475/1083) ausführt.[51] Außerdem garantiere die restriktive Haltung nicht unbedingt, dass man im Recht sei. Schließlich könne die Wahrheit durchaus eine Erleichterung sein. Daher solle auch hier der nach einem (Rechts-)Urteil Fragende (*mustaftī*) –

(blinder Befolgung) unterscheiden. Der erste Ansatz sei erlaubt, die zweite Haltung nicht. Siehe differenzierter auch aš-Šīrāzī, *Kitāb al-lumaʿ fī uṣūl al-fiqh*, S. 84. Nach aš-Šīrāzī ist das Ganze themen- und kompetenzbezogen zu bewerten. Bei Beweisführungen zu Detailfragen der Religion sei *taqlīd* erlaubt.

48 ʿIzz ad-Dīn b. ʿAbd as-Salām, *Qawāʿid al-aḥkām*, S. 305.

49 Al-Ġazālī, *Al-Mustašfā*, Bd. 2, S. 387ff.; Aš-Šahristānī, *Kitāb al-milal wa n-niḥal*, ed. M. S. Ǧaylānī, London 1846/ND Leipzig 1923, S. 159; Aš-Šīrāzī, *Kitāb al-lumaʿ*, S. 84–86; vgl. auch W. Hallaq, *A History of Islamic Legal Theories*, S. 117.

50 Al-Ġazālī, *al-Mustašfā*, Bd. 1, S. 158; ebd., Bd. 2, S. 389–390; Al-Ġazālī, *Al-Munqiḏ min aḍ-Ḍalāl*, S. 291; siehe zur verschiedenen Meinungen hierzu auch aš-Šīrāzī, *Kitāb al-lumaʿ*, S. 85–86; An-Nawawi, *Adab al-fatwa wal mufti wal mustafti*, Damaskus 1988, S. 74–77; Aš-Šahristānī, *Kitāb al-milal*, S. 159–160; siehe auch hierzu bezugnehmend as-Suyūṭī, *Taqrīr al-istinād*, S. 51.

51 Aš-Šīrāzī, *Kitāb al-lumaʿ*, S. 86; siehe hierzu differenzierter und kritischer al-Āmidī, *Al-Iḥkām fī uṣūl al-aḥkām*, 4 Bde., Bd. 4, ed. ʿAbd al-Razzaq ʿAfīfī, Dar as-Samīʿī 2003/1424, S. 280–282; An-Nawawi, *Adab al-fatwa*, S. 74–77.

unabhängig von der Erleichterung oder Erschwernis – nach dem Urteil des Gelehrten handeln, dem er am meisten vertraut. Abschließend ist hervorzuheben, dass mit wenigen Ausnahmen die Gelehrten unter Bezugnahme auf verschiedene Motive und Termini es für den Laien als notwendig erachten, einem *muǧtahid* nachzufolgen und seine Rechtsauskünfte nachzuahmen.[52]

Literatur

Ibn ʿĀbidīn, *Ḥāšiyat radd al-muḥtār ʿalā d-durr al-muḫtār*, Bd. 1, Ägypten 1386.

—, „*Šarḥ ʿuqūd rasm al-muftī*", in: Maǧmuʿa ar-rasāʾil, Istanbul 1325, S. 10–52.

Al-Āmidī, *Al-Iḥkām fī ʾuṣūl al-aḥkām*, 4 Bde., ed. ʿAbd al-Razzaq ʿAfīfī, Bd. 4, Dar as-Samīʿī 2003/1424.

Ibn ʿAqīl, *Kitāb al-Funūn*, Bd. 1, Damaskus 1991.

Bedir, M., "*Fiqh to law: Secularization through Curriculum*", in: Islamic Law und Society 11 (2004), S. 378–401.

Çağlayan, M., *Mezheplerin birlestirilmesi ve İctihad meselesi*, Istanbul 1982.

Calder, N., "*Al-Nawawi's Typology of Muftis and its Significance for a General Theory of Islamic Law*", in: ILS 1996, 143–149.

—, "*Sharia*", in: EI^2, Bd. 11, S. 321.

Çetiner, B., „*Müzakere*", in: I. Kurt/S. A. Tüz (Hg.), *Islami ilimlerde metodoloji/ usul meselesi. Tartışmalı ilmi ihtisas toplantıları. Hadis ilminde usul meselesi*, Bd. 1, Istanbul 2005.

Coulson, N. J., *A history of Islamic Law*, Edinburgh University Press, Edinburgh 1971.

Dere, A., "*Bazı çağdaş Islam hukukçularına göre Şeriatın tatbiki sorunu*", in: Islamiyat 1998 (1), S. 107–118.

Ad-Diḥlawī, Šāh Walī Allāh, *ʿIqd al-ǧīd fī aḥkām al-iǧtihād wa-t-taqlīd*, Kairo ^{2}1398.

—, *Al-Inṣāf fī bayān sabab al-iḫtilāf fī l-aḥkām al-fiqhīya*, Kairo ^{3}1398.

52 Al-Ġazālī, *Al-Mustašfā*, Bd. 1, S. 180–181.

Erdoğan, M., *Islam hukukunda ahkamın değişmesi*, ISAV yay., Istanbul [2]1994.

Flügel, G., *Die Classen der hanefitischen Rechtsgelehrten in Abhandlungen der philosophisch-historischen Classe der königlich sächsischen Gesellschaft der Wissenschaften*, Leipzig 1861.

Al-Ǧauzīya, Ibn Qayyim, *I'lām al-muwaqqi'īn 'an rabb al-'ālamīn*, Bd. 4, Riad 2002.

Al-Ghazali, *Al-Ma'ārif al-'aqlīya*, ed. 'A. al-'Uṯmān, Damaskus 1963.

—, *Al-Mustašfā min 'ilm al-'uṣūl* , Bd. 2, Bulaq 1322–1324.

—, *Al-Munqiḏ min aḍ-ḍalāl*, Kairo 2004.

Goldziher, I., "*Fiqh*", in: EI, Bd. 2, Leiden 1927, S. 106.

—, *Vorlesungen über den Islam*, ND Darmstadt 1963.

Hallaq, W., *A History of Islamic Legal Theories: An Introduction to Sunni Usul Al-fiqh*, Cambridge 1999.

—, "*On the Origins of the Controversy about the Existence of Mujtahids and the Gate of Ijtihad*", in: SI 1986, S. 129–141.

—, "*Was the Gate of Ijtihad Closed?*", in: IJMES 1984, S. S. 3–41.

Ibn Ḥamdān, *Sifat al-fatwā wa-l-muftī wa-l-mustaftī*, Damaskus 1960.

—, *Sifat al-fatwā wa-l-muftī wa-l-mustaftī*, Beirut 1984.

Ibn Ḥazm, *Al-Iḥkām*, 8 Bde., ed. A. M. Šākir, Bd. 5, Beirut 1983.

Hourgronje, S., „*Sachaus Mohammedanisches Recht nach Schafiitischer Lehre*", in: ZDMG 1899, S. 141–142.

Al-Iṣfahānī, ar-Rāġib, *Al-Mufradāt fī ġārīb al-Qur'ān*, 2 Bde., ed. M. A. Ḫalafallāh, Bd. 1, Kairo 1970.

Jackson, S. A., "*Taqlid legal, scaffolding and the scope of legal injunctions in postformative theory*", in: ILS 1996 (3), S. 165–192.

Jokisch, B., *Islamisches Recht in Theorie und Praxis*, Berlin 1996.

Juynboll, T. W., *Handbuch des islamischen Gesetzes nach der Lehre der schafiitischen Schule*, Leiden 1910.

Karaman, H., *Islam hukuk tarihi*, Istanbul [2]1989.

Ibn Kaṯīr, *Tafsīr al-Qur'ān al-'Aẓīm*, 5 Bde., Bd. 2, Kairo o. J.

Koca, F., "*Mezhep*", in: DIA, Bd. 29, Ankara 2004.

Koningsveld, P., *Scholarship and Friendship in Early Islamwissenschaft – The Letters of C. Snouck Hourgronje to I. Goldziher*, Leiden 1985.

Krawietz, B., *Hierarchie der Rechtsquellen im tradierten sunnitischen Islam*, Berlin 2002.

Krüger, H., *Fetva und Siyar*, Wiesbaden 1978.

Makdisi, G., *"Freedom in Islamic Jurisprudence: Ijtihad, Taqlid and Academic Freedom"*, in: La notion de liberté au Moyen Age: Islam, Byzance, Occident, Paris 1985, S. 79–88.

Ibn Manẓūr, *Lisān al-ʿarab*, Būlāq 1390.

Melchert, C., *The Formation of the Sunni Schools of Law, 9th-10th Centuries C.E., Studies in Islamic law and society*, vol. 4, Leiden 1997.

Al-Muzani, *Muḫtaṣar al-Muzanī fī furūʿ aš-Šāfiʿī*, Beirut 1998/1419.

An-Nawawi, *Adab al-fatwa wal mufti wal mustafti*, Damaskus 1988.

—, *Kitāb al-maǧmuʿ šarḥ al-muhaḏḏab li-š-šīrāzī, ed. Muḥammad Naǧīb al-Muṭīʿī*, Dschidda o.Z.

Noth, A., *„Die Scharia, das religiöse Gesetz des Islam- Wandlungsmöglichkeiten, Anwendung und Wirkung"*, in: W. Fikentscher (Hg.), *Rechtliche Traditionen im Islamischen Recht*, München 1980.

Nyazee, I. A., *"The Scope of Taqlid in Islamic Law"*, in: IS, 1983 (22), S. 1–29.

Poya, A., *„Iǧtihād und Glaubensfreiheit: Darstellung einer islamisch-glaubensfreiheitlichen Idee anhand sunnitisch-rechtsmethodologischer Diskussionen"*, in: Der Islam 1998, S. 226–258.

Al-Qaraḍāwī, Y., *Šarīʿat al-islām ṣāliḥa li t-taṭbīq fī zamān wa makān*, Kairo 1393.

Ibn Qudāma, *Rawḍat an-nāẓir wa-ǧannat al-munāẓir fī ʾuṣūl al-fiqh ʿalā maḏhab al-imām Aḥmad b. Ḥanbal*, ed. S. M. Ismāʿīl, Bd. 2, Mekka/Beirut 2002.

Rahman, H. H. Abdul, *"The Origin and Development of Ijtihad and its Application to Solving Modern Complex Legal Problems"*, in: Muslim Education Quarterly 1999 (16), S. 55–67.

Ibn aṣ-Ṣalāḥ, *Fatāwā wa masāʾil Ibn aṣ-Ṣalāḥ*, ed. A. A. Qalʿaǧī, Bd. 1, Beirut 1406.

As-Salām, ʿIzz ad-Dīn b. ʿAbd, *Qawāʾid al-aḥkām fī maṣāliḥ al-anām*, Beirut 1990.

Aš-Šahristānī, *Kitāb al-milal wa n-niḥal*, ed. M. S. Ǧaylānī, London 1846/ ND Leipzig 1923.

—, *Kitāb al-milal*, 2 Bde., Beirut 1975.

Aš-Šāṭibī, *Al-Muwāfaqāt fī ʾuṣūl aš-šarīʿa*, 4 Bde., Bd. 4, Kairo o.Z.

Schacht, J., *An Introduction to Islamic Law*, Oxford 1979.

—, *Bergsträssers Grundzüge des islamischen Rechts*, Berlin 1935.

—, *"Idjtihad"*, in: *EI*, Bd. 3, Leiden 1927, S. 1026.

—, *"The Schools of Law and Later Devepolments of Jurisprudence"*, in: M. Khadduri/H. J. Liebesny, *Law in the Middle East: Origins and Development of Islamic Law*, Washington 1955 Bd. 1, S. 57–84.

—, *„Zur soziologischen Betrachtung des islamischen Rechts"*, in: Der Islam. Band 22, Heft 3, 1935, S. 207–238.

J. Schacht, *„Taklid"*, in: *Enzyklopädie des Islam*, Band 4, Leiden 1934, S. 681–683.

Schneider, I., *Das Bild des Richters in der adab al-qadi-Literatur*, Frankfurt/M. et al. 1990.

Aš-Šīrāzī, *Kitāb al-lumaʿ fī ʾuṣūl al-fiqh*, as-Saʿāda, Ägypten 1326.

As-Subkī, *Muʿīd an-niʿam wa-mubīd an-niqam*, ed. M. A. an-Naǧǧār, Kairo 1948.

As-Suyūṭī, *Taqrīr al-istinād fī tafsīr al-iǧtihād*, Ägypten 1983.

Ucar, B., *Moderne Koranexegese und die Wandelbarkeit der Scharia in der aktuellen Diskussion der Türkei*, Universität Erlangen/Nürnberg 2008 (unveröffentlicht).

Watt, M./Welch, A. T., *Der Islam I – Mohammed und die Frühzeit: Islamisches Recht – Religionsleben*, 3 Bde., übers. v. S. Höfer, Stuttgart 1980.

Watt, M., *Islamic Fundamentalism and Modernity*, London 1988 (1. Aufl. 1982).

—, *"The Closing of the Door of Iǧtihād"*, in: Orientalia Hispanica 1974 (I), S. 675–678.

Wehr, H., *Arabisches Wörterbuch für die Schriftsprache der Gegenwart*, Wiesbaden 31958.

Weiss, B., *"Interpretation in Islamic Law: The Theory of Ijtihad"*, in: AJCL 1978 (26), S. 199–213.

Wiederhold, L., "*Legal Doctrines in Conflict: The Relevance of Madhab Boundaries to Legal Reasoning in the Light of an Unpublished Treatise on Taqlid and Ijtihad*", in: ILS 1996 (3), S. 269–272.

—, „*Das Manuskript Ms. orient. A 918 der Forschungsbibliothek Gotha als Ausgangspunkt für einige Überlegungen zum Begriff ‚igtihad' in der sunnitischen Rechtswissenschaft*", in: Zeitschrift der Deutschen Morgenländischen Gesellschaft 143 (1993), S. 328–361.

Wild, S., „*Muslim und Madhab: Ein Brief von Tokio nach Mekka und seine Folgen in Damaskus*", in: P. Bachmann/U. Haarmann, *Die islamische Welt zwischen Mittelalter und Neuzeit – Festschrift für Hans Robert Roemer zum 65. Geburtstag*, Beirut 1979, S. 674–689.

Yazır, Elmalılı M. H., *Hak dini Kuran dili*, 10 Bde., Bd.7, Istanbul o. J.

Az-Zabīdī, *Tāğ al-'arūs min ğawāhir al-qāmūs*, 10 Bde., Bd. 2, Ägypten 1307.

Abū Zahrā, *Tārīḫ al-maḏāhib al-islāmīya*, Dār al-fikr al-'arabī, Kairo o.Z.

Az-Zamaḫšarī, *Asās al-balāġa*, Beirut 1965.

Ruggero Vimercati Sanseverino

„Wer dem Gesandten gehorcht, der gehorcht damit Gott“ – Normativität der prophetischen Tradition und Gnadenerfüllung im sunnitischen Denken der spätformativen Periode

Einleitung

> Die Hartnäckigkeit, mit der gerade im zeitgenössischen muslimischen Schrifttum über Mohammed dessen Allzuständigkeit betont wird, macht dem nüchternen Beobachter klar, wie schwierig die Voraussetzungen sind, unter denen man in Europa zu einer Verständigung mit den Muslimen gelangen muss.[1]

Der Göttinger Islamwissenschaftler Tilman Nagel, von dem dieser Satz stammt, ist bekanntlich ein Verfechter der These, dass der „Mohammedglaube“ das hauptsächliche Hindernis für eine erfolgreiche Integration der Muslime in die säkularen Gesellschaften des Westens darstelle: „Noch ist das von Kindheit an vermittelte Mohammedbild die Mauer, von der alle kritische Selbstreflexion zurückprallt“.[2] Eine wissenschaftlich betriebene Historisierung der Gestalt des Propheten, und damit eine Relativierung seiner normativen Autorität, sei daher die Vorbedingung für eine Integration der Muslime in solchen Gesellschaften.

Wird davon abgesehen, dass hier die Bedeutung von sozialen, kulturellen und politischen Faktoren für die Integrationsproblematik völlig unbeachtet bleiben, so bringt diese Aussage doch eine zentrale Fragestellung des zeitgenössischen Islams auf den Punkt: Welche normative Bedeutung kann und soll dem Propheten Muhammad heute noch zukommen? Eine Historisierung der Prophetengestalt und die damit einhergehende Relativierung seiner normativen Geltung bilden tatsächlich ein Grundmotiv, das sich im

---

1 Tilman Nagel, „*Mohammed und die Unfehlbarkeit des Propheten*“, in: Georgia Augusta (3/2004), S. 102–107.

2 Ebd, S. 106.

Denken muslimischer Intellektueller wie Mahmoud Muhammad Taha, Fazlur Rahman und Abdelmajid Charfi wiederfindet.[3]

Vor dem Hintergrund der Einbeziehung gegenwärtiger Forschung in die innerislamische Debatte stellt sich die Frage nach den theologischen Grundlagen für die normative Stellung des Propheten auf eine neuartige Weise.[4] Die Problematik der normativen Autorität des Propheten ist demnach nicht auf die Dogmatik bzw. auf die doktrinäre Formulierung von Glaubensinhalten zu reduzieren. Gerade unter dem Gesichtspunkt einer gegenwartsorientierten Theologie ist auch nach der Multidimensionalität dieser Glaubensinhalte im Leben der Gläubigen zu fragen: Was offenbart uns die normative Autorität des Propheten im islamischen Glauben über die Bedeutung, die der Beziehung des Gläubigen zum Propheten zukommt? Ist die normative Dimension der prophetischen Person nicht auch eine Aussage darüber, welche Bedeutung der Person des Propheten im Leben der Gläubigen zukommen soll?[5]

---

3 Vgl. z.B. Alain Roussillon, *La pensée islamique contemporaine. Acteurs et enjeux*, Paris 2005, S. 80–84; Rachid Benzine, *Islam und Moderne. Die neuen Denker*, Berlin 2012, S. 128–133, S. 193–220. Dabei ist zu bemerken, dass es sich nicht um eine grundsätzlich neue Kontroverse handelt. Siehe dazu Aisha Y. Musa, *Ḥadīth as scripture. Discussions on the authority of prophetic traditions in Islam*, New York 2008. Die Problematik der normativen Autorität des Propheten besitzt in der Tat eine politische Dimension, die in der Geschichte muslimischer Gesellschaften insbesondere im Kontext von Krisen immer wieder zum Tragen kommt. Vgl. Daniel W. Brown, *Rethinking tradition in modern Islamic thought*, Cambridge 1996.

4 Dieser Perspektivenwechsel hat sich bezüglich der Frage nach der Authentizität der prophetischen Überlieferung schon vollzogen, siehe dazu Wael B. Hallaq, *"The Authenticity of Prophetic Hadith. A Pseudo-Problem"*, in: *Studia Islamica*, 89, 1999, S. 75–90.

5 Willam Graham hat gezeigt, welche zentrale Bedeutung die Beziehung und Rückbindung zur Person des Propheten in der islamischen Tradition einnimmt, siehe *"Traditionalism in Islam. An Essay in Interpretation"*, in: *Journal of Interdisciplinary History,* 23 (3), 1993, S. 495–522. Dass diese Beziehung die verschiedenen Dimensionen der muhammadanischen Person betrifft, wie etwa die körperliche Dimension, hat Denis Gril eindrucksvoll dargestellt, siehe *"Le corps du Prophète"*, in: *Revue des mondes musulmans et de la Méditerranée*, 113–4, 2006, S. 37–57.

Wie ich im Folgenden versuchen werde aufzuzeigen, wird in der Tat in der islamischen Tradition ein konstitutiver Zusammenhang hergestellt zwischen der normativen Geltung der prophetischen Praxis, *as-sunna*, und der Beziehung des Gläubigen zum Propheten, insbesondere in Form von Pflichten, die der Gläubige gegenüber der Person des Propheten zu erfüllen hat. Dieser Aspekt der Frage nach der normativen Geltung des Propheten, in der es um die gelebte Dimension dieser Normativität geht, wurde bisher nicht ausreichend untersucht. Interessanterweise ist es Tilman Nagel, der die Aufmerksamkeit auf diesen Zusammenhang gezogen hat, jedoch unter dem Gesichtspunkt der „Vernichtung der Geschichte“[6] und dem Ursprung des „Mohammedglaubens“,[7] dessen Entstehung er historisch zu rekonstruieren versucht. Während Nagel hier vor allem eine apologetische Strategie der muslimischen Selbstvergewisserung und einen ideologischen Mechanismus der dogmatischen Abschottung sieht, soll es in diesem Beitrag darum gehen zu verstehen, wie der Zusammenhang zwischen der Beziehung des Gläubigen zum Propheten und der normativen Geltung der prophetischen Praxis theologisch und soteriologisch begründet wird.

1. Das *Buch der Heilung* und des Sunnitentums im Maghreb des 12. Jhdt.

Das wohl wirkungsmächtigste Werk, das sich ausführlich und systematisch mit dem Zusammenhang zwischen der normativen Autorität des Propheten und der Beziehung des Gläubigen zum ihm auseinandergesetzt hat, ist sicherlich das *Kitābu š-šifā' bi-ta'rīfi ḥuqūqi l-Muṣṭafā* (*Das Buch der Heilung durch die Aufklärung über die Rechte des Auserwählten*)[8] des malikitischen Gelehrten al-Qāḍī 'Iyāḍ (gest. 544/1149). In der europäischen Forschung

6 „*Ḥadīth – oder: Die Vernichtung der Geschichte*“, in: *Deutscher Orientalistentag*, Stuttgart, 1994, S. 118–128.

7 Tilman Nagel, *Allahs Liebling: Ursprung und Erscheinungsformen des Mohammedglaubens*, München 2008.

8 Vgl. Abū al-Faḍl b. Mūsā al-Qāḍī 'Iyāḍ, *Kitābu š-šifā bi-ta'rīfi ḥuqūqi l-Muṣṭafā*, Beirut 2000. Wegen der zahlreichen Herausgaben des Werkes soll hier auch immer Teil und Kapitel angegeben werden. Die Übersetzung von Abd Al-Hafidh Wentzel (*Qāḍī 'Iyāḍ. Al-Schifā: Die Heilung durch Bestimmung der Rechte des Auserwählten*, Hellenthal 2013) hat als hilfreiche Vorlage gedient, wurde jedoch nicht wörtlich übernommen.

wurde dem Werk im Verhältnis zu seiner Bedeutung und Ausbreitung bisher nur wenig Aufmerksamkeit geschenkt.[9] Annemarie Schimmel erwähnt es, dem bahnbrechenden Werk von Tor Andræ aus dem Jahre 1918[10] folgend, in ihrem *Und Muhammad ist Sein Prophet*[11], und erst T. Nagel widmet ihm 2008 ein ganzes Kapitel in seiner Studie zum „Mohammedglauben".[12] Obwohl hier erkannt wurde, dass das *Buch der Heilung* eine entscheidende Rolle in der Geschichte des Sunnismus spielt, da es der sunnitischen Auffassung vom Propheten und vom Verhältnis der Gläubigen zu ihm ein systematisches und maßgebendes Fundament verleiht, bleiben wichtige Ideen und Darlegungen des Werkes noch unzureichend ergründet.[13]

Der Autor des *Kitābu š-šifā'*, Abū l-Faḍl al-Qāḍī ʿIyāḍ al-Yaḥṣūbī,[14] der als Vertreter der malikitischen Hadithtradition von Sabta[15] (das heutige

9 In arabischer Sprache wurde das Werk unter dem Gesichtspunkt der Prophetenbiographie untersucht, siehe dazu Aḥmad J. al-ʿAmrī, *As-Sīratu l-nabawiyyatu fī mafhūmi l-Qāḍī 'Iyāḍ*, Kairo 1988.

10 Vgl. Tor J. E. Andræ, *Die Person Muhammeds in Lehre und Glauben seiner Gemeinde*, Stockholm 1918.

11 Vgl. Annemarie Schimmel, *Und Muhammad ist Sein Prophet: Die Verehrung des Propheten in der islamischen Frömmigkeit*, München 1981, S. 29.

12 Nagel, *Allahs Liebling*, S. 135–198. Zu nennen wäre auch Tarif Khalidis *Images of Muhammad: Narratives of the Prophet in Islam across the Centuries*, New York 2009, S. 209–213.

13 Die Bedeutung des Werkes für die Geschichte des islamischen Denkens rückt zunehmend in das Bewusstsein der Forschung. Neben dem Autor dieses Artikels arbeitet Javier Albarrán Iruela an einer Monographie, die in erster Linie den polemischen Aspekt des Šifā zu beleuchten versucht.

14 Sein Sohn hat ihm eine Biographie gewidmet, siehe: Abū 'Abdallāh Muḥammad b. al-Qāḍī ʿIyāḍ, *At-Taʿrīf bi-l-Qāḍī ʿIyāḍ*, Rabat ²1982. Siehe auch Camilo Gomez-Rivas "*Qāḍī ʿIyāḍ*", in: Oussama Arabi, David Stephan Powers und Susan A. Spectorsky (Hg.), *Islamic legal thought. A compendium of Muslim jurists*, Leiden 2013, S. 323–338. Auf Arabisch siehe ʿAbd al-Salām Šaqūr, *Al-Qāḍī ʿIyāḍu al-adību*, Tanger 1983. Die politische Aktivität des Kadis ist Gegenstand eines Artikels von Hanna E. Kassis, "*Qāḍī ʿIyāḍ's Rebellion against the Almohads in Sabtah (A.H. 542–543/A.D. 1147–1148) – New Numismatic Evidence*", in: JAOS 103 (3/1983), S. 504–514. Vgl. auch Tilman Nagel, *Allahs Liebling*, S. 135–146.

15 Vgl. Ismāʿīl al-Ḫaṭīb, *Al-Ḥarakatu l-ʿilmiyyatu fī Sabta ḫilālu l-qarni ṣ-sābiʿ*, Rabat 1986; Mohamed Cherif, *Ceuta aux époques almohade et mérinide*, Paris 1996; Halima Ferhat, *Sabta des origines au XIVᵉ siècle*, Rabat 1993; Fierro,

Ceuta) in Marokko eine politische Rolle im Aufstand gegen die Almohaden spielte, war ein bedeutender Vermittler der andalusischen Gelehrtenkultur. Er trug damit wesentlich zur Ausprägung der theologischen und juristischen Tradition des Maghreb bei, wobei er zudem über Marokko hinaus als eine der berühmtesten intellektuellen Figuren des muslimischen Westens gilt. Der Zweck seines Werkes über den Propheten bestand offenbar darin, die prophetische Figur vor dem Hintergrund der Schismen des 12. Jahrhunderts wieder in den Mittelpunkt der islamischen Glaubenspraxis zu stellen. Vor allem die Machtergreifung der Almohaden-Dynastie (1147–1269) in Marokko und ihre messianische Lehre vom Mahdi mögen dabei eine gewisse Rolle gespielt haben.[16] Die innige Beziehung der Gläubigen zum Propheten, die sich durch die Beachtung der „Rechte“ (*al-ḥuqūq*) desselben konkretisieren soll, wird hier als Charakteristik des Sunnismus thematisiert. Die Bindung der Gläubigen an den Propheten stellt nach dieser Auffassung den Sunnismus von den als Schismen gewerteten Gruppierungen heraus. Anstatt des Imams, der messianischen Mahdi-Figur oder auch der aristotelischen Logik, die jeweils bei den schiitischen Strömungen, bei den Almohaden oder bei den Philosophen die normative Autorität in sich konzentrieren, zeichne sich der Sunnismus dadurch aus, dass der Prophet Muhammad alleiniger Bezugspunkt der Gemeinde sei.

Das *Buch der Heilung* ist nicht nur seiner Postulate wegen von großer Bedeutung. Es begründet auch eine neue Gattung islamischer Literatur, indem es verschiedene Genres, wie die *šamāʾil-* und die *dalāʾilu n-nubūwa-*Literatur, aufnimmt und neu verarbeitet.[17] Anders als diese Werke, beginnt

---

Maribel, “Proto-Malikis, Malikis and reformed Malikis”, in: P. J. Bearman, Rudolph Peters und Frank E. Vogel (Hg.), *The Islamic school of law. Evolution, devolution, and progress*, Cambridge 2005, S. 57–76.

16 Siehe dazu Fierro, Maribel, *„El tratado sobre el Profeta del cadí ʿIyad y el contexto almohade“*, in: Raif Georges Khoury, Juan Pedro Monferrer Sala, María Jesús Viguera und Concepción Castillo Castillo (Hg.), *Legendaria medievalia. En honor de Concepción Castillo Castillo*, Córdoba 2011, S. 19–34; Mercedes García-Arenal, *Messianism and puritanical reform. Mahdīs of the Muslim west*, Leiden 2006.

17 Qāḍī ʿIyāḍs Werk ist außerdem im Zusammenhang der Geschichte der Hadithüberlieferung zu verstehen. Siehe dazu Al-Bašīru ʿAlī at-Turābī, *Al-Qāḍī ʿIyāḍu wa ǧuhūduhu fī ʿilmi l-ḥadīthi riwāyatan wa dirāyatan*, Beirut, 1997. Qāḍī ʿIyād hat selbst ein vielbeachtetes Handbuch der Hadithwissenschaft verfasst, das

das *Buch der Heilung* mit der dogmatischen Begründung der Prophetie und der Auserwählung Muhammads. Die Rede ist vom *ʿaẓīmu qadrihi wa manzilatihi*, von der „großartigen Würde und dem gewaltigen Rang des Propheten",[18] von seinen außergewöhnlichen und gottgegebenen physischen und seelischen Qualitäten (*kamālu ḫalqihi wa ḫuluqihi*) und von den Wundern (*muʿǧizāt*), die durch ihn geschahen, allen voran das Wunder der Offenbarung des Korans.

Gerade diese letzte Tatsache spielt in der Argumentation des Qāḍī ʿIyāḍ eine wichtige Rolle. Die Offenbarung von Gottes Wort bezeuge nämlich die Auserwählung (*al-iṣṭifā*)[19] des Propheten. Der wundersame und einzigartige Charakter der koranischen Offenbarung (*iʿǧāz*) überträgt sich sozusagen auf den Empfänger. Denn die Wunder des Propheten bestätigen nicht nur die Authentizität seiner göttlichen Mission,[20] sondern illustrieren auch, Qāḍī ʿIyāḍ zufolge, die Erhabenheit seiner Würde bei Gott.[21] Allein die Tatsache, dass die Offenbarung als größtes und wichtigstes Wunder des Propheten dargestellt und zudem an erster Stelle und am ausführlichsten erörtert wird,[22] zeigt den engen Zusammenhang, den der Autor zwischen dem Rang des Propheten und dem Empfangen des Korans herstellen möchte. Wie noch im Folgenden ersichtlich wird, spielt diese Auffassung von der göttlichen Auserwählung des Propheten und der damit einhergehenden Würde eine

---

Al-Ilmāʿ ilā maʿrifati uṣūli r-riwāyati wa taqayyidi s-samāʿi, Kairo 1970. Ǧalāl ad-Dīn as-Suyūṭī hat die Referenzen der im *Šifāʾ* angeführten Hadithe in einem Werk zusammengestellt, siehe *Manāhilu ṣ-ṣafā fī taḫrīǧi aḥādīṯi š-šifāʾ bi-taʿrīfi ḥuqūqi l-Muṣṭafā*, Beirut 1988.

18 Das Wort *qadr* ist äußerst vieldeutig, und eine Übersetzung muss daher unbedingt den Kontext berücksichtigen, in dem es gebraucht wird. Die quantitative Bedeutung von *qadr* ist das Maß einer Sache, wobei die qualitative Bedeutung den Wert derselben bezeichnet und das Gewicht, das man ihr beimisst. Im Falle des Propheten geht es offensichtlich um eine qualitative Bedeutung, und zwar um eine solche, die nicht ein Ding, sondern eine Person betrifft, so dass hier die Übersetzung von *qadr* als „Würde" vorgeschlagen wird.

19 Daher rührt übrigens ein Teil des Titels des hier besprochenen Werkes, *ḥuqūqi l-Muṣṭafā*, „die Rechte des Auserwählten".

20 Nach diesem Schema wird generell im *kalām* der Zweck der Prophetenwunder erklärt.

21 Vgl. Al-Qāḍī ʿIyāḍ, *Kitābu š-šifāʾ*, Teil I, Kap. 2/1, Bd. 1, S. 190.

22 Vgl. ebd., Teil I, Kap. 2/4-10, Bd. 1, S. 197–213.

zentrale Rolle in der Argumentation, die zur Begründung der normativen Stellung des Propheten führt.

2. Unfehlbarkeit und die menschliche Natur des Propheten

Ein weiteres wichtiges Element in der Argumentation des Qāḍī ʿIyāḍ bildet das Konzept der Unfehlbarkeit, der *ʿiṣmah*,[23] das auch für die normative Geltung der prophetischen Verkündigung grundlegend ist und in den *nubuwwāt*-Traktaten des *kalām* thematisiert wird. Das Verhältnis zwischen der menschlichen Natur des Propheten und seinem prophetischen Amt, das dem *ʿiṣmah*-Konzept zugrunde liegt, bildet in der Tat die Grundproblematik der islamischen Prophetologie. Die klassische Debatte zwischen Muʿtaziliten und Ašʿariten dreht sich um die Frage, ob die Prophetie bestimmte Fähigkeiten intellektueller oder moralischer Art voraussetzt oder ob sie diese Fähigkeiten erst als Wirkung der göttlichen Auserwählung im Menschen erzeugt.[24] Im *Buch der Heilung* wird diese Frage sehr detailliert unter dem Blickwinkel der Unfehlbarkeit behandelt, wobei der Autor versucht, verschiedene Positionen zu integrieren:

> Einige ausgewiesene Gelehrte (*al-muḥaqqiqūn*) sagen: Die beschriebenen Unbeständigkeiten und Belastungen [Krankheit, Hitze und Kälte, Durst und Hunger, Ärger und Missmut, Müdigkeit und Erschöpfung usw.] betreffen den Körper (*ǧism*) der Propheten, womit die leibliche Beschaffenheit des Menschen (*muqāwamatu l-bašar*) gemeint ist. Was ihren inneren Zustand (*bāṭin*) angeht, so ist dieser von allen Unbeständigkeiten entbunden und behütet (*maʿṣūma*), schließlich steht das innere Wesen der Propheten mit dem Bereich der himmlischen Schar (*al-malāʾu*

23 Siehe dazu Nadjet Zouggar, „*L'impeccabilité du prophète Muḥammad dans le credo sunnite. D'al-Ašʿarī (m. 324/935) à Ibn Taymiyya (m. 728/1328)*“, in: Bulletin d'Études Orientales LX (2011), S. 73–90.

24 Siehe Louis Gardet, *Les grands problèmes de la théologie musulmane : Dieu et la destinée de l'homme*, Paris 1967, S. 189–209.

> *l-a ʿlā)*[25] und der Engel in Verbindung, da sie von dort inspiriert werden und ihnen von dort her die Offenbarung eingegeben wird.[26]

Unklar ist zunächst, um wen es sich bei den *muḥaqqiqūn* handelt, von denen der Autor diesen Abschnitt zitiert. Der Zusammenhang zwischen Prophetie und dem Bereich der Engel wurde in dieser Form wahrscheinlich als Erstes von den islamischen Philosophen ausformuliert.[27] Die Lehre des al-Farābī und vor allem des Ibn Sīnā über die himmlischen Sphären, zu denen die Propheten Zugang hätten, scheint hier ausschlaggebend gewesen zu sein. Wenn es jedoch bei den Philosophen darum geht, die Möglichkeit der Prophetie und der Offenbarung rational anhand neoplatonischer Auffassungen zu rechtfertigen und zu erklären, so verfolgt al-Qāḍī ʿIyāḍ ein anderes Ziel. Seine Absicht besteht darin, das Paradox aufzulösen, das sich aus dem Postulat der Unfehlbarkeit bzw. der Vollkommenheit des Propheten und den Bedingungen seiner menschlichen Natur ergibt.

Traditionell wird in der islamischen Theologie das Dogma der Unfehlbarkeit mit der Notwendigkeit einer unfehlbaren Übermittlung (*tablīġ*) der Offenbarung und der religiösen Normen (*aḥkām*) begründet. Al-Qāḍī ʿIyāḍ macht hier keine Ausnahme.[28] Die zwei folgenden, auch im *Buch der Heilung* aufgeführten Hadithe werden durchgängig als Beleg betrachtet für die Unfehlbarkeit des Propheten hinsichtlich der Übermittlung religiöser Normen:

> Ich bin nur ein Mensch: Wenn ich euch etwas für euer religiöses Leben auferlege, dann nimmt es an und wenn ich euch etwas aus meiner eigenen Überlegung (*raʾy*) her auferlege, so bin ich doch nur ein Mensch.[29]

---

25 Dies ist ein koranischer Ausdruck (Koran 38/69) und wird gemeinhin interpretiert als die höchsten Engel und Erzengel und manchmal auch als die höheren spirituellen Welten. Aus letzterem Grund wird der Ausdruck auch mit dem Begriff *Pleroma* übersetzt, welcher im Neoplatonismus und in der christlichen Mystik den metaphysischen Bereich der „Fülle des Seins“ kennzeichnet.

26 Al-Qāḍī ʿIyāḍ, *Kitābu š-šifāʾ*, Teil III, Kap. 2, Bd. 2, S. 159. Siehe auch die Einleitung zu Teil III (Bd. 2, S. 84), wo dieser Gedanke ausführlicher erörtert wird.

27 Vgl. Fazlur Rahman, *Prophecy in Islam: Philosophy and Orthodoxy*, Chicago/London ²2001, S. 11–44; Frank Griffel, *“Muslim philosophers' rationalist explanation of Muḥammad's prophecy”*, in: Jonathan E. Brockopp (Hg.), *The Cambridge Companion to Muḥammad*, Cambridge 2010, S. 158–179.

28 Siehe Al-Qāḍī ʿIyāḍ, *Kitābu š-šifāʾ*, Teil III, Kap. 1/5, Bd. 2, S. 109.

29 Ebd., Teil III, Kap. 2/3, Bd. 2, S. 162. Überliefert von Muslim.

> Ich bin nur ein Mensch: Was ich euch von Gott her erzähle, entspricht ganz der Wahrheit und was ich euch dazu sage, was von mir selbst stammt, so bin ich doch nur ein Mensch, der sich mal irrt und mal richtig liegt.[30]

Dennoch haben alle seine Handlungen eine potentiell religiöse Bedeutung, wenn sie mit der entsprechenden Absicht, sich Gott zu nähern, von den Gläubigen nachgeahmt werden. So werden z.B. in der hanafitischen Rechtsschule jene Handlungen des Propheten, die das nicht religiöse Leben betreffen, wie etwa eine bestimmte Art und Weise zu essen, zu gehen usw., als *mandūbun zāʾidun*, *mustaḥabb* oder *adab* bewertet, d.h. als Handlungen dessen Nachahmung als verdienstlich und lobenswert gilt, ohne jedoch einen obligatorischen Charakter zu haben.[31]

In dem oben zitierten Abschnitt wird dieser Sachverhalt hingegen noch einen Schritt weiter gedacht. Ausgehend von der Offenbarung wird ein Unterschied zwischen der leiblichen und daher unbeständigen Natur der körperlichen Verfassung des Propheten (*ǧism*) und seinem inneren Zustand (*bāṭin*) eingeführt: Der innere und geistige Zustand obliegt nicht den Gesetzmäßigkeiten dieser vergänglichen und wechselhaften Welt, sondern steht mit einem ontologisch höheren und transzendenten Bereich in Verbindung, mit dem er geradezu verflechtet und an ihn „angebunden“ (*mutaʿalliqa*) ist. Mit bestimmten Hadithen, Qāḍī ʿIyāḍ zufolge, „hat der Prophet erklärt, dass sein tiefstes Inneres (*sirr*), sein innerer Zustand (*bāṭin*) und sein Geist (*rūḥ*) von anderer Art sind als sein Äußeres.“[32] Wenn der Prophet sagt: „auch wenn meine Augen schlafen, so schläft doch mein Herz nicht“[33] zeige dies, dass wenn bei gewöhnlichen Menschen der Körper und das Herz vom Schlaf übermannt werden, der Prophet sich dagegen innerlich, kraft der Aufmerksamkeit seines Herzens, im Wachzustand befinde. Und wenn er sagt: „ich bin nicht von eurer Beschaffenheit (*hayʾah*), denn wahrlich mein Herr nährt mich nachts und löscht meinen Durst“,[34] dann werde damit ausgedrückt, dass die körperliche Beschaffenheit des Propheten bei Hunger und

---

30 Ebd., Teil III, Kap. 2/3, Bd. 2, S. 163. Überliefert von al-Bazzār und von as-Suyūṭī als zuverlässig (*ḥasan*) bewertet.

31 Vgl. Wahba al-Zuhaylī, *Uṣūlu l-fiqhi l-islāmī*, Damaskus/Beirut ^{2}2001, Bd. 1, S. 79.

32 Al-Qāḍī ʿIyāḍ, *Kitābu š-šifāʾ*, Teil III, Kap. 2, Bd. 2, S. 159f.

33 Ebd. Von Buḫārī und Muslim überliefert.

34 Ebd. Von Buḫārī und Muslim überliefert.

Durst nicht beeinträchtigt würde, wie es bei gewöhnlichen Menschen der Fall ist. Der Autor des *Buches der Heilung* zitiert noch ein weiteres Hadith und deutet damit auch den Grund an, warum der Prophet menschlichen Heimsuchungen ausgesetzt ist: „Ich vergesse nicht, doch [Gott] lässt mich vergessen, damit ich als Vorbild für eine religiöse Praxis (*sunna*) dienen kann“[35]. Al-Qāḍī ʿIyāḍ geht auf diesen Aspekt noch an anderer Stelle ein und erklärt:

> Die Propheten und Gesandten sind Mittler (*wasāʾiṭ*) zwischen Gott und Seinen Geschöpfen. Sie übermitteln ihnen Seine Gebote und Verbote, Seine Versprechen und Drohungen, und lehren sie was ihnen über Gott und Seine Schöpfung nicht bekannt war [...]. Das Äußere der Propheten, ihre Körper und ihre Beschaffenheit sind mit den Eigenschaften des Menschen (*bašar*)[36] ausgestattet und erleiden wie alle Menschen Krankheiten und Hinfälligkeiten sowie Entwerden und Tod. Doch die Attribute ihrer Menschlichkeit (*insāniyya*), ihr Geist und innerer Zustand zeichnen sich durch höhere Eigenschaften aus als jenen der bloß körperlichen Natur des Menschen. Sie stehen mit der himmlischen Schar in Verbindung und sind den Eigenschaften der Engel ähnlich. Frei von Unbeständigkeit und Makel können ihnen gemeinhin die Ohnmacht der körperlichen Natur und die Schwäche der Menschlichkeit nichts anhaben. Denn wenn ihr innerer Zustand nicht von den Zwängen der körperlichen Natur befreit wäre, so wären sie nicht imstande, Offenbarungen von den Engeln zu empfangen, diese zu sehen zu bekommen, mit ihnen zu sprechen und zu verkehren, wie es gewöhnlichen Menschen versagt ist. Wenn jedoch ihre Körper und ihr Äußeres mit den Eigenschaften der Engel und nicht mit denen des Menschen versehen wären, so könnten die Menschen, zu denen die Propheten gesandt worden sind, nicht mit ihnen verkehren [...]. So wurden die Propheten seitens ihres Körpers und Äußeren zu den Menschen und seitens des Geistes und des inneren Zustandes zu den Engeln gestellt, wie der Prophet über sich selbst gesagt hat: „Wenn ich mir einen engen Freund (*ḫalīl*) aus meiner Gemeinschaft nehmen würde, so wäre es Abū Bakr, doch sind wir bloß Brüder im

---

35 Ebd. Von Buḫārī und Muslim überliefert.

36 Das Wort *bašar*, welches hier *insān* vorgezogen wird, bringt den materiellen und plastischen Aspekt der menschlichen Natur zum Ausdruck. Dies ist darum bedeutsam, weil der Vorwurf gegen die Wahrhaftigkeit der prophetischen Mission mit dem Wort *bašar* in Zusammenhang steht: „Nichts behindert die Menschen daran zu glauben wenn ihnen die Rechtleitung zukommt außer, dass sie sagen: Würde Gott denn einen Menschen (*bašar*) als Boten senden?“ (Koran 17/94). Diese *bašariyya* ist gleichzeitig auch der Grund, warum Iblīs sich weigerte, sich vor Adam zu verneigen (vgl. Koran 15/33).

Islam, denn wahrlich, euer Prophet ist des Allbarmherzigen enger Freund (*ḫalīlu r-Raḥmān*).[37]

Ohne an dieser Stelle auf die vielfältigen Gesichtspunkte eingehen zu wollen, die hier aufgeworfen werden,[38] beschränken sich die folgenden Ausführungen auf eine Feststellung, die unmittelbar mit dem Thema zusammenhängt. Dank des zweifachen, d.h. körperlichen und innerlichen Wesens des Propheten fungiert er als Vermittler zwischen der überweltlichen Wirklichkeit und der Welt der Menschen. Diese Vermittlerrolle begründet sich einerseits auf der Offenbarung, die ihm aus diesem transzendenten Bereich eingegeben wird, und andererseits auf die menschliche Natur, die von der Offenbarung nicht etwa beseitigt, sondern in die prophetische Verkündigung eingebunden wird.[39]

Dass es sich bei Qāḍi ʿIyāḍs Erklärung um keinen Einzelfall handelt, zeigt eine kurze Betrachtung anderer prophetologischer Entwürfe. So unterscheidet ein persischer Zeitgenosse des Qāḍī, der bekannte Theologe Muḥammad al-Šahrastānī (gest. 548/1153), zwischen der menschlichen und der prophetisch-unfehlbaren Wesenheit des Propheten.[40] Im al-Ġazālī zugesprochenen *Miʿrāğu l-qudsi fī madāriği maʿrifati n-nafs* wird erklärt, dass die Seele der Propheten über der Seele gewöhnlicher Menschen steht, und zwar in dem gleichen Verhältnis, wie die menschliche Seele über der tierischen steht. Wie das Walten der Menschen über Tiere einen wundersamen Charakter haben mag, verhält es sich analog dazu mit dem Walten der Propheten über gewöhnliche Menschen. Propheten haben daher mit den

37 Al-Qāḍī ʿIyāḍ, *Kitābu š-šifāʾ*, Teil III, Einleitung, Bd. 2, S. 84.

38 So wird z.B. im Sufismus die Lehre von der inneren und spirituellen Wirklichkeit des Propheten noch eine große Rolle spielen. Vgl. dazu Annemarie Schimmel, *Und Muhammad ist Sein Prophet*, S. 108–123; und vor allem Claude Addas, *Une victoire éclatante: Le Verus Propheta dans la doctrine d'Ibn ʻArabî*, o.O. 2005, wo die historische Entwicklung der Lehren von der kosmischen, der spirituellen und der metaphysischen Wirklichkeit des Propheten bis hin zu Ibn al-ʿArabī erläutert wird.

39 Von einer „Entmenschlichung“ des Propheten im vormodernen Islam zu sprechen, wie es immer wieder in der modernen Mohamed-Forschung vorkommt, ist daher problematisch.

40 Vgl. Fazlur Rahman, *Prophecy in Islam*, S. 100.

gewöhnlichen Menschen die Form (*ṣūra*) gemein, doch unterscheiden sie sich von ihnen in ihrer „Bedeutung" (*maʿnā*) und inneren Wirklichkeit.[41]

3. Prophetie und Gnade

Die Funktion des Propheten als Mittler (*wāsiṭa*) zwischen Gott und der Menschheit, wie es soeben erörtert wurde, erschließt sich in seiner ganzen Tragweite erst im Zusammenhang der Gnade (*raḥma*).[42] Gleich im ersten Kapitel im *Buch der Heilung* heißt es:

> Gott weiß um das Unvermögen Seiner Geschöpfe Ihm gebührenden Gehorsam zu leisten. So hat Er zwischen Ihm und ihnen ein Geschöpf gestellt, das der Gestalt nach ihrer Spezies entspricht und hat es mit Seinen Eigenschaften der Güte und der Barmherzigkeit ausgestattet. Dann hat Gott es in die Schöpfung als wahrhaftigen Botschafter gesendet und Gehorsam zu diesem mit Gehorsam zu Ihm selbst gleichgesetzt, so dass wer mit diesem Botschafter übereinstimmt, sich damit mit [dem Willen von] Gott in Übereinstimmung weiß. Und dann hat Er gesagt: „Wer dem Gesandten gehorcht, der hat damit Gott gehorcht" (Koran 5/80) und „Und Wir haben dich fürwahr als Gnade für alle Welt gesandt" (Koran 21/107).[43]

Dieses Zitat des von Schiiten und Sunniten gleichermaßen verehrten Ǧaʿfar al-Ṣādiq (gest. 148/765) bringt in wenigen Worten eine Auffassung zum Ausdruck, die für die islamische Rechtskultur von grundlegender Wichtigkeit ist. Die Bedeutung des Propheten als Gestalt, durch die der Menschheit die Möglichkeit zum Heil erst gegeben wird, begründet in der Tat die normative Stellung des Propheten. Von sich aus unfähig sich Gott, wie es Seiner Gnade gebühren würde, zu fügen, hat der Mensch Zugang zum Heil, indem er dem Beispiel des Propheten folgt und ihn damit als normatives Modell annimmt. Die scheinbar ungeheure koranische Aussage „Wer dem Gesandten gehorcht, der gehorcht damit Gott" – d.h. die Tatsache, dass einem Menschen eine gewissermaßen göttliche Autorität zuerkannt wird – erscheint im Lichte der Ausführung von Ǧaʿfar al-Ṣādiq als eine logische Konsequenz der islamischen Heilslehre. Mehr noch: Die Heilsbedeutung des

41 Abū Ḥāmid al-Ġazālī, *Miʿrāǧu l-qudsi fī madāriǧi maʿrifati n-nafs*, Beirut 1988, S. 132.

42 Der Begriff *raḥmah* wird gewöhnlich mit „Barmherzigkeit" übersetzt, doch wird hier die Übersetzung mit „Gnade" bevorzugt, da an dieser Stelle *raḥmah* in einen spezifisch soteriologischen Zusammenhang gestellt wird.

43 Al-Qāḍī ʿIyāḍ, *Kitābu š-šifāʾ*, Teil I, Kapitel 1, Bd. 1, S. 19.

Propheten wird hier als ein Grundsatz erkenntlich, auf dem sich das gesamte Normensystem des Islams gründet und ohne dessen es nicht denkbar wäre.

Der eigentliche Sinn der Nachfolge der Sunna, und daher der normativen Geltung derselben, besteht nach dieser Auffassung darin, die göttliche Gnade zu erfahren und so das Heil zu erlangen. Die Passage, die der Autor im *Buch der Heilung* gleich im Anschluss anführt, wird noch deutlicher:

> Abū Bakr b. Ṭāhir[44] hat gesagt: Gott hat Muḥammad die Zierde der Gnade verliehen, so dass seine Existenz, sein ganzes Wesen und seine Eigenschaften zur Gnade für die Schöpfung wurden. Wem etwas von dieser Gnade zuteilwird, der ist im Diesseits und im Jenseits von allem Übel erlöst und erlangt in beiden Welten alles, was ihm lieb ist. Weißt du denn nicht, dass Gott sagt: „Und Wir haben dich fürwahr als Gnade für alle Welt gesandt“? (Koran 21/107) So ist sein Leben eine Gnade wie auch sein Tod eine Gnade ist, so wie er es selbst verkündet hat, als er sagte: „Mein Leben ist ein Segen für euch, wie auch mein Tod ein Segen für euch ist.“ Und in diesem Sinne sagte er auch: „Wenn Gott einer Gemeinschaft Gnade erweisen will, dann nimmt Er ihren Propheten vorzeitig zu sich und macht ihn zu einem Vorläufer, der ihnen den Weg bereitet.[45]

Nach dieser Interpretation von Koran 21/107 erfüllt sich die Gnade, mit der Gott den Menschen das Heil zuteilwerden lässt, nicht nur in der prophetischen Sendung, sondern auch in der eigentlichen Person des Propheten. Diese Auffassung kann durchaus durch die Hadith-Überlieferung untermauert werden, wie dies im zitierten Ausschnitt beispielhaft zu sehen ist. Die Nachfolge des Propheten, das Nachahmen seiner Lebensführung, seiner Tugenden und überhaupt aller seiner Eigentümlichkeiten erhält ihren soteriologischen Wert dadurch, dass sein Wesen und seine Existenz sozusagen von Gnade durchdrungen und erfüllt sind. Das Motiv des Gehorsams gegenüber Gott (*aṭ-ṭāʿa*), das gewöhnlich im Zusammenhang mit der normativen Geltung des Propheten vordergründig angebracht wird, ergänzt sich hier durch das Motiv der Gnadenerfahrung, die dem Gläubigen mittels einer Verknüpfung mit der Person des Propheten durch die Nachfolge (*al-ittibāʿ*) zuteilwird. Die Gnade, mit der Gott den Propheten ausgestattet hat, überträgt sich gewissermaßen durch die Nachfolge.

---

44 Es handelt sich laut den verschiedenen Kommentatoren des *Kitābu š-šifāʾ* um den Gelehrten Abū Bakr b. Ṭāhir b. Maḥfūẓ b. Aḥmad al-Maʿāfirī al-Šāṭibī, dessen genaue Lebensdaten jedoch unbekannt scheinen.

45 Al-Qāḍī ʿIyāḍ, *Kitābu š-šifāʾ*, Teil I, Kapitel 1, Bd. 1, S. 19.

Interessant ist bei dieser Passage auch, dass auf die Fortdauer dieser Gnadenvermittlung durch den Propheten auch für die Zeit nach seinem Tod insistiert wird. Die Heilsbedeutung des Propheten beschränkt sich daher nicht auf die Übermittlung der göttlichen Botschaft während seiner irdischen Existenz, sondern besteht auch noch nach dem Ende eben dieser Existenz, wenn auch auf einer anderen Art und Weise. Ein ägyptischer Kommentator des *Kitābu š-šifā'* aus dem 17. Jh. erklärt dieses Hadith in der Tat so, dass der Nutzen (*naf'*) des Propheten für seine Gemeinde nicht mit seinem Tod ende. Worin dieser posthume Nutzen[46] besteht, wird im *Kitābu š-šifā* nur angedeutet, wenn an anderer Stelle auf die verschiedenen Formen der Verehrung eingegangen wird, die die ersten Generationen der Muslime und bedeutende Gelehrte dem Propheten noch nach seinem Tod erwiesen haben. Das Kapitel über die Notwendigkeit, für den Propheten zu beten und ihn zu grüßen, führt unter anderem anerkannte Hadith-Überlieferungen auf, nach denen der Geist (*rūḥ*) des Propheten durch die Gebete seiner Gemeinde wiederbelebt wird, damit er auf diese antworten kann. Der Besuch des Grabes des Propheten in Medina, die Verehrung seiner Reliquien (*āṯār*)[47] oder die Achtsamkeit und Ehrfurcht, die man bei der Erwähnung seines Namens verspüren soll – wie als wäre der Prophet anwesend, präzisiert der Autor im *Buch der Heilung*[48] – werden im Kapitel über die Rechte des Propheten benannt.

4. Die Rechte des Propheten

Weder die Unterscheidung zwischen innerer und äußerer Natur des Propheten noch seine Heilsbedeutung als Mittler der göttlichen Gnade sind im Grunde neu. Was bei Qādī 'Iyāḍ jedoch hinzukommt, ist das Konzept

46 Vgl. dazu Fritz Meiers Artikel mit dem etwas unglücklichen Titel: *„Eine Auferstehung Mohammeds bei Suyūṭi"*, in: Der Islam 62, 1/1985, S. 20–58, in dem Suyūṭīs Traktat *Tanwīru l-ḥalaki fī imkānī ru'yati al-nabī wa l-malaki* analysiert wird.

47 Der Begriff „Reliquie" ist hier in seinem ursprünglichen Sinne als „Überbleibsel, Zurückgelassenes" zu verstehen und entspricht damit ziemlich genau der Bedeutung von *āṯār*.

48 Vgl. Al-Qāḍī 'Iyāḍ, *Kitābu š-šifā'*, Teil III, Kapitel 3, Bd. 2, S. 35. Das Kapitel trägt den Titel: *„Über die Verehrung (ta'ẓīm) des Propheten nach seinem Tode"*.

der „Rechte des Propheten“, der *ḥuqūqu l-Muṣṭafā*, die sich aus der „Erhabenheit seiner Würde“ (*ʿaẓīmu qadrihi*) bei Gott und der sich daraus ableitenden Heilsbedeutung ergeben. Die normative Stellung des Propheten erscheint hier in einem neuen Licht.

Rein etymologisch schwingt in dem Wort *ḥaqq* die Bedeutung von „Wirklichkeit“, „Realität“ und auch von „Pflicht“ mit. Die *ḥuqūq* des Propheten bezeichnen daher gleichermaßen die Normen und die sich daraus herzuleitenden Pflichten, welche sich aus der Wirklichkeit und Würde des Propheten ergeben und das Verhältnis der Gläubigen zu ihm bestimmen. In der Rechtstheorie handelt es sich um einen wichtigen Begriff, der dazu dient, die Normen der Scharia jeweils den „Rechten Gottes“ (*ḥuqūqu Allāhi*) oder den „Rechten der Menschen“ (*ḥuqūqu l-ʿibādi*) zuzuordnen.[49] Der Zweck dieser Kategorien ist es, zwischen jenen Normen zu unterscheiden, die das öffentliche Wohl betreffen, und jenen, die der Privatsphäre des Individuums angehören. Der Rechtsprechung wird so ein Instrument zur Verfügung gestellt, das es ihr ermöglicht, gegebenenfalls zwischen den kollektiven und den individuellen Interessen abzuwägen.[50] Dies ist unter anderem für das Strafrecht und die *ḥadd*-Bestrafungen von Belang: *Ḥadd*-Strafen, wie z.B. das Auspeitschen, seien daher für die Verletzung von *ḥuqūqu Allāhi*, d.h. dem öffentlichen Wohl, anzuwenden.

Wie ist es nun zu verstehen, wenn Qāḍī ʿIyāḍ diesen beiden Kategorien eine dritte hinzufügen möchte, die *ḥuqūqu n-nabī* oder „Rechte des Propheten“? Der Teil des Buches, der sich mit diesem Thema beschäftigt, trägt ganz programmatisch den Titel *„Über die Rechte des Propheten deren Beachtung der Menschheit obliegt“*. Er ist unterteilt in ein Kapitel über die unbedingte Pflicht (*farḍ*), an den Propheten zu glauben, ihm zu gehorchen und seinem Vorbild zu folgen, ein Kapitel über die Notwendigkeit (*luzūm*), ihn zu lieben, ein weiteres über die Pflicht (*wuǧūb*), alles, was ihn betrifft, rühmend zu würdigen (*taʿẓīmu amrihi*) und ihn zu verehren (*tawqīrihi*)

49 Ginge man dem Sinne nach, könnten die Begriffe ohne weiteres auch mit „Pflichten gegenüber Gott bzw. den Menschen“ übersetzt werden.

50 Für die Bedeutung des Begriffs *ḥaqq* in der Rechtstheorie siehe Mohammad H. Kamali, *“Fundamental Rights of the Individual: An Analysis of Haqq (Right) in Islamic Law”*, in: American Journal of Islamic Social Sciences 10, 3/1993, S. 340–365; Bernard G. Weiss, *The Spirit of Islamic Law*, Athens 1998, S. 181–184.

und schließlich ein letztes Kapitel über die Pflicht, Gebete (*taṣliyah*) für ihn zu sprechen. Die Unterscheidung zwischen öffentlichen/privaten bzw. kollektiven/individuellen Interessen scheint hier keine Rolle zu spielen. Vielmehr erweckt das Konzept der *ḥuqūq* den Anschein, an al-Muḥāsibīs (gest. 243/857) Handbuch *Ar-Riʿāyatu li-ḥuqūqi Allāhi*[51] anknüpfen zu wollen. Das berühmte Werk des Bagdader Theologen und Asketen thematisiert den Ausdruck „Rechte Gottes" als Grundlage einer aufrichtig frommen Lebensweise: Die Einhaltung der Scharia und das Praktizieren religiöser Tugenden entsprechen einer Pflicht, die dem Menschen gegenüber Gott obliege:

> Was deine Frage bezüglich der Rechte Gottes angeht, so wisse, dass es sich um eine gewaltige Angelegenheit handelt, die von der Mehrheit der Menschen unserer Zeit vernachlässigt wird. Schließlich hat Gott seine Propheten und Heiligen aufgrund dieser Angelegenheit in Seine Obhut genommen, da sie Seinen Pakt respektiert und Sein Gebot befolgt haben. [...] So hat Gott Seinen Dienern befohlen, jedes Recht (*ḥaqq*), das Er ihnen auferlegt hat, ganz gleich ob es sie selbst betrifft oder ihre Mitmenschen, zu beachten und umzusetzen. Dies ist die Bewahrung der Rechte Gottes, die Er Seinen Dienern auferlegt hat. [...] Gott hat die Beachtung dieser Rechte zum Schlüssel für den Segen in dieser und der anderen Welt gemacht. [...] Alle Geschöpfe sind daher angehalten, die Rechte Gottes zu kennen, mitsamt ihren Anforderungen, Zeitpunkten, Anlässen, Zwecken, Pflichten, Angelegenheiten und der Reihenfolge ihrer Anordnung.[52]

Analog dazu scheint das Kapitel des *Kitābu š-šifā* die Idee von den „Rechten des Propheten" aufzuarbeiten. Die normative Stellung, die der Prophet in der islamischen Rechtstheorie einnimmt, wird hier als ein Aspekt dieser *ḥuqūq* dargestellt.

> Wenn es nun Pflicht ist, an den Propheten zu glauben und das zu bestätigen, womit er gekommen ist, so ist es auch Pflicht, ihm zu gehorchen, weil dies zu dem gehört, womit er gekommen ist [d.h. die Verkündigung der göttlichen Botschaft]. Denn Gott hat gesagt: „O ihr Gläubigen, gehorcht Gott und Seinem Gesandten!" (Koran 8/20), [...] und „Sprich: Gehorcht Gott und Seinem Gesandten, auf dass euch Gnade zuteil werde!" (Koran 3/132) Und Er sagt: „Und wenn ihr ihm gehorcht, so werdet ihr rechtgeleitet" (Koran 24/54), und „Wer dem Gesandten gehorcht, gehorcht damit in der Tat Gott" (Koran 4/80). Auch sagt Er: „Und

---

51 Al-Ḥāriṯ b. Asad al-Muḥāsibī, *Kitāb Riʿāya li-ḥuqūq Allāh,* Kairo ^{2}1990. Das Werk ist neben dem *Iḥyāʾu ʿulūmi d-dīnī* von al-Ghazālī das wohl meist verbreitete Handbuch dieser Art im Maghreb zwischen dem 11. und 12. Jahrhundert.

52 Ebd., S. 37–38, 82.

was der Gesandte euch übermittelt, das nehmt an, und was er euch verbietet, das unterlasst!“ (Koran 59/7) [...].

Auf diese Weise hat Gott den Gehorsam gegenüber Seinem Gesandten mit dem Gehorsam gegenüber Ihm Selbst gleichgesetzt und verknüpft und dafür überreichlichen Lohn versprochen, während Er jenen, die sich ihm widersetzen, mit einem üblen Ende droht. Und Er hat es zur Pflicht gemacht, dem Gebot des Propheten zu gehorchen und sich von dem, was er verboten hat, fernzuhalten.

Die Qur'ān-Kommentatoren und die Imame [der Rechtsschulen] sagen, dass der Gehorsam gegenüber dem Gesandten darin besteht, an seiner Sunna festzuhalten und sich seiner Botschaft zu fügen. [...] Und sie sagen: „Wer dem Gesandten in seiner Sunna gehorcht, der gehorcht dadurch zugleich Gott in dem, was Ihm gegenüber Pflicht (*farā'iḍ*) ist.[53]

Die Rechte des Propheten zu beachten, insbesondere das Recht auf Gehorsam, wird hier den Rechten Gottes, wie wir sie schon bei al-Muḥāsibī gesehen haben, zugeordnet: Dem Propheten zu gehorchen und seiner Sunna zu folgen, gehört zu den Rechten Gottes, die den Menschen obliegen, da es Gott ist, der den Propheten dazu auserwählt hat, stellvertretend für Ihn als normatives Modell zu gelten und so der Menschheit den Zugang zur Gnade zu ermöglichen; denn, wie Qāḍī 'Iyāḍ einen Hadith aus Buḫārīs Sammlung zitiert: „an Muḥammad unterscheiden sich die Menschen“ (*wa Muḥammadun farqun bayna n-nāsi*).[54]

Fazit

Die Untersuchung des *Buchs der Heilung* deckt einen Gesichtspunkt der Normativität der prophetischen Praxis auf, der die Beziehung des Gläubigen zum Propheten in den Mittelpunkt stellt. Dies hat naturgemäß erhebliche Konsequenzen für die Prophetologie: Der Prophet wird demnach nicht nur als historischer Überbringer einer göttlichen Botschaft verstanden, sondern auch als Gestalt, dessen menschliches Dasein eine Notwendigkeit für das Heil der Gläubigen darstellen. Nach den Ausführungen des *Kitābu š-šifā'*, das durchaus als repräsentativ für die sunnitische Prophetologie gelten kann, ist es dieses Verhältnis zwischen der Mittlerfunktion des Propheten und der heilsnotwendigen Gnade, das seine normative und exemplarische Autorität begründet. Die Unterscheidung zwischen dem äußeren und dem

53 Al-Qāḍī 'Iyāḍ, *Kitābu š-šifā'*, Teil II, Kapitel 1, Bd. 2, S. 6f.
54 Ebd., S. 9.

inneren Wesen des Propheten veranschaulicht die ihm zugesprochene Fähigkeit, die Bedingtheit der menschlichen Geschichte und die Zeitlosigkeit des göttlichen Heilswillens gewissermaßen in sich zu vereinen. Eben darin begründen sich die Auffassung von der Erhabenheit der prophetischen Würde, die Lehre von der Unfehlbarkeit der prophetischen Verkündigung und die Vorstellung, dass sich die Gnadenerfüllung durch die prophetische Vermittlung zwischen Gott und der Menschheit verwirklicht.

In dieser Prophetologie erhält die Beziehung des Gläubigen zum Propheten ihr soteriologisches Gewicht: Das Befolgen der prophetischen Praxis wird zu einem Verbunden-Sein mit dem Empfänger der Offenbarung, der damit zum Heilsinstrument und zum Ausdruck der göttlichen Gnade wird. Das Prinzip der prophetischen Normativität ist in diesem theologischen Zusammenhang daher nur ein Aspekt eines prophetologischen Diskurses, dessen eigentlicher Zweck darin besteht, den Propheten als Gestalt im Leben der Gläubigen und der Gemeinde zu vergegenwärtigen. Vor diesem Hintergrund wird die ganze Tragweite der zeitgenössischen Debatte deutlich, die am Anfang angesprochen wurde. Tatsächlich wird hier nicht nur nach den Grenzen der prophetischen Autorität gefragt, sondern auch nach der Bedeutung, die der Person des Propheten im gelebten Glaubensvollzug der Muslime und nicht zuletzt in der zeitgenössischen Artikulation ihrer Religiosität und Identität zukommen soll.

Literatur

Addas, Claude, *Une victoire éclatante: Le Verus Propheta dans la doctrine d'Ibn ʿArabî*, o.O. 2005.

Andræ, Tor J. E., *Die Person Muhammeds in Lehre und Glauben seiner Gemeinde*, Stockholm 1918.

Benzine, Rachid, *Islam und Moderne. Die neuen Denker*, Berlin 2012.

Brown, Daniel, *Rethinking Tradition in Modern Islamic Thought*, Cambridge 1996.

Cherif, Mohamed, *Ceuta aux époques almohade et mérinide*, Paris 1996.

Ferhat, Halima, *Sabta des origines au XIVe siècle*, Rabat 1993.

Fierro, Maribel, *"Proto-Malikis, Malikis and reformed Malikis"*, in: P. J. Bearman, Rudolph Peters und Frank E. Vogel (Hg.), *The Islamic school of law. Evolution, devolution, and progress*, Cambridge 2005, S. 57–76.

Fierro, Maribel, *„El tratado sobre el Profeta del cadí `Iyad y el contexto almohade“*, in: Raif Georges Khoury, Juan Pedro Monferrer Sala, María Jesús Viguera und Concepción Castillo Castillo (Hg.), *Legendaria medievalia. En honor de Concepción Castillo Castillo*, Córdoba 2011, S. 19–34.

Gardet, Louis, *Les grands problèmes de la théologie musulmane: Dieu et la destinée de l'homme*, Paris 1967.

García-Arenal, Mercedes, *Messianism and puritanical reform. Mahdīs of the Muslim west*, Leiden 2006.

al-Ġazālī, Abū Ḥāmid, *Miʿrāğu l-qudsi fī madāriği maʿrifati n-nafs*, Beirut 1988.

Gomez-Rivas, Camilo, *"Qāḍī ʿIyāḍ"*, in: Oussama Arabi, David Stephan Powers und Susan A. Spectorsky (Hg.), *Islamic legal thought. A compendium of Muslim jurists*, Leiden 2013, S. 323–338.

Graham, William, *"Traditionalism in Islam. An Essay in Interpretation"*, in: *Journal of Interdisciplinary History*, 23 (3), 1993, S. 495–522.

Griffel, Frank, *"Muslim philosophers' rationalist explanation of Muḥammad's prophecy"*, in: Jonathan E. Brockopp (Hg.), *The Cambridge Companion to Muḥammad*, Cambridge 2010, S. 158–179.

Gril, Denis, *"Le corps du Prophète"*, in: *Revue des mondes musulmans et de la Méditerranée*, 113–4, 2006, S. 37–57.

B. Hallaq, Wael, *"The Authenticity of Prophetic Hadith. A Pseudo-Problem"*, in: *Studia Islamica*, 89, 1999, S. 75–90.

al-Ḫaṭīb, Ismāʿīl, *Al-Ḥarakatu l-ʿilmiyyatu fī Sabta ḫilālu l-qarni ṣ-sābiʿ*, Rabat 1986.

Kamali, Mohammad H., *"Fundamental Rights of the Individual: An Analysis of Haqq (Right) in Islamic Law"*, in: American Journal of Islamic Social Sciences 10, 3/1993, S. 340–365.

Kassis, Hanna E., *"Qāḍī ʿIyāḍ's Rebellion against the Almohads in Sabtah (A.H. 542–543/A.D. 1147–1148) – New Numismatic Evidence"*, in: JAOS 103, 3/1983, S. 504–514.

Khalidi, Tarif, *Images of Muhammad: Narratives of the Prophet in Islam across the Centuries*, New York 2009.

Meier, Fritz, *„Eine Auferstehung Mohammeds bei Suyūṭi“*, in: Der Islam 62, 1/1985, S. 20–58.

al-Muḥāsibī, Abū ʿAbdallāh al-Ḥāriṯ Ibn Asad, *Kitāb Riʿāya li-ḥuqūq Allāh* Kairo ²1990.

Musa, Aisha Y., *Ḥadīth as scripture. Discussions on the authority of prophetic traditions in Islam*, New York 2008.

Nagel, Tilman, „*Ḥadīth – oder: Die Vernichtung der Geschichte*", in: *Deutscher Orientalistentag*, Stuttgart, 1994, S. 118–128.

Nagel, Tilman, „*Mohammed und die Unfehlbarkeit des Propheten*", in: Georgia Augusta, 3/2004, S. 102–107.

Nagel, Tilman, *Allahs Liebling: Ursprung und Erscheinungsformen des Mohammedglaubens*, München 2008.

al-Qāḍī ʿIyāḍ, Abū ʿAbdallāh Muḥammad b., *At-Taʿrīf bi-l-Qāḍī ʿIyāḍ*, Rabat ²1982.

al-Qāḍī ʿIyāḍ, Abū al-Faḍl b. Mūsā, *Al-Ilmāʿ ilā maʿrifati uṣūli r-riwāyati wa taqayyidi s-samāʿi*, Kairo 1970.

al-Qāḍī ʿIyāḍ, Abū al-Faḍl b. Mūsā, *Kitābu š-šifā bi-taʿrīfi ḥuqūqi l-Muṣṭafā*, Beirut 2000.

Rahman, Fazlur, *Prophecy in Islam: Philosophy and Orthodoxy*, Chicago/London ²2001.

Riexinger, Martin, "*Rendering Muḥammad Human Again: The Prophetology of Muḥammad b. ʿof al-Wahhāb (1703–1792)*", in: Numen 60, 2013, S. 103–118.

Roussillon, Alain, *La pensée islamique contemporaine. Acteurs et enjeux*, Paris 2005.

Schimmel, Annemarie, *Und Muhammad ist Sein Prophet: Die Verehrung des Propheten in der islamischen Frömmigkeit*, München 1981.

aš-Šāfiʿī, Muḥammad Idrīs, *The epistle on legal theory. Arabic-English*, übers. v. Joseph E. Lowry, New York 2013.

Šaqūr, ʿAbd al-Salām, *Al-Qāḍī ʿIyāḍu al-adību*, Tanger 1983.

as-Suyūṭī, Ǧalāl ad-Dīn, *Ǧāmiʿa l-aḥādīṯ: al-ǧāmiʿ aṣ-ṣagīr wa-zawāʾiduh wa l-ǧāmiʿa al-kabīr*, Dār al-Fikr o.J., Bd. 11.

as-Suyūṭī, Ǧalāl ad-Dīn, *Manāhilu ṣ-ṣafā fī taḫrīǧi aḥādīthi š-šhifā bi-taʿrīfi ḥuqūqi l-Muṣṭafā*, Beirut 1988.

at-Turābī, al-Bašīr ʿAlī, *Al-Qāḍī ʿIyāḍu wa ǧuhūduhu fī ʿilmi l-ḥadīthi riwāyatan wa dirāyatan*, Beirut 1997.

Weiss, Bernard G., *The Spirit of Islamic Law*, Athens 1998.

Wentzel, Abd al-Hafidh, *Qāḍī ʿIyāḍ. Al-Schifā: Die Heilung durch Bestimmung der Rechte des Auserwählten*, Hellenthal 2013.

Zouggar, Nadjet, „*L'impeccabilité du Prophète Muḥammad dans le credo Sunnite. D'al-Ašʿarī (m. 324/935) à Ibn Taymiyya (m. 728/1328)*“, in: Bulletin d'Études Orientales LX (2011), S. 73–90.

al-Zuhaylī, Wahba, *Uṣūlu l-fiqhi l-islāmī*, Damaskus/Beirut [2]2001.

Mohammed Nekroumi

Ansätze hermeneutischen Denkens in Šāṭibīs *maqāṣid*-Theorie[1] – Grundfragen einer modernen Relektüre

Einführung: Glaube und Sinnsuche

In seiner universalen Bedeutung als Ergebenheit des Menschen in Gottes Willen offenbart der Begriff *islām* den allen drei Buchreligionen gemeinsamen monotheistischen Charakter, dessen historische Manifestation im Denkinhalt des Wortes *dīn* ihren äußeren Ausdruck findet. Bemerkenswert ist aber, dass der semantische Gehalt des Wortes *ʾīmān* (Glaube) nach traditioneller islamischer Glaubenslehre eine gewisse Affinität zum Begriff *dīn* aufweist, insofern als dass der ursprüngliche lexikalische Sinn beider Begriffe im semantischen Feld von „Vertrauen“ und „Schuld" in der theologisch-terminologischen Bedeutung mitschwingt. Die historische Konkretisierung des Glaubens durch die Verkündigung der Scharia als göttliche Weltordnung umschreibt, wenn auch unvollkommen, den Bundschluss zwischen Gott und Mensch in einer präskriptiven Relation von Befehl und Gehorsam, welche zwangsläufig der *kasuistischen* Auslegung Grenzen setzt. In den drei monotheistischen „Weltreligionen“, in Judentum, Christentum und Islam, bedeutet Gehorsam gegenüber dem *ius divinum* die Anerkennung des durch die Verkündigung vermittelten Lebenssinns. Aus der unaufhebbaren Vieldeutigkeit des Begriffs *dīn* erklärt sich nicht zuletzt auch das mit seiner lexikalischen Bedeutung zusammenhängende Verständnis einer „Sinn-Schuld“, das aus den Schöpfungsgesetz-Vorstellungen aller drei Buchreligionen hervorgeht.

---

1 Der vorliegenden Abhandlung dient dem vom Autor 2009 veröffentlichten Artikel: „*Qurʾāninterpretation im Kontext intentionalistischer Rechtstheorien*“, in: Nekroumi, Mohammed/Meise, Jan (Hg.), *Modern Controversies in Qurʾanic Studies*, Hamburg 2009, S. 153–196“ als Ausgangspunkt. Im Aufsatz verwendete Abkürzungen: MU = *Muwāfaqāt*; MU^{I} = *Muwāfaqāt*: Edition Beirut, Dār al-Kutub al-ʿilmiyya; MU^{II} = *Muwāfaqāt*: Edition Beirut, Dār al-Maʿrifa; MU^{III} = *Muwāfaqāt*: Edition Kairo.

Schöpfungstheologisch bedeutet der Begriff *šarʿ*, aus dem das Wort „Scharia" terminologisch hergeleitet wird, Rechtsinstanz bzw. Gesetzgebung. Die historische Konkretisierung des Glaubens durch die Verkündigung von Scharia umschreibt, wenn auch unvollkommen, den in der Präexistenz abgeschlossenen Bund zwischen Gott und Mensch als ein präskriptives Verhältnis von Befehl und Gehorsam, welche zwangsläufig der *kasuistischen* Auslegung Grenzen setzt.[2] Das Eintreten Gottes durch Gesetze und Verordnungen in die Welt hat zum Ziel, den Weg (Scharia[3]) zu Ihm aufzuzeigen. Der Wegweiser im Zwischenbereich des Irdischen und des Göttlichen ist das Bestreben des richtigen Verstehens (*fiqh*).[4] Der Prozess des Verstehens fügt der bloßen Handlungsvorschrift des Verbotes oder des Gebotes die ihr fehlende moralische Beurteilung hinzu. Eine korrekte moralische Beurteilung setzt jedoch eine genaue Erkundung von Gottes Willen im Bereich des menschlichen Lebens voraus, wohlwissend, dass die aus dem *fiqh*-Prozess entstandene Erkenntnis bei der Urteilsfindung lediglich zu einer relativen

2 Hier lassen sich nach F.W. Graf grundsätzliche religionsübergreifende Ähnlichkeiten im Prozess des Verständnisses des göttlichen Schöpfungsgesetzes erkennen. „Zumal in den drei monotheistischen ‚Weltreligionen', in Judentum, Christentum und Islam, bergen die Jahrtausende alten Motivspeicher Konzeptionen eines ius divinum, die in Metaphern von hoher, bis in die Gegenwart wirkungsmächtiger Suggestivkraft zwei religiöse Imaginationsmuster eng miteinander verknüpfen: Gott als Schöpfer und Gott als Gesetzgeber." (vgl. Friedrich Wilhelm Graf, *Moses Vermächtnis*, München 2006, S. 22f.) Im rabbinischen Judentum wird Ḥalaḫa, wie Scharia, als Weg der Rechtleitung verstanden, „mit dem der Mensch durch göttliche Offenbarung in seinen Handlungen geführt wird", vgl. Thomas Amberg, *Auf dem Weg zu neuen Prinzipien islamischer Ethik*, Würzburg 2010, S. 29–32 u. Stefan Schreiner, *Die jüdische Bibel in islamischer Auslegung*, Tübingen 2012.

3 Die ursprüngliche Bedeutung des Wortes, nämlich „der Weg zur Tränke", schwingt aber in der terminologischen Bedeutung insofern noch mit, als „Scharia" bei einigen Gelehrten im Sinne vom Weg zum Heil verstanden wird.

4 Vgl. A. Kevin Reinhart, *"Islamic Law as Islamic Ethics"*, in: *Journal of Religious Ethics*, 11/2(1983), S. 186–203. Zur Erinnerung: *fiqh* wird entweder als „islamische Rechtswissenschaft" oder als „positives Recht" übersetzt. Damit ist im Allgemeinen der Prozess gemeint, der zu Verständnis und Erkenntnis für eine Entscheidung führt und der sich bei der Urteilsfindung der bereits genannten vier Rechtsquellen bedient. Mit der Ableitung der Rechtsnormen aus den Textquellen befasst sich aber *uṣūl al-fiqh* (Rechtsmethodik), auch als Rechtstheorie oder Fundamentwissenschaft bezeichnet.

Gewissheit gelangen kann.[5] Die gewonnene Beurteilung (*ḥukm*) am Ende dieses vom Glauben geleiteten Erkenntnisprozesses wird untermauert durch den Rückgriff auf die vier auf Gottesoffenbarung gegründeten Fundamente (*'uṣūl*) und wird hierdurch wahrhaftig und moralisch „gültig".

Welche Rolle bei der Ableitung von Rechtsnormen die Vernunft oder der Verstand spielt, klang bei der Hierarchie der Rechtsbeweise sowie bei der Stellung des Menschen in Bezug auf die Offenbarung schon an. Anders als in der Rationaltheologie, bei der es um die Symmetrie des Verhältnisses zwischen Vernunft und Offenbarung im Prozess der Erkenntnis ging, wird in der *maqāṣid*-Theorie die instrumentale Funktion der Ratio als Weg zur Gottesintention und als Instanz zur Beurteilung der irdischen Tugenden betont.[6] Fortan waren viele Rechtsgelehrte der Ansicht, dass die Qualität moralischen Handelns in seinem Vollzugszusammenhang durch den gesunden *Menschenverstand* hinsichtlich weltlichen Werturteils erkennbar sei.[7]

Wie kaum eine andere Denkrichtung in der islamischen *fiqh*-Geschichte hat die *maqāṣid*-Theorie zur Ausarbeitung eines islamischen Ethikbegriffs beigetragen, bei dem die theologischen Grundfragen im Hinblick auf den Lebensvollzug des Gläubigen ausführlich diskutiert und systematisiert wurden. In den folgenden Ausführungen wird zusammenfassend auf das hermeneutische Potential der *maqāṣid*-Theorie im Kontext ihrer geschichtlichen Entwicklung eingegangen.

5 Eine absolute Sicherheit des in den Dingen Verborgenen ist, nach Šāfiʿī, einzig und allein das Vorrecht Gottes.

6 Der Frage, inwiefern eine Verbindung zwischen dem Verstand einerseits und der Offenbarung andererseits geschaffen wird, sodass die göttliche Ordnung nicht einfach Glaubenssache des Einzelnen wird, widmet sich grundsätzlich die Theologie, vgl. u.a. George Makdisi, *Religion, Law and Learning in Classical Islam*, Hampshire 1991, IV, S. 62.

7 Im vierten islamischen Jahrhundert spalteten sich die islamischen Intellektuellen in solche, die davon ausgingen, dass genügend Wissen zur Beurteilung moralischen Verhaltens vorhanden sei, und jenen, die wieder verstärkt auf die eigentlichen islamischen Quellen, sprich die oben genannten Quellen der islamischen Rechtswissenschaft, zurückgreifen wollten.

1. Ethische Prinzipien der Scharia aus der Perspektive geschichtlichen Wandels

1.1 Die Frage der Begründbarkeit

Eine der wichtigsten und frühesten Phasen in der Entstehung der Intentionstheorie stellte laut Ahmad Dīb[8] der Ansatz von Ǧuwaynī, Abū l-Maʿālīʿ Abd l-Malik Ibn Abdillāh, genannt *ʾImām al-Ḥaramayn* (gest. 478/1085) dar. Für die Rechtsgelehrten der postklassischen Ära hat das Hauptwerk *al-Burhān* von Ǧuwaynī die frühere Hauptquelle der Rechtswissenschaft *ar-Risālah* von aš-Šāfiʿī in ihrer Funktion als Referenzbuch für die Nachkommen abgelöst bzw. ersetzt. Der von Ǧuwaynīs Vater über *ar-Risālah* verfasste Kommentar stellt laut Ghazalis Annahme eine Wende in Bezug auf den Einflussbereich dieses Werkes auf die weitere Entwicklung der Rechtstheorie dar. Die Einflussnahme des Werkes *al-Burhān* auf die spätere Fundamentalwissenschaft *(ʾʾuṣūl al-fiqh)* wurde durch einen seiner Schüler weitergeführt –dieser war kein geringerer als Ghazali. Es ist mittlerweile eine Selbstverständlichkeit unter den Rechtgelehrten, dass die Verwendungsweise des Begriffs *maqāṣid* bei Ghazali, Ǧuwaynī zu verdanken ist. Ǧuwaynī war einer der ersten, der den Begriff *maqāṣid* (Intentionen/Absichten) sowie einige seiner Synonyme wie *al-ʾaġrāḍ* (Motive/Ziele) in seinen Analysen bewusst und sinngemäß einsetzte. In diesem Zusammenhang begründet er die Bedeutung und das Gewicht der *maqāṣid* in der Ableitung von Ver- und Geboten aus dem Koran wie folgt: „Wer die Absichten und Ziele [der Gesetzgebung] bei der Ableitung von Verboten und Geboten nicht berücksichtigt, hat den Sinn der Scharia verfehlt."[9]

Die Bedeutung des *al-Burhān-Werkes* für die Entwicklung der Intentionstheorie in der späteren Jurisprudenz liegt jedoch darin, dass es im Rahmen der in ihm enthaltenen Kategorisierung der *ʿilal* (Begründungen der Scharia) auf der Grundlage der vermeintlichen Zielsetzung des Gesetzgebers und anhand des *maqāṣid*-Begriffs zwischen rational-nachvollziehbarer und weltlich

---

8 Es handelt sich um den Editor von Ǧuwaynīs *al-Burhān*.

9 Vgl.ʿAbd al-Malik ibn ʿAbd Allāhal-Ǧuwaynī, *Al-Burhānfīʾuṣūl al-fiqh*, Kairo 1980, II, S. 294f.

nicht begründbarer Gesetzgebung *'aḥkām* zu unterscheiden versucht[10]. Betrachtet man die fünfteilige Kategorisierung Ǧuwaynīs genauer, so stellt man fest, dass seine Auffassung in Bezug auf die Intention des Gesetzgebers mit Sicherheit der in der späteren Rechtstheorie entwickelten dreiteiligen Kategorisierung ethischer Maxime der Scharia unter: *aḍ-ḍarūriyāt* (notwendige Maxime), *al-ḥāǧiyāt* (bedürfnisbezogene Maxime) und *at-taḥsīniyāt* (ergänzende Maxime) als theoretische Grundlage gedient hat. Es ist offensichtlich, dass der von ihm entworfene Begriff *aḍ-ḍarūriyāt al-kubrā* (die Hauptmaxime ethischen Verhaltens) den notwendigen ethischen Maximen der Scharia in der spätislamischen Jurisprudenz zugrunde lagen. Die als *aḍ-ḍarūriyāt al-ḫams* bezeichneten Maxime galten seit der Standardisierungsphase der Intentionstheorie dank Ghazalis *Mustaṣfā* als Hauptbestandteil oder gar als Grundstein der Rechtswissenschaft bei den Anhängern des rationalen Ansatzes. Es handelt sich hierbei um fünf ethische Maxime, die bei der Ableitung von Rechtsnormen aus den Textquellen unbedingt herangezogen werden müssen. Folglich muss jede Gesetzgebung der Scharia mit folgenden Maximen vereinbar sein: *ad-dīn* (Schutz des Glaubens), *an-nafs* (Schutz der Seele/des Selbst), *al-'aql* (Schutz der intellektuellen Fähigkeit/des Verstands), *an-nasl* (Schutz der Fortpflanzung), *al-māl* (Schutz des Hab und Gut).

Ghazalis *Mustaṣfā* verzeichnete insofern eine Trendwende in der *maqāṣid*-Forschung, als dass es zum ersten Mal in der Geschichte dieses Ansatzes zu einer Systematisierung des Begriffes kam. Nach Ghazalis Argumentation werden die ethischen Maxime (*maqāṣid)* von den weltlichen Interessen und Gütern (*maṣāliḥ)* eingeschlossen. So kam es zu einer Hierarchisierung der *maṣāliḥ* auf der Grundlage ihrer Stellung in der bereits definierten dreiteiligen Prioritätenabstufung: *aḍ-ḍarūrāt* (Notwendigkeiten), *al-ḥāǧiyāt* (Bedürfnisse) und *at-taḥsīniyāt* (Ergänzungen).[11] Ghazalis Bemühung galt insbesondere den feinen Unterschieden zwischen diesen Kategorien, wobei er stets darauf hinwies, dass die Ableitung und Einstufung verbindlicher Rechtsvorschriften (*al-'aḥkāmaš-šar'iyya*) der selbständigen Urteilsfindung

10 Diese Analyse kam in dem der Analogie gewidmeten Kapitel (*al-Qiyās*) vor. Die Unterscheidung der verschiedenen *maqāṣid* und *'ilal* zielte darauf ab, die Durchführbarkeit der Analogie bei der Gesetzgebung zu überprüfen, vgl. ebd., S. 923–964.

11 *al-Mustaṣfā*, I, S. 286–293.

('iğtihād) des Gelehrten vorzuziehen wäre. Bemerkenswert in Ghazalis Ansatz ist jedoch sein Vorstoß, den ethischen Maximen den Status einer universellen Rechtsquelle zuerkannt zu haben[12], was die Bedeutung des Handlungsumfelds bei der Rechtsableitung hervorhebt.

1.2 Theologische Verbindlichkeit und rationale Hierarchie ethischer Maxime

Sayf ad-Dīn al-'Āmidī (gest. 631/1255)[13] setzte nach ca. einem Jahrhundert an Ghazalis *maqāṣid*-Lehre an und griff die Frage der Maximenhierarchie im Lichte ihrer Rechtsverbindlichkeit wieder auf.[14] Anhand der von ihm angewandten Abwägungsmethode (*tarğīḥ*) gelang al-'Āmidī in seinem Werk *al-'Iḥkām fī 'uṣūl al-'aḥkām* die Ausarbeitung einer an der Handlungstheorie orientierten Hierarchie ethischer Maximen der Scharia, in deren Rahmen die notwendigen Maxime (*al-maqāṣid aḍ-ḍarūriyya*) gegenüber den bedürfnisbezogenen (*al-maqāṣid al-ḥāğiya*) und ergänzenden (*al-maqāṣid at-taḥsīniya*) ethischen Prinzipien bei der Normenableitung Vorrang genossen. Den auf die *Bedürfnisse* des Menschen gerichteten Zielen des Gesetzgebers (*al-maqāṣid al-ḥāğiyya*) und jenen, welche die *entbehrlichen Ergänzungen* betreffen (*al-maqāṣid at-taḥsīniya*), kommt, nach'Āmidī, im Prozess der Rechtsableitung jeweils die zweite und dritte Stelle zu. Das Buch *al-'Iḥkām fī uṣūl al-'aḥkām* systematisierte ebenso die notwendigen Maxime (*aḍ-ḍarūriyāt*) und schrieb ihnen rational hierarchisierte Unterkategorien zu.[15] Seiner Argumentation zufolge sollte der Schutz der Fortpflanzung (*an-nasl*) sowie der Schutz der Seele (*an-nafs*) gegenüber der Bewahrung der intellektuellen Fähigkeit (*al-'aql*) und des Besitzes (*al-māl*) bei der Ableitung von Rechtsnormen der Scharia bevorzugt berücksichtigt werden, da, seiner Ansicht nach, es ohne das Vorhandensein von Fortpflanzung und Leben sinnlos ist, über die intellektuelle Fähigkeit oder den Besitz nachzudenken.

---

12 Ebd., S. 325.
13 Gegen Ende des 5. Jahrhunderts erlebte die *maqāṣid*-Theorie durch die in Faḫr ad-Dīn ar-Rāzīs (gest. 606/1209) *al-Maḥṣūl* gelieferten Begründungen der Scharia einen neuen Schub, der ihr Schutz gegenüber den *ta'līl*-Gegnern gewährt hat, vgl. Isnawī, *Nihāyatas-sūl*, I, S. 4.
14 Vgl. Bernard G. Weiss, *The Search for God's Law. Islamic Jurisprudence in the Writings of Sayf ad-Dīn al-Āmidī*, Salt Lake City 1992.
15 *al-'Iḥkām*, Beirut, 1983, IV, S. 380.

Der Schutz des Glaubens (*ḥifẓ ad-dīn*) steht hingegen vor allen anderen *maqāṣid*-Prinzipien an der Spitze der Hierarchie der Maxime ethischer Urteilsfindung[16].

Die Entwicklung der *maqāṣid*-Theorie in der spätislamischen Jurisprudenz (*'uṣūl al-fiqh*) verfolgte nach dem Tod 'Āmidīs (gest. 631/1255) ein ziemlich klares Ziel, welches darin bestand, die fünf notwendigen Maxime ethischen Urteilens (*aḍ-ḍarūriyāt al-ḫams*), welche prinzipiell der Rechtsableitung in der Scharia zugrunde liegen, im Hinblick auf die menschliche Lebenswirklichkeit genauer zu definieren und als Gegenstand der ethischen Reflexion zu erforschen[17]. So verteidigte Ibn al-Ḥāǧib (gest. 646/1248) al-'Āmidīs Reihenfolge der *ḍarūriyāt* aus der Perspektive menschlichen Wohlergehens. Die grundlegenden Maxime ethischer Urteilsfindung sollten, laut Ibn al-Ḥāǧib, in folgender Reihenfolge bei der Gesetzgebung herangezogen werden: Schutz des Glaubens (*ad-dīn*), des Selbst/des Lebens (*an-nafs*), der Fortpflanzung (*an-nasl*), der intellektuellen Fähigkeit (*al-'aql*) und zuletzt des Besitzes (*al-māl*).

Bemerkenswert ist jedoch der Denkanstoß Ibn al-Ḥāǧibs, dem lebenswichtigen Grundrecht des Menschen gegenüber ritueller Pflichten göttlichen Rechts den Vorzug zu geben, wenn die beiden miteinander in ein Gegensatzverhältnis geraten sollten, „da im Gegensatz zu Gott nur der Mensch beschädigt werden kann". In diesem Fall können Anforderungen und Pflichten, welche aus dem Prinzip des Glaubens hervorgehen, zu Gunsten des Selbsterhalts (*an-nafs*) zurückgestellt werden.[18] Diese Sichtweise ging mit einer theologisch-hermeneutischen Vorstellung der göttlichen Rechtsordnung

16 Vgl. ebd., S. 377; vgl. auch Bernard G. Weiss (Hg.), *Studies in Islamic Legal Theory*, Leiden 2002.

17 Dies setzt die Annahme voraus, dass die Intention des göttlichen Gesetzgebers erkannt werden kann. Der Bezug göttlicher Intention auf den Erfahrungszusammenhang des Gläubigen in der Lebenswelt geht auf al-Ghazali (gest. 505/1111) zurück, der die Analogie *qiyās* als positive Methode der juristischen Schlussfolgerung bewertete, mit dem Argument, dass das Erreichen des Gemeinwohls eine Notwendigkeit (*ḍarūra*) darstellt. Seiner Meinung nach lassen sich die Zielsetzungen der Scharia in drei Kategorien unterteilen, nämlich: 1. *ḍarūrāt* (Notwendigkeiten), 2. *al-ḥāǧiyyāt* (Bedürfnisse) und 3. *at-taḥsīnyāt* (Verbesserungen/Verschönerungen).

18 Vgl. Abū 'Amr 'Uṯmān Ibn al-Ḥāǧib, *Muntahā al-wuṣūl wal-'amal fī 'ilmay al-'uṣūl wa l-ǧadal*, Beirut 1985, S. 182f.

einher, welche dem Begriff Scharia einen umfassenden und tiefgreifenden ethischen Charakter verleiht. Leider genoss die Theorie Ibn al-Ḥāǧibs in den *fiqh*-Forschung bis heute kaum das von ihr verdientes Interesse.

Ähnlich versuchten Bayḍāwī[19] (gest. ca. 685/1286) und Isnawī[20] (gest. 772/1370) später den von al-ʾĀmidī und al-Ghazali ausgearbeiteten Ethikbegriff im Horizont der Diskussion über Gottesrecht und Menschrecht auszulegen. Dabei trieben sie den Prozess der Sakralisierung ethischer Maxime wesentlich voran. Gegen Mitte des 8. Jahrhunderts fügte Ibn as-Subkī (gest. 771/1369) zu den fünf notwendigen Maximen ein sechstes Prinzip hinzu, den „Schutz der Sitte", welches allerdings aufgrund seiner Überlappung mit der Maxime des „Schutzes der Fortpflanzung" bedeutungslos für die Entwicklung der *maqāṣid*-Theorie blieb. Qarāfī (gest. 684/1285) setzte die Maxime zum Schutz der Sitte (*al-ʿirḍ*) einer Unterkategorie der „Fortpflanzungsmaxime" gleich[21].

Unter den spätislamischen Rechtsgelehrten findet man allerdings eine Reihe von Wissenschaftlern, genannt *al-fuqahāʾ al-ʾuṣūliyūn,* die gleichzeitig Rechtstheoretiker und praktische Juristen waren und deren innovativer Geist in der Entwicklung der *maqāṣid*-Theorie für neue Fragestellungen sorgte. Es handelt sich um ʿIzz ad-Dīn as-Sulamī Ibn Abdessalām (gest. 660/1262), Qarāfī (gest. 684/1285), Ibn Taymiyya (gest. 728/1328) und Ibn al-Qayyim, die neben Šāṭibī maßgebend zu einer konzeptuellen Vervollständigung und Vervollkommnung der *maqāṣid*-Theorie beitrugen.

1.3 Grundsätze des maqāṣid-Ansatzes im malikitischen Rechtsdenken

Im Gegensatz zu den hanafitischen, šafiʿitischen und hanbalitischen Rechtsschulen, die nach ihren bekannten Gründern Abū Ḥanīfa an-Nuʿmān (gest. 151/767), Muḥammad Ibn Idrīsaš-Šāfiʿī (gest. 204/820) und Aḥmad Ibn Ḥanbal (gest. 270/855) benannt wurden, ist mit der malikitischen

19 Vgl. Nāṣir ad-Dīn ʿAbd Allāh Ibn ʿUmar al-Bayḍāwī, *Minhāǧ al-wuṣūl ʾilā ʿilm al-ʾuṣūl*, Kartoum 1980, IV, S. 75.

20 Vgl. Ǧamāl ad-Dīn al-Isnawī, *Nihāyat as-sūl fī šarḥ minhāǧ al-wūṣūl*, Kairo 1943, IV, S. 82ff.

21 Vgl. Šihāb ad-Dīn al-Qarāfī, *Šarḥ tanqīḥ al-fuṣūl fī ʾḫtiṣār al-maḥṣūl fī l-uṣūl*, Kairo 1973, S. 391.

Rechtsschule jene wissenschaftliche Institution gemeint, der Mālik Ibn Anas (gest. 179/795) angehört und der diese unter Umständen systematisiert, aber keineswegs selbst begründet hat.

Der Rückgriff Māliks auf die Überlieferung seiner Vorgänger unter den Medina-Gelehrten zeigt, wie sehr er seine Erneuerungen und Entwicklungen im Bereich der selbstständigen Urteilsfindung (*'iǧtihādāt*) den früheren Gelehrten von Medina zu verdanken hat[22]. In Ibn Farḥūns *Dībāǧ* wird detailliert auf die Äußerungen Māliks bezüglich der Quellen seiner rechtswissenschaftlichen Ansätze eingegangen[23]. Laut Qāḍī ʿIyāds Momumentalwerk *Tartīb al-madārik* waren die Gelehrten, von denen Mālik seine Schlussfolgerungen im *fiqh* entnommen hat, keine geringeren als Zayd Ibn Ṯābit und ʿAbdullāh Ibn ʿUmar,[24] deren Rechtsableitungen, nach Ibn Tīmiyya, unmittelbar von ʿUmar Ibn al-Ḫaṭṭāb(*raḍiya Allāhu ʿanhum*) stammen.[25] Mit dem Ziel einer Legitimierung des autoritativen und traditionsreichen Charakters des *maqāṣid*-Ansatzes werden dessen Anfänge unmittelbar auf die Rechtsüberlegungen ʿUmars zurückgeführt. So bestätigt Ibn Tīmiyya, dass die damals innovativen Rechtsauslegungen ʿUmars durch die Schüler der sogenannten sieben Gelehrten von Medina an Mālik Ibn Anas überliefert worden sind.[26]

Die in den traditionellen Geschichtswerken überlieferten Rechtsgutachten ʿUmars prägten die theoretischen Grundsätze der sogenannten Medina-Rechtsschule und trugen maßgeblich zur Entstehung der theologischen

22 Vgl. Mālik Ibn Anas, *al-Muwaṭṭa'*, S. 70.

23 Vgl. Burhān ad-Dīn Abū al-Fadā' 'Ibrāhīm ibn Muḥammad Ibn Farḥūn, *Ad-Dībāǧ al-muḏahhab fī maʿrifat 'aʿyān ʿulamā' al-maḏhab*, Beirut o.J., S. 25ff.

24 Vgl. al-Qāḍī ʿIyāḍ, *Tartīb al-madārik wa-Taqrīb al-masālik li-maʿrifat 'aʿlām maḏhab mālik*, Rabat, o.J., I, 77.

25 Folgt man der Annahme Ibn Tīmiyyas, so wurden die Rechtsableitungen Omars zunächst an die sog. sieben Gelehrten von Medina vermittelt, nämlich Saʿīd Ibn al-Musayyab, ʿUrwa Ibn az-Zubair, al-Qāsim Ibn Moḥammad Ibn Abī Bakr as-Ṣiddīq, ʿUbaid Allāh Ibn Abd Allāh Ibn ʿUtbah, Ḫāriǧa Ibn Zayd, Sulaymān Ibn Yassār und zuletzt Sālim Ibn Abd Allāh Ibn ʿUmar Ibn al-Ḫaṭṭāb (vgl. Ibn Tīmiyya, *Maǧmū' al-Fatāwī*, XX, 312–313).

26 Seine Aussage diesbezüglich ist unmissverständlich:
ويقال: إن مالكا أخذ جل الموطأ عن ربيعة، وربيعة عن سعيد بن المسيب، وسعيد بن المسيب عن عمر، وعمر محدث.

Fundamente malekitischen Rechts bei.[27] Die Äußerungen und Aussagen Ibn Tīmiyyas diesbezüglich ließen keinen Zweifel daran, dass die malikitische Rechtsschule ihre Rechtsfundamente aus dem, was man später als *maḏhab'ahl al-madīna* „Medina-Rechtstheorie" bezeichnete, entnommen hat. Die Tatsache, dass Ibn Tīmiyya kein Angehöriger der malikitischen Schule war, lässt an seinen Aussagen über die Beziehung der malikitischen Rechtsschule und dem medinensischen Rechtsdenken nicht zweifeln.[28] Betrachtet man die unmittelbar nach Māliks Epoche verfassten Texte zum malikitschen Recht, wie etwa das 1985 in Kairouan gefundene und sehr frühe Fragment zum Thema Pilgerfahrt (*ḥağğ*) von Ibn al-Mājišūn[29] (gest. 164/780), oder die Rechtskompendien von Abū Muṣʿab az-Zuhrī (gest. 242/856) und Ibn Abd al-Ḥakam (gest. 214/829), so stellt man fest, dass diese Texte zum überwiegenden Teil aus abstrakten Fallbeispielen und Regeln mit seltenen Verweisen auf die daraus erschließbaren theoretischen Schlussfolgerungen bestehen. Einerseits lässt sich dieses Phänomen theologisch durch die historische Nähe zur Offenbarungszeiterklären. Andererseits kann das mangelnde Interesse an der konzeptionellen Arbeit dadurch begründet sein, dass die gesellschaftliche Realität jener Zeit kaum Fragen aufwarf, welche eine dringende Reflexion zur Ausarbeitung einer umfassenden Sozialethik erforderlich gemacht hätte.

In den Texten von Mālik Ibn Anas und Mājišūn finden sich Verweise auf Koran oder Sunna mit folgendem Unterschied: Mālik beruft sich sowohl auf Propheten-Hadithe als auch auf die Gefährtentradition, was die späten Fuqahā' veranlasst hat, in seinen Rechtsabhandlungen eine Fortsetzung der sogenannten *fiqh al-madīna* (die Rechtstradition Madīnas) bzw. ja sogar *al-fiqh al-ʿumarī* (Rechtsdenken ʿUmars) zu sehen. Im vollkommenen Bewusstsein darüber, dass die mündliche Tradition des Propheten (S) die theologisch glaubwürdigste und für den damaligen Lebensvollzug des Gläubigen relevanteste Koranexegese darstellt, bringt Mālik in seiner Rechtsdeutung so gut wie keinen direkten Verweis auf den Koran selbst, wohl aber seine eigene Meinung zu prophetischer Koranauslegung. Ibn Mājišūn, als

27 Vgl. ebd., XX, 294–396.

28 Zu den vorangegangenen arabischen Zitaten. vgl. ebd., XX, 312–328.

29 Vgl. M. Muranyi, *Ein altes Fragment medinensischer Jurisprudenz aus Qairawān*, Stuttgart, Steiner-Wiesbaden, 1985, S. 46.

Überlieferer, sieht sich hingegen verpflichtet, seine Rechtstraktate häufig mit einem Koran-Zitat, gefolgt von Propheten-Hadith zu belegen. Überzeugt von einer gewissen Sakralität der Tradition nimmt er bei der Begründung eigener Rechtsnormen oft Bezug auf zahlreiche Autoritäten.[30] Die Entwicklung der *maqāṣid*-Theorie lässt sich in der malikitischen Rechtstradition deswegen nicht systematisch und diachronisch zurückverfolgen, da sich für die malikitische Rechtsliteratur keine lineare Entwicklung zu den bekannten Rechtstheorien hin nachweisen lässt.

Die Verfolgung des auf dem Begründungsprinzip *ta'līl* aufgebauten *maqāṣid*-Ansatzes in der Geistes- und Entwicklungsgeschichte des Malikismus stellt die Theorie einiger moderner Wissenschaftler[31] in Frage. Diesem Konzept nach hat es im islamischen Recht keine gradlinige Entwicklung in Richtung der bekannten *''uṣūl l-fiqh*, d.h. Koran, *Sunna*, *'iǧmā'* und *qiyās* gegeben. Dieser Tatbestand unterstreicht erneut die dieser Arbeit zugrunde liegende Annahme, derzufolge sich die Theoretisierungsarbeit in der islamischen Rechtsgeschichte im Prozess sozialethischer kontextgebundener Fragestellungen entwickelte. Dies verdeutlicht die Notwendigkeit, die Herausbildung grundlegender Schlüsselkonzepte zum *maqāṣid*-Ansatz wie etwa der Begründbarkeitstheorie *naẓariyyat at-ta'līl* transschulisch im Hinblick auf mögliche parallel laufende Genealogien nicht-malikitischen Ursprungs zu verfolgen.[32]

---

30 Vgl. M. Muranyis Edition (1985, S. 47–75).

31 Vgl. Jonathan E. Brockopp, *Competing Theories of Authority in Early Maliki Texts*, Leiden 2002, S. 3–22.

32 Die transschulischen erkenntnistheoretischen Verhältnisse, die sich in diesem Zusammenhang herstellen lassen, weisen auf einen dialektischen Prozess zwischen Quellen, die auf Koran und Sunna als Legitimation bauen und andere, die sich dagegen, z.B. über die Persönlichkeit eines großen Gelehrten legitimieren, hin. Dabei spielte die Zugehörigkeit zu einer bestimmten theologischen Strömung eine wesentliche Rolle. J. Brockopp vermutet z.B. neben der linearen Konzeption der „Autoritätsvorstellungen“, die er "Salvation History Theory" nennt, noch weitere parallel existierende Konzeptionen, was die Herausforderung einer Relektüre angesichts der Reichhaltigkeit der Tradition umso größer macht, vgl. Bernard G. Weiss (Hg.), *Studies in Islamic Legal Theory*, Leiden 2002, S. 34; Mohammed Nekroumi, *Qur'ān interpretation im Kontext intentionalistischer Rechtstheorien*, Hamburg 2009, S. 153–196.

Die in diesem kurzen historischen Überblick ausgeführten Entwicklungsphasen des *maqāṣid*-Ansatzes in der islamischen Rechtsgeschichte zeigen eindeutig einerseits den dynamischen Charakter islamischer Theologie und betonen andererseits die besondere Bedeutung, die einer Relektüre der Tradition im Prozess ethischer Urteilsfindung hinsichtlich sozialen Wandels zukommt. In kaum einem anderen klassischen islamischen Werk wird die Frage nach einer sozial-ethischen Relektüre islamischen Rechts so sehr hervorgehoben wie in Šāṭibīs Werk *al-Muwāfaqāt*. Im vorliegenden Abschnitt soll nun anhand einer Verortung islamischer Ethik in ihrem schöpfungstheologischen Kontext auf die Perspektiven und Horizonte einer hermeneutischen Relektüre des *maqāṣid*-Begriffs in der heutigen islamischen Schariadebatte hingewiesen werden.

2. Verortung der Scharia in der *maqāṣid*-Ethiktheorie

2.1 Scharia als schöpfungstheologische Weltordnung

Da es sich bei der Scharia um eine göttliche Rechtsordnung handelt, sind die Quellen des Rechts, nach juristischer Auffassung Überlieferungen, nicht durch den Verstand ersonnen, sondern den Muslimen, im Falle des Koran, offenbart und im Falle der Hadith-Tradition gesammelt und überliefert worden. Das klare Bekenntnis zum Vorrang der göttlichen Offenbarung gegenüber dem Verstand rührt, nach den Rechtsgelehrten, daher, dass der Mensch ein verlässliches Wissen benötigt, um moralisches Verhalten mit seiner komplexen Verstrickung in der menschlichen Handlungsrealität bewerten zu können.[33] *Fiqh*-Wissen kann die apriorische Vernunft alleine deswegen nicht erbringen, weil sie nur das sieht, was ihrem eigenen Entwurf entspringt. So entsteht zwischen Offenbarung und Vernunft eine Art dialektisches Verhältnis, welches einem Doppelprinzip der Bestimmtheit unterworfen zu sein scheint, das der Auslegungsprozess *fiqh* dem hermeneutischen Verstehen eines Diskurses durch die Wechselbeziehung zwischen Teil

33 Das klare Bekenntnis der Rechtsgelehrten zum Vorrang der Offenbarung gegenüber der Vernunft wird häufig auf die in der Spätphase der mündlichen Überlieferung herrschende Skepsis und das Misstrauen gegenüber dem rein menschlichen Verstand zurückgeführt, welche aus der Furcht des aufgrund schwacher Überlieferungsketten hervorgerufenen spekulativen Denkens entstanden.

und Ganzem annähert. Der Mensch kann nur den Teilbereich der göttlichen Rechtsordnung begreifen, für dessen Verständnis Gott ihn aus „Veranlagung" (*fiṭra*) befähigt hat. Was es aber mit dem Verhältnis von Veranlagung und Verpflichtung auf sich hat, lässt sich nur anhand einer Klarstellung der gegenseitigen Verstrickung von moralischer Verantwortlichkeit des Menschen mit der Sinnhaftigkeit seines Daseins sehen. Hier wird mit der Vorstellung der „Hingeschaffenheit" (*fiṭra*) als Dreh- und Angelpunkt ethischer Ausrichtung zunächst die Zweiteilung bzw. „Entzweiung" von Offenbarung und Vernunft aufgehoben.

Anders als die Lesart der deterministischen Rationaltheologie, welche in der Hingeschaffenheit einen Gegenpol zur Vorherbestimmung sah, weist Ibn Aschour[34] in Anlehnung an Šāṭibīs *maqāṣid*-Begriff auf die Äußerung Gottes hin, die die *anerschaffene Unschuld* als Gottes Schöpfungsplan ausspricht: „So richte dein Gesicht aufrichtig zur Religion hin als Anhänger des rechten Glaubens, – (gemäß) der natürlichen Anlage Allahs, in der Er die Menschen erschaffen hat. Keine Abänderung gibt es für die Schöpfung Allahs. Das ist die richtige Religion. Aber die meisten Menschen wissen nicht."[35]

2.2 Im Spannungsfeld von Hingeschaffenheit und Verpflichtung

Aus der Perspektive des *maqāṣid*-Ansatzes entspringt die „anerschaffene Art" des Menschen einer intentionalen Handlung Gottes, welche sich gemäß dem zwischen Gott und seinem Geschöpf in der Präexistenz geschlossenen Bund (*mīṯāq*) vollzieht und in dem *ḥanīfischen* Urmonotheismus

34 Vgl. Ibn Aschour, *Maqāṣid aš-Šarīʿa al-ʾislāmiyya*, Neue Auflage, Dār as-salām, Kairo 2005, S. 54.

35 Koran 30/30. In seiner Koranexegese (*al-Kaššāf*) deutet az-Zamaḫšarī den Begriff *fiṭra* als angeborene Fähigkeit zur Ergebung in den Gotteswillen *Islām* sowie als Prädisposition zum monotheistischen Glauben, welche bereits von den früheren Buchreligionen verkündet wurde, so wie es aus dem Koranvers 42/13 hervorgeht: „Er hat euch von der Religion festgelegt, was Er Nuh anbefahl und was Wir dir (als Offenbarung) eingegeben haben und was Wir Ibrahim, Musa und ʿIsa anbefahlen: Haltet die (Vorschriften der) Religion ein und spaltet euch nicht darin (in Gruppen). Den Götzendienern setzt das schwer zu, wozu du sie aufrufst. Allah erwählt dazu, wen Er will, und leitet dazu, wer sich (Ihm) reuig zuwendet." Zur Übersetzung dieses Koranverses siehe Bubenheim und Elias.

ihren äußeren Ausdruck wiederfindet.[36] Die Quellen der Scharia bilden gemeinsam mit den Lebenszusammenhängen Auslegungsindizien, welche dem Wiederentdeckungsprozess der *fiṭra* als Hintergrund dienen. Die intentionalistische Rechtsmethodik setzte sich durch das Verständnis der *fiṭra* als Handlungsauftrag über den rationaltheologischen Konflikt zwischen Prädestinatianern und Verfechtern der Willensfreiheit hinweg.[37] Das Paradox, demzufolge die Hingeschaffenheit ein Ziel an sich sein sollte, obschon sie noch als Ausgangspunkt des Schöpfungsaktes ein anderes Ziel verfolgt, wäre auf diese Weise gelöst, wenn man den Weg des Gläubigen nicht unbedingt als Vorwärtsbewegung (in eine für ihn unbekannte Zukunft) versteht, welcher er ohnehin machtlos ausgeliefert zu sein scheint, sondern eher als Rückwärtsbewegung in Richtung Ursprung seines Glaubenszustands.[38] Diese beiden Aspekte lassen sich eindeutig bei der vom frühen Theologen Ġailān ad-Dimašqī postulierten Definition der Hingeschaffenheit erkennen, in der die *fiṭra* als primäre angeborene Gotteserkenntnis von der durch die

36 Van Ess verweist (1975, S. 106) darauf, dass der Theologe al-Ḥassan al-Baṣrī (gest. 124/742) einer der ersten Verfechter der Willensfreiheit war, welche den Begriff *fiṭra* mit dem Urmonotheismus gleichsetzten, um der prädestinatianischen Auslegung des Verses (30/30) Einhalt zu gebieten, da die Willensfreiheit des Menschen kaum mit einer vorherbestimmten anerschaffenen „guten" Natur vereinbar zu sein scheint (Vgl. Van Ess, *Zwischen Ḥadīṯ und Theologie. Studien zum Entstehen prädestinatianischer Überlieferung*, de Gruyter, Berlin 1975).

37 Um die Frage, wie der Unglaube vorherbestimmt sein kann, wenn der Mensch von Natur aus gläubig und gut ist, zu umgehen, sahen sich die prädestinatianischen Theologen gezwungen, die *fiṭra* auf einen bestimmten Zeitpunkt (Verstandesreife) oder eine bestimmte Gruppe (Zeit der Gefährten des Propheten) einzuschränken, vgl. Šaibānī 189/805 bzw. Ibn al-Mubārak 181/797 cf. Van Ess 1975, S. 107–108.

38 So betont die islamische Exegese z.B., dass die im Koran erzählten Prophetenbiografien und Geschichten nur in einem bestimmten Sinne retrospektiv zu verstehen sind. Im Koran finden sich unter den in der Quasi-Vergangenheit der Erzählstimme überlieferten Geschichten Entwürfe, Erwartungen und Antizipationen, mit deren Hilfe die Figuren der Erzählung durch die Wahrnehmung der sog. *ʿibar* (Lebensweisheiten) sich auf ihre sterbliche Zukunft hin ausrichten. Diese Idee der Zukunftsantizipation der Vergangenheit findet man vielerorts in muslimischer (etwa bei az-Zamaḫšarī bis hin zu Sayyid Quṭb) sowie in christlicher Tradition, wenn auch Unterschiede zwischen beiden Traditionen vorhanden sind, deren Behandlung den Rahmen dieser Arbeit sprengen würde.

Offenbarung vermittelten *erschaffenen Unschuld* unterschieden wird.[39] In Ġailān ad-Dimašqīs theologischen Überlegungen nimmt der Verstand einen besonderen Platz bei der Ergründung anerschaffener Gotteserkenntnis ein. Eine Position, die man in der späteren muʿtazilitischen Theologie wiederfindet.[40]

Indem die intentionalistische Rechtsauslegung die *fiṭra* mit dem Verstand als Mittel zur Erkenntnis göttlicher Schöpfungsordnung gleichsetzt, scheint sie den muʿtazilitischen Ansichten recht nah zu sein. Die spätere Jurisprudenz lehnte allerdings die muʿtazilitische Auffassung einer rationalen Theologie und einer natürlichen Ethik vehement ab, da der Verstand als solcher in der Rechtstheorie eine ziemlich nuancierte Funktion zugeteilt bekommt, die sein Hauptbetätigungsfeld in der Vorstellungswelt der heiligen Schriftvorsieht.[41]

2.3 Gottesrecht im Verhältnis von Offenbarung und Vernunft

Der Verstand ist, Šāṭibīs Ethikbegriff zufolge, Gott von sich aus gehorsam, insofern, dass es ebendieser ist, der den Menschen zu Gott wendet und der Mensch nur durch den Verstand alleine die an ihn gerichtete Rede Gottes wahrnehmen kann.[42] Die Grenzen menschlicher Vernunft gegenüber der transzendentalen Offenbarungswelt ergeben sich aus dem Zwang der leiblichen und erdhaften Verfassung, dem die menschliche Handlungsrealität unterworfen ist: „kullum min Ādamwa-Ādam min turāb" (Ihr Menschen

39 Dies würde bedeuten, dass die im *Tahḏīb Tāʾrīḫ Dimašq*, III 177 postulierte Zweideutigkeit der *fiṭra* eine paraphrastische Beziehung zwischen dem Koranvers (30/30) und dem berühmten *fiṭra*-Hadith: „Jedes Kind wird im Stand der anerschaffenen Unschuld geboren; erst seine Eltern machen es zu einem Juden, Christen oder Magier" (Buḫārī-Sammlung Nr. 3) von vornherein ausschließt; cf. Van Ess (1975, S. 106).

40 Vgl. al-Qāḍī ʿAbd al-Ġabbār, *Tanzīh al-Qurʾān*, S. 153, 12 ff., az-Zamaḫšarī, *al-Minhāǧ fī ʿUlūm ad-Dīn*.

41 Zum Vernunftbegriff bei Šāṭibī siehe MU, DK, I, 61 bzw. MU, Kairo, II, 31. Im noch folgenden analytischen Teil wird detailliert darauf eingegangen.

42 Das bedeutet mitunter, dass die Scharia nicht einfach einen Akt des Bekenntnisses des Gläubigen verlangt und nur Kraft des Glaubens für ihn gilt. Der Weg zu Gott muss in Folge dessen im Verstand unmittelbar oder mittelbar verankert sein, vgl. u.a. T. Nagel, *Das islamische Recht*, WVA-Verlag, Westhofen 2001, S. 13–15.

stammt allesamt aus Adam und Adam ist aus Erde entstanden).[43] Der Mensch missachtet das göttliche Gesetz nur, weil er, eigenen Regungen folgend, Gottes Absicht mit seinem Schöpfungswerk missversteht und den Sinn der göttlichen Ordnung aus dem Blick verliert. Doch durch die Erkenntnis, dass das Scharia-Handlungsgesetz der Gottessicht entspricht, schwindet das Empfinden der mit der Umsetzung des Gesetzes verbundenen Bürde und der Mensch „lebt wieder aus seiner ihm wesensmäßigen eigenen Hingeschaffenheit zu Gott.“[44] Der Mensch ist seinem Wesen nach dem Befolgen göttlicher Moralbestimmungen verpflichtet und muss so zu diesem Umstand Stellung beziehen, entweder der Verpflichtung nachzukommen oder sie zu missachten: „Wer rechtschaffen handelt, der (tut es) zu seinem eigenen Vorteil, und wer Böses tut, der (tut es) zu seinem eigenen Nachteil. Und dein Herr ist keiner, der den Dienern Unrecht zufügt.“[45] Das Problem moralischen Verhaltens scheint hier an der Anerkennung der ungleichmäßigen Beziehung zwischen *Veranlagung* und *Verpflichtung* zu haften. Zwar ist allen vier Rechtsschulen die Auffassung gemein, dass die Achtung göttlicher Rechtsordnung gemäß dem Bund, den Gott mit der Nachkommenschaft Adams geschlossen hat, einzig eine Eigenschaft des Menschen ist, das Verhältnis zwischen Hingeschaffenheit und Verpflichtung im Prozess der Umsetzbarkeit religiös-ethischer Richtlinien und deren Gemeinwohlideale

43 Die ursprünglichen philosophischen Ansätze dieser Idee befinden sich bereits in Aristoteles‘ Definition menschlicher Handlung als eine dem Zwang unserer Verankerung in der Erde unterworfenen *mimèsis*, Nachahmung (vgl. Aristote, *La Poétique*, frz. Übersetz. Charles Batteux, VI, 1450 a 7, S. 15–19, Delalin, Paris 1874).

44 Die Übersetzungs- bzw. Erklärungsansätze zum Begriff *fiṭra* in der deutschen Orientalistik sind ebenso vielfältig wie die islamische Tradition selbst, auf die sie sich berufen. Während die einen Begriffe wie „Veranlagung“, „kindliche Unschuld“ oder „anerschaffene Art“, vgl. Van Ess, *Zwischen Ḥadīṯ und Theologie*, S. 101–106, verwenden, ziehen andere den Gebrauch eigenständiger Termini, wie z.B. „Hingeschaffenheit“ vor, vgl. T. Nagel, *Islamisches Recht*, S. 12. Unser Anliegen hier ist es jedoch nicht, eine Definition des Begriffs *fiṭra* zu formulieren. Vielmehr steht hier die Relation zwischen Absichtstheorie und *fiṭra* im Mittelpunkt des Interesses.

45 Koran 41/46.

für das gesamte menschliche Leben ist laut rationaltheologischer Deutung jedoch nicht unumstritten.[46]

Durch die von der Rechtstheorie verfolgte diskursive Auslegung der Verpflichtung (*taklīf*) öffnet sich eine hermeneutische Perspektive, welche den Übergang von dem vermeintlich abgeschlossenen Status der Hingeschaffenheit zum dynamischen Prozess der Verantwortung ermöglicht. Die intentionalistische Auffassung göttlicher Rechtsordnung entspricht einer Theorie der Ethik, welche sich primär am Begriff der Verantwortung orientiert und ergänzend den Begriff der Hingeschaffenheit heranzieht.[47]

3. Theologische Gemeinwohlideale im Verhältnis zum rationalen Werturteil

3.1 Die praktische Orientierung islamischer Ethik

Durch die im Intentionsbegriff implizierte diskursive Beziehung zwischen Vernunft und heiliger Schrift entwarf Šāṭibī nicht nur eine Ethiktheorie, die in der Lage war, die soziale und weltliche Realität legal zu erfassen, sondern errichtete auch ein theosophisches Konzept, welches auf der Grundlage der fruchtbaren Diskussionen zwischen Mystikern, Theologen und Rechtsgelehrten eine ethische Reform vorantrieb, die auf einer gegenseitigen Relation zwischen Menschenbild im Koran und sozialer Fürsorge beruht. Die Tatsache, dass Šāṭibī die Existenzgründe der Scharia anhand der drei Rechtskategorien *ḍarūriyāt*, *ḥāǧiyāt*[48] und *taḥsīniyāt* bestimmt, bedeutet jedoch keineswegs, dass er an der Erstellung einer weltlichen Ethik im heutigen Sinne dachte,[49] weil hierdurch gewährleistet werden soll, dass die

46 In der Tradition zeichnen sich zwei grundlegende Tendenzen ab. Die erste geht davon aus, dass der Mensch aufgrund einer inneren, in seiner Natur liegenden *Veranlagung* und Befähigung moralisch handeln muss, während die zweite eine Hypothese voraussetzt, die besagt, dass der Mensch aufgrund eines von außen gegebenen *Auftrags* bzw. gemäß der ihm auferlegten *Verpflichtung* (*taklīf*) moralisch handeln muss.

47 Zum Begriff der Verantwortung vgl. Picht, G., *Wahrheit, Vernunft, Verantwortung. Philosophische Studien*, Stuttgart 1969, S. 318.

48 Vgl. MU, II, 5, Kairo sowie MU, II, 7, Kairo.

49 Nach einer gewissen philosophischen Konvention neigt man, in Anlehnung an die aristotelische Definition der sogenannten *Eupraxie* (gutes Handeln), den Begriff der Ethik für die Ausrichtung auf ein erfülltes Leben vorzubehalten.

Interessen der Gläubigen in der passenden Art und Weise im Diesseits und Jenseits gewahrt sind und dass Gott im Sinne der besten Interessen seiner Subjekte handelt.

Die *ḥāǧiyāt* implizieren diejenigen rechtlichen Aspekte, welche notwendig sind, um die Härten des Gesetzes zu mildern, sodass dem Gesetz ohne Kummer oder missliche Lage gefolgt werden kann. Šāṭibī gibt hierfür die Einzelheiten des Handelsrechts als Beispiel an. Die *taḥsīniyāt* (Verbesserungen/ergänzenden Prinzipien) sind wiederum den *ḥāǧiyāt* untergeordnet. Da sie sich nicht in Verbindung mit den *Notwendigkeiten* befinden, ist ein Funktionieren des Rechts ohne deren Einfluss sichergestellt. Beispielhaft hierfür stehen die Empfehlung Sklaven zu befreien, die Pflicht zur Großzügigkeit gegenüber Armen oder aber das Verhalten auf öffentlichen Plätzen, wie dies auf einer bemerkenswerten Weise im letzten Teil des Luqmān-Testaments *waṣiyyat Luqmān* im heiligen Koran erläutert ist: „O mein Sohn, verrichte das Gebet, gebiete das Rechte und verbiete das Verwerfliche und ertrage standhaft, was dich trifft. Gewiss, dies gehört zur Entschlossenheit (in der Handhabung) der Angelegenheiten (17). Und zeige den Menschen nicht geringschätzig die Wange und gehe nicht übermütig auf der Erde einher, Allah liebt niemanden, der eingebildet und prahlerisch ist (18). Halte das rechte Maß in deinem Gang und dämpfe deine Stimme, denn die Widerwärtigste der Stimmen ist wahrlich die Stimme der Esel (19)".[50] Allgemein sind diese drei Kategorien die *raison d'être* des Rechts, und deswegen soll ihre Hierarchieordnung im Hinblick auf das Eingreifen auf das praktische Leben unberührt bleiben.

Die *Eupraxie* ist somit „selbst ein Ziel" (NE, VI, 1140b 6), wohingegen die *poièsis* und die ihr entsprechende poetische Wissenschaft „ein Ziel außerhalb ihrer selbst hat", Aristoteles, N. E., I, 1, 1094a, 1–3. Die Abhandlungen W. Pannenbergs (1967) Grundfragen systematischer Theologie, spiegeln in einer hervorragenden Art und Weise den Einfluss des aristotelischen Erbes auf die christliche Theologie wieder. Die Arbeit von M. Fakhry (1991), *Ethical Theories in Islam*, geht hingegen nicht ausführlich auf den Vergleich zwischen islamischen und abendländischen Quellen ein.

50 Koran 31/17-19.

3.2 Die Überschreitung des Weltlichen

Im Gegensatz zu der aristotelischen weltlichen Normvorstellung muss die theologische Rechtswissenschaft stets den Aspekt der Handlungen und ihren Auswirkungen auf das Schicksal im Jenseits vor Augen haben. Die Reflexion über die „wahre“ göttliche Absicht kann zu einer besseren Einschätzung der Auswirkung einer Handlung auf das Schicksal ihres Vollziehers im Jenseits verhelfen und somit den geeigneten Weg zu Buße und Sühne im Diesseits weisen. Dadurch, dass der auf das Jenseits bezogene Aspekt der rechtlichen Ziele eine zentrale Rolle in Šāṭibīs Argumentation einnimmt, wird allmählich klar, dass es sich bei seiner *maqāṣid*-Theorie nicht um eine auf der bei den Theologen beliebten Dichotomie „Gut vs. Böse“ aufgebauten Ethik handelt. Šāṭibīs Rechtstraktate sind eher von der *aš῾aritischen* Auffassung geprägt, welche Prädikaten wie „gut“ und „böse“ einen *relationalen* Status zuschreiben, der ihnen jegliche Entitätseigenschaften entzieht.[51] Die *ḍarūriyāt* (Notwendigkeiten), welche auf den Schutz des Glaubens, des Lebens der Fortpflanzung, des Hab und Guts und der intellektuellen Fähigkeit ausgerichtet sind, bezeichnen diejenigen Aspekte der Ethik, die im Rahmen einer relationalen Dynamik unbedingt notwendig für die Regelung aller irdischen Aspekte des Daseins sind, mit dem Ziel, die Glückseligkeit im Dies- und (wohlgemerkt) Jenseits zu erreichen.[52] Hier wird mit der Vorstellung einer über das irdische Leben hinausgehenden Glückseligkeit zunächst die Dualität zwischen Körper und Seele, Glaube und Vernunft, Endlichem und Unendlichem als Kontinuum dargestellt, was

---

51 Der in dieser Arbeit verwendete Begriff des *relationalen* Status basiert auf der kausaltheoretischen These der sogenannten *Akzidenzien.* Unter Akzidenz (*al-῾araḍ*) versteht man jede veränderliche Eigenschaft eines sonst gleich bleibenden Trägers (Substanz oder Essenz, arab.: *al-ǧawhar*). In der *aš῾aritischen* Auffassung nimmt Gott den momentanen Zustand der Welt zum Anlass (*occasio*), um den nächsten Zustand zu erschaffen, vgl. D. Perler & U. Rudolph, *Occasionalismus*, 2000:116. Als Ergänzung zu der Ansicht D. Perlers & U. Rudolphs ist hinzuzufügen, dass die Aš῾ariten mit der Idee der *Akzidenzien* ihre Annahme untermauern wollten, die besagt, dass die Allmacht Gottes sich nicht in die handlungsinterne Kausalität des Menschen einmischt, die durch ihre Verstrickung in interaktiven Handlungen für das Hervorrufen von Eigenschaften, wie gute oder böse Neigungen verantwortlich sind.

52 MU, II, 9–10, Kairo.

der wahrhaften Idee der Religion als Einheit des Göttlichen und Menschlichen nahe kommt.[53]

3.3 Scharia als Ausdruck von Rechtschaffenheit und Fürsorge

In seinem rational-theologischen Ansatz beschließt ar-Rāzī, dass Gott aufgrund seiner von allen Muslimen anerkannten Weisheitseigenschaft (*ḥakīm*) ausschließlich für die Herstellung eines gewissen Interesses agiert. Alles andere würde bedeuten, dass Gott willkürlich agiert (*ʿābiṯ*). Dem Vorwurf widersprechen allerdings sowohl die heiligen Schriften als auch der Konsens und die Vernunft. Was die rationale Begründung der Scharia (*taʿlīl*-Verfahren) angeht, so plädierte der ašʿaritische ar-Rāzī offensichtlich für die muʿtazilitische Haltung, die es vehement ablehnt, den Taten Gottes Willkür und Verwerfung zuzuschreiben. Hinsichtlich der Textbeweise, die das *taʿlīl*-Prinzip ausdrücklich befürworten, zitiert ar-Rāzī zahlreiche Koranverse, die die Offenbarung der göttlichen Mitteilung als *raḥma*[54] (Gottes Erbarmen), *yusr* (Erleichterung) oder *tasḫīr*[55] (Disposition der Schöpfung im Dienste des Menschen) beschreiben.

Für die moderne Theologie stellt die von ar-Rāzī und Šāṭibī auf der Basis der Barmherzigkeit Gottes konzipierte Verbindung zwischen *maqāṣid* (Intentionen) und *ʾaḥkām* (Rechtsnormen) eine methodische sowie gleichwohl theologische Herausforderung dar, welche nur durch eine hermeneutisch und theologisch fundierte Reflexion über die Zusammenhänge zwischen Deontologie (Verpflichtungscharakter) und Teleologie (Zielsetzung) in der islamischen Ethik verständlich wäre. Angelpunkt für einen solchen Ansatz ist der Entwurf einer islamischen Ethik, welche gleichermaßen die Ausrichtung des göttlichen Plans für die Menschen und die Bedingungen seiner Verwirklichung umfasst. Die Leitfrage eines solchen Vorhabens sollte sein, inwiefern sich die Barmherzigkeit und die Gerechtigkeit Gottes mit einem kohärenten Moralsystem vereinbaren lassen und welche Rolle Begriffe wie

53 Dabei handelt es sich um eine Eigenschaft, die nach Hegel aus dem *unpolemischen Begriff* der Religion entspringt, vgl. M. Häussler, *Der Religionsbegriff in Hegels „Phänomenologie des Geistes"*, Alber Thesen, München 2008, S. 116–117.

54 Koran 16/89, 2/29 etc.

55 Koran 22/65, 22/78 etc.

Fürsorge, Gottes Erbarmen und Kausalität in der Verbindung zwischen *maqāṣid* und *ʾaḥkām* spielen. Mit dieser Fragestellung knüpfte Šāṭibī an die Bedeutung des theologischen Gemeinwohls *maṣlaḥa* als Endziel und Schlussstein theologisch-ethischer Ausrichtung an.

Nach diesem Zuordnungsschema ließe sich die theologisch-ethische Ausrichtung der Scharia auf zweierlei Weise bestimmen, einerseits von dem transzendentalen glaubensorientierten Streben nach eschatologischem Heil her, dem sieprimär dient, und andererseits von ihrem moralisch-sittlichen Anspruch her, welcher der Glaubensgemeinschaft praktische Orientierung für das Leben und das Handeln anbietet. Dass Transzendenz und Immanenz, Jenseits und Diesseits von der Absicht des Gesetzgebers durchzogen und verbunden sind, kann man am *maqāṣid*-Ansatz Šāṭibīs eindeutig erkennen.

4. Fazit

Die fünf ethischen Maxime der Scharia stellen den theologischen Rahmen moralischen Verhaltens dar, deren Beachtung einer glaubensorientierten Überlegung des Guten für die Gemeinschaft folgt. Die Scharia versteht sich grundlegend als eine Beauftragung, die nicht lediglich auf die ethische *Verwaltung* der Sterblichkeit hinausläuft. Bei den ethischen Prinzipien der Scharia geht es grundlegend um die Gestaltung des eigenen Lebens als Gläubiger und um das Sich-verstehen im Lichte der koranischen Mitteilung, welche uns in Richtung eines bestimmten Endes der Geschichte führt. Die Aufgabe einer Scharia-Hermeneutik besteht vordergründig darin, den individuellen und gemeinschaftlichen Lebensvollzug im Horizont einer glaubensorientierten Reflexion, welche die Waage zwischen Vernunft und Offenbarung, Göttlichem und Menschlichem hält, zu gestalten. Dadurch bricht die Frage der Wandelbarkeit der Scharia-Vorschriften aufs Neue auf. Um die ethische Ausrichtung der Scharia im Kontext des gegenwärtigen Erkenntnisrahmens zu verdeutlichen, bedarf es einer Quellenauslegung, welche die ethischen Prinzipien in den Kontext des geltenden Verständnisses menschlicher Lebens- und Handlungswirklichkeit stellt, dem *fiqh al-wāqiʿ*.

In der vorangehenden Abhandlung wurden die Hauptbestandteile der *maqāṣid*-Theorie anhand der unterschiedlichen Einflüsse, welche diese über die Jahrhunderte beeinflusste, herausgestellt und diskutiert. In den folgenden abschließenden Zeilen soll näher auf die Beziehungen zwischen dem abstrakten rechtstheoretischen Diskurs und der weltlichen Realität eingegangen werden, welche die Form, Substanz und Richtung des intentionalen Ansatzes stark beeinflusst hat.

Im Zusammenspiel von Theorie und Praxis sollten nicht nur die Rechtstheorie Šāṭibīs betrachtet werden, weil sie einen Anhaltspunkt zum Verständnis dieser wichtigen Beziehung liefert, sondern auch weil diese Theorie einen intellektuellen Kulminationspunkt einer Entwicklung repräsentiert, welche schon im 4./10. Jahrhundert hervortat. In dieser Zeit hatte die Rechtstheorie bereits ein derart hohes Niveau an Substanz gewonnen, dass eine Neuausrichtung möglich war, wobei gleichzeitig ihre traditionelle Funktion, das Finden und fortlaufende Erneuern des Rechts, beibehalten werden konnte. Die Einzigartigkeit der Theorie Šāṭibīs resultiert aus der Erkenntnis, dass das bis zum 8./14. Jahrhundert gültige Recht nicht mit den sozio-ökonomischen Änderungen dieses Jahrhunderts in Andalusien mithalten konnte, woraus bei ihm der Anspruch erwuchs, in seiner Rechtstheorie Antworten auf die Probleme dieser Zeit zu finden, um somit das Recht den neuen sozialen Bedingungen anzupassen. Dabei soll an dieser Stelle hervorgehoben werden, dass der Erfolg der Theorie Šāṭibīs nicht im Zusammenhang mit einem Verlangen nach Flexibilität und Anpassbarkeit des positiven Rechts gesehen werden kann. Vielmehr sollte klargestellt werden, dass Šāṭibīs Theorie mit all ihrer „Unechtheit" und ihrem neuen Charakter auf die Wiederherstellung des wahren Rechts zielte, ein Recht, welches auf der einen Seite von einigen Rechtsgelehrten nachlässig gehandhabt wurde aber auf der anderen Seite von einigen Sufis, unter denen sich auch einige Rechtsgelehrte befanden, in exzessiver Weise missbraucht wurde.

Mit der in diesem Sammelband thematisierten Diskussion um die Verhältnisse zwischen Theorie und Praxis im islamischen *fiqh* rückt die Theorie der Zielsetzungen der Scharia in den Mittelpunkt des theologischen Interesses durch das, was sie an epistemologischem und methodischem Potential für die moderne Debatte um die Erneuerung des islamischen Denkens impliziert.

Literatur

1. Primärquellen

Āmidī al-, Sayf ad-Dīn, *al-ʾIḥkām fī ʾuṣūl al-Aḥkām*, Beirut 1983.

ʿAbd al-Ğabbār, al-ʾAsadabādī, *Al-Muġnī fī ʾabwāb at-tawḥīd wa l-ʿadl*, Kairo o.J.

Bayḍāwī al-, Nāṣir ad-Dīn ʿAbd Allāh Ibn ʿUmar, *Minhāğ al-wuṣūl ʾilā ʿilm al-ʾuṣūl*, Kartoum 1980.

Ghazali, Abū Ḥāmid, *Al-Mustaṣfā*, o.O. o.J.

—, *Al-Manḫūl min taʿlīqāt al-ʾuṣūl* , Damaskus 1980.

al-Ğuwaynī, ʿAbd al-Malik ibn ʿAbd Allāh Imām al-Ḥaramayn, *Al-Burhān fī ʾuṣūl al-fiqh*, Kairo 1980.

Ibn al-Ḥāğib, Abū ʿAmr ʿUṯmān (1985): *Muntahā al-wūṣūl wa-l-ʾamal fī ʿilmī al-ʾuṣūl wa-l-ğadal*, Beirut.

Ibn al-Qayyim, Muhammad Ibn Abu Bakr, *Iʿlām al-muwaqqiʿīn ʿan Rabb al-ʿālamīn*, Beirut o.J.

aš-Šāṭibī, Abū Isḥāq Ibrāhīm Ibn Mūsā, *al-ʾIʿtiṣām, Maktabatu r-Riyāḍ l-Ḥadīṭah*, o.O. o.J.

—, *al-Mūwāfaqāt*, Darrāz, ʿAbd ʾAllāh (Hg.), Beirut o.J.

—, *al-Mūwāfaqāt*, Darrāz, ʿAbd ʾAllāh/Darrāz Muḥammad/Muḥammad, A. Abd aš-Šāfī (Hg.), Beirut o.J.

—, *al-Mūwāfaqāt*, ʿAbd al-Ḥamīf, Moḥammad Muḥyī ad-dīn (Hg.), Kairo o.J.

aš-Šāfiʿī, Abū ʿAbdallāh Muḥammad Ibn Idrīs, *ar-Risālah*, Kilānī, Sayyid (Hg.), Kairo 1969.

2. Sekundärliteratur

Abū Zayd, Hamid, *Mafhūm an-naṣṣ. Dirāsa fī ʿulūm al-Qurʾān*, Casablanca 1990.

Arkoun, Mohammed, *„Le concept de la raison islamique"*, in: Arkoun, Mohammed (Hg.), *Pour une critique de la raison islamique*, Paris1984.

—, *„Pour une histoire réflexive de la pensée islamique. Šarīʿa, Fiqh et critique de la Raison Juridique"*. Rezension & Kommentar v. Bernard G. Weiss (Hg.), *Studies in Islamic Legal Theory*, in: Arabica LI, Fascicule 3 (2004), S. 319–359.

Brockopp, Jonathan E., *"Competing Theories of Authority in Early Maliki Texts"*, in: Weiss, Bernard G. (Hg.), *Studies in Islamic Legal Theory*, Leiden 2002, S. 3–22.

Brunschvig, Robert, *„Herméneutique normative dans le judaisme et dans l'Islam"*, in: Turki, A.-M. (Hg.), *Études sur l'Islam classique et l'Afrique du Nord*, London 1986, S. 233–252.

Calder, N., *"Ikhtilāf and Ijmāʿ in Shāfiʿis's Risāla"*, in: Studia Islamica 63, 1983, S. 55–81.

Goldziher, Ignaz, *"The Principles of Law in Islam"*, in: The Historian's History of the Word VIII, New York 1904.

—, *Die Ẓahiriten*, Hildesheim 1967 (Reprograf. Nachdr. d. Ausg. Leipzig 1884).

Hallaq, Wael B., *"Considerations on the Function and Character of Sunni Legal Theory"*, in: Journal of the American Oriental Society 104 (1984), S. 679–89.

—, *"The Primacy of the Qurʾān in Shāṭibi's Legal Theory"*, in: Hallaq, Wael B. & Little, Donald P. (Hg.), *Islamic Studies Presented to Charles J. Adams*, Leiden 1991, S. 69–90.

—, *A History of Islamic Legal Theories: An Introduction to Sunnī ʾuṣūl a-fiqh*, Cambridge 1997.

Hildebrandt, Thomas, *„Waren Ǧamal ad-Dīn al-Afġānī und Muḥammad ʿAbdu Neo-Muʿtaziliten?"*, in: Die Welt des Islams 42/2, 2002, S. 205–262.

Ibn Farḥūn, Burhān ad-Dīn Abū al-Faḍāʾ ʾIbrāhīm ibn Muḥammad, *Ad-Dībāǧ al-mudahhab fī maʿrifat ʾaʿyān ʿulamāʾ al-madhab*, Beirut o.J.

Ihsan, A.-W., *Utility in Classical Islamic Law. The Concept of Maṣlaḥa in ʾuṣūl al-Fiqh*, Michigan 1986.

Isnawī al-, Ǧamāl ad-Dīn, *Nihāyat as-sūl fī šarḥ minhāǧ al-wūṣūl*, Kairo 1943.

Jackson, Sherman, *Islamic Law and the State: The Constitutional Jurisprudence of Shihāb al-Dīn al-Qarāfī. Studies in Islamic Law and Society*, Brill, Leiden 1996.

Masud, M. Khalid, Islamic Legal Philosophy: A Study of Abū Isḥāq al-Shāṭbī's Life and Thought, Islamabad ²1995.

Motzki, Harald, *Die Anfänge der islamischen Jurisprudenz. Ihre Entwicklung in Mekka bis zur Mitte des 2./8. Jahrhundert*, Stuttgart 1991.

Nagel, Tilman, *Die Festung des Glaubens. Triumph und Scheitern des islamischen Rationalismus im 11. Jahrhundert*, München 1988.

Nekroumi, Mohammed, *„Zur Rolle postklassischer Sufibruderschaften in der Entwicklung des Volksislam im Maghreb"*, in: Conermann, Stephan (Hg.), *Bonner Islamwissenschaftler/innen stellen sich vor*, Hamburg 2006, S. 257–286.

—, *„Qur'āninterpretation im Kontext intentionalistischer Rechtstheorien"*, in: Nekroumi, Mohammed/Meise, Jan (Hg.), *Modern Controversies in Qur'anic Studies*, Hamburg 2009, S. 153–196.

—, *"Modern Qur'ānic Debate"*, in: Nekroumi, Mohammed/Meise, Jan (Hg.), *Modern Controversies in Qur'anic Studies*, Hamburg 2009, S. 9–26.

al-Qāḍī ʿIyāḍ, *Tartīb al-madārik wa-Taqrīb al-masālik li-maʿrifat ʾaʿlām madhab mālik*, Rabat o.J.

al-Qarāfī, *Šihāb ad-Dīn, Šarḥ tanqīḥ al-fʾuṣūl fī 'ḫtiṣār al-maḥṣūl fī l-ʾuṣūl* , hrsg. v. Ṭaha, ʿAbd ar-Raʾūf Saʿd, Kairo 1973.

Reinhart, A. Kevin, *"Islamic Law as Islamic Ethics"*, in: Journal of Religious Ethics 11/2, 1983, S. 186–203.

Nöldecke, Theodor, *Geschichte des Qurans*, Leipzig 1961.

—, *„Zur Sprache des Qur'āns II. Stilistische und syntaktische Eigentümlichkeiten der Sprache des Qur'āns"*, in: Neue Beiträge zur semitischen Sprachwissenschaft, Straßburg 1910.

Paret, Rudi, *Der Qur'ān. Kommentar und Konkordanz*, Stuttgart 1971.

Schacht, Joseph, *An introduction to Islamic Law*, Oxford 1964.

Weiss, Bernard G., *"Language and Law. The Linguistic Premises of Islamic Legal Science"*, in: Green, Arnold H. (ed.), *In Quest of an Islamic Humanism. Arabic and Islamic Studies. In Memory of Mohamed al-Nowaihi.* Kairo 1986, S. 15–21.

—, *The Search for God's Law: Islamic Jurisprudence in the Writings of Sayf al-Dīn al-Āmidī*. Salt Lake City 1992.

— (ed.), *Studies in Islamic Legal Theory*, Leiden 2002.

Benjamin Jokisch

ʾiǧmāʿ und Globalisierung – Praktikabilität und Wandelbarkeit des islamischen Konsensusprinzips in der Gegenwart

Einleitung

Obwohl die Scharia in ihrer klassischen Gestalt als eigenständiges Rechtssystem erheblich an Bedeutung verloren hat – in den meisten islamischen Ländern der Gegenwart tritt sie hinter staatlich kodifiziertes Recht zurück und kann, wenn überhaupt, nur indirekt und in Teilbereichen Geltung beanspruchen – hat sie nach wie vor eine praktische Bedeutung für viele Muslime in der islamischen wie auch zunehmend in der nicht-islamischen Welt. Insoweit stellt sich die Frage nach dem hermeneutischen Instrumentarium, das in einer separaten rechtsmethodologischen Disziplin, den *ʾuṣūl al-fiqh*, im Detail behandelt wird. Nicht nur das in den *furūʿ*-Werken der vormodernen Juristen herausgearbeitete materielle Recht, sondern auch die Methoden der Ableitung sind angesichts neuer Herausforderungen der Moderne in Bezug auf ihre praktische Anwendbarkeit zu hinterfragen. Dies gilt nicht zuletzt für das in der *ʾuṣūl*-Wissenschaft ausführlich beschriebene und diskutierte Konsensusprinzip (*ʾiǧmāʿ*), demzufolge aus Koran und Sunna abgeleitete Bestimmungen grundsätzlich als verbindlich gelten.

Die in den klassischen *ʾuṣūl*-Werken beschriebenen *ʾiǧmāʿ*-Konzeptionen (einschließlich derjenigen in der *Risāla* des aš-Šāfiʿī) scheinen für die muslimischen Gelehrten der Gegenwart nach wie vor Geltung zu haben. In den *Šarīʿa*-Fakultäten der islamischen Universitäten bildet die islamische Rechtsmethodologie traditionsgemäß ein eigenständiges Fach, das auf der Grundlage vor allem klassischer *ʾuṣūl*-Werke gelehrt wird.[1] Die Standardwerke zeitgenössischer Gelehrter im Bereich der *ʾuṣūl al-fiqh* beziehen sich in starkem

1 Bernand Botiveau, *Loi islamique et droit dans les sociétés arabes*, Paris 1993, S. 35–41, 73–74.

Maße auf vormoderne *ʾuṣūl* -Theorien.[2] Wie aber – und diese Frage soll in dieser Abhandlung im Vordergrund stehen – wirken sich die veränderten Rahmenbedingungen der modernen Welt auf die theoretischen und praktischen Ausprägungen des *ʾiǧmāʿ* in der Gegenwart aus? Der stetig voranschreitende Prozess der Globalisierung schafft grundlegend neue Möglichkeiten der Kommunikation zwischen den muslimischen Gelehrten, sodass die Kritik einzelner früherer Gelehrter bezüglich der Vorstellbarkeit und technischen Möglichkeit des *ʾiǧmāʿ* neu überdacht werden müsste. Rein technisch betrachtet dürfte es im Zeitalter der elektronischen Datenübermittlung ohne weiteres möglich sein, den Meinungsstand zu einer speziellen Rechtsfrage innerhalb kurzer Zeit global zu erfassen. Andererseits – und dies dürfte die Bildung eines Konsensus wiederum erschweren – hat sich das Spektrum potentieller Träger des *ʾiǧmāʿ* erheblich erweitert. *Šarīʿa*, in welcher Form auch immer, hat längst auch jenseits der Grenzen der islamischen Welt (dem sogenannten *Dār al-Islām*) an Bedeutung gewonnen.[3] Gelehrte aus den Reihen muslimischer Minderheiten in nicht-islamischen Ländern, wo sie sich in verschiedenen Interessenverbänden und akademischen Einrichtungen organisieren, treten zunehmend in Konkurrenz zu den traditionellen Gelehrtenzentren der islamischen Welt. Diese Entwicklung erweitert und verändert zwangsläufig die Perspektiven bei der Beurteilung einzelner Rechtsfragen, während gleichzeitig aber ein Bedürfnis nach möglichst breiter Autorisierung der Rechtsentscheidungen zu beobachten ist. Der *ʾiǧmāʿ* könnte hier als Instrument zur Autorisierung islamischer Rechtsentscheidungen herangezogen werden. Es fragt sich aber, inwieweit er auch in der Gegenwart ein theoretisches Konstrukt bleibt.

1. Der *ʾiǧmāʿ* nach klassisch-islamischem Recht

Der Konsensus (*ʾiǧmāʿ*) als Instrument der Entscheidungsfindung spielt eine zentrale Rolle im Rahmen der sunnitischen Rechtstheorie (*ʾuṣūl al-fiqh*).[4] In der

---

2 Camille Mansour, *L'autorité dans la penseé musulmane. Le concept d'ijmâʿ (consensus) et la problematique de l'autorité*, Paris 1975, S. 159.

3 Zur Rolle des islamischen Rechts in Deutschland siehe z.B. Mathias Rohe, *Der Islam – Alltagskonflikte und Lösungen: rechtliche Perspektiven*, Freiburg 2001.

4 Auch das schiitisch-ǧaʿfaritische Recht misst dem Konsensus eine Bedeutung bei, jedoch mit der Einschränkung, dass der Konsensus der Gelehrten stets mit den Auffassungen der Imāme übereinstimmen muss.

Hierarchie der „Rechtsquellen" (ʾuṣūl) folgt er unmittelbar nach Qurʾān und Sunna an dritter Stelle[5] und gilt in Anlehnung an ein entsprechendes Hadith des Propheten („Meine *umma* einigt sich nicht auf einen Irrtum") als unfehlbar.[6] Folgt man der Auffassung einiger Gelehrter[7], geht er den *nuṣūṣ* sogar voraus, da er im Gegensatz zu diesen nicht abrogierbar ist. Mangels einer zentralen Instanz im sunnitischen Islam, die bestimmte Deutungen der *nuṣūṣ* als verbindlich für die gesamte muslimische Gemeinschaft erklären könnte, kommt dem *ʾiǧmāʿ* zumindest eine große theoretische Bedeutung zu. Andererseits ist festzustellen, dass die Gelehrten der vier sunnitischen Rechtsschulen kein einheitliches *ʾiǧmāʿ* -Konzept entwickelt haben, sodass im Einzelfalle oftmals unklar ist, ob ein *ʾiǧmāʿ* im Sinne der *ʾuṣūl al-fiqh* vorliegt, d.h. es gibt kein *ʾiǧmāʿ* über den *ʾiǧmāʿ* .[8] Zu den zahlreichen, bis heute umstrittenen Detailfragen des Konsensus gehören u.a. der Kreis derjenigen, die am Konsensus teilnehmen dürfen oder müssen – in jedem Fall muslimische Autoritäten –,[9] der Zeitraum,

5 Zur Begründetheit des *iǧmāʿ* siehe George Hourani, *"The basis of authority of consensus in Sunni Islam"*, in: Studia Islamica 21 (1964) 13–60; Wael Hallaq, *"On the authoritativeness of Sunni consensus"*, in: International Journal of Middle East Studies 18 (1986), S. 427–54.

6 al-Ġazālī, *al-Mustaṣfā min ʿilm al-uṣūl*, Būlāq 1904–6, Bd. 1, S. 175–176.

7 al-Ġazālī, *al-Mustaṣfā*, Bd. 2, S. 392; Abū'l-Ḥusayn al-Baṣrī, *Kitāb al-muʿtamad fī ʾuṣūl al-fiqh*, 2 Bde., Damaskus 1964, Bd. 1, S. 432–433 u. Bd. 2, S. 497; Ibn Qudāma, Muwaffaq ad-Dīn, *al-Muġnī*, Riyad 1981, Bd.1, S. 388 u. Bd. 2, S. 456; Ibn al-Laḥḥām, *al-Muḫtaṣar fī uṣūl al-fiqh*, Damaskus 1980, S. 139; Ibn an-Naǧǧār, *Šarḥ al-kawkab al-munīr*, Kairo 1953, S. 237, 474–475.

8 Siehe dazu auch Mohammad Omar Farooq, *The doctrine of ijmāʿ: Is there a consensus*, Upper Iowa University, 2006. URL: http://www.google.de/url?sa=t&rct=j&q=&esrc=s&source=web&cd=1&ved=0CCAQFjAA&url=http%3A%2F%2Fglobalwebpost.com%2Ffarooqm%2Fwritings%2Fislamic%2Fijma.doc&ei=zfTxU4TJHsfmyQP-7oCoBA&usg=AFQjCNHx-8jZwl7eQWNZKVN1WN2UQKkc0g&bvm=bv.73231344,d.bGQ (letzter Zugriff: 18.8.2014).

9 Mal wird der Konsensus der medinensischen Gelehrten befürwortet (Ibn al-Ḥāǧib *Muntahāʿl-suʾāl waʿl-ʿamal fī ʿilmay ʿl-ʾuṣūl waʿl-ǧadal*, Istanbul 1908, S. 41; al-Qarāfī, *Šarḥ tanqīḥ al-fuṣūl fīʿḫtiṣār al-maḥṣūl fīʿl-uṣūl*, Kairo 1973, S. 334), mal derjenige der Angehörigen des Prophetenhauses (so etwa dem Hanbaliten Abū Yaʿlā zugschrieben bei Ibn al-Laḥḥām, *al-Muḫtaṣar*, S. 77; Ibn an-Naǧǧār, *Šarḥ al-kawkab*, 233), mal derjenige aller Prophetengefährten (Muḥammad al-Ḫuḍarī, *ʾUṣūl al-fiqh*, Kairo 1962, S. 314). Zu weiteren

innerhalb dessen ein *ʾiǧmāʿ* zu erzielen ist,[10] der Gegenstand des *ʾiǧmāʿ*[11] sowie die Zulässigkeit des *ʾiǧmāʿ sukūtī* (Zustimmung durch Schweigen).[12] Der juristenrechtliche Charakter der *Šarīʿa* bringt es mit sich, dass die Feststellung des *ʾiǧmāʿ* außerhalb staatlicher Kontrolle und damit dezentral erfolgt. Auch die in den *ʾuṣūl* -Werken diskutierte Unterscheidung zwischen verbindlichem *ʾiǧmāʿ qaṭʿī* (sicherer *ʾiǧmāʿ*) und unverbindlichem *ʾiǧmāʿ ẓannī* (vermuteter *ʾiǧmāʿ*) lässt viele Fragen offen. Vor diesem Hintregrund ist bereits in früher Zeit von einzelnen Gelehrten die praktische Relevanz des *ʾiǧmāʿ* angezweifelt worden, was in der Widersprüchlichkeit nicht weniger *ʾiǧmāʿ*-Behauptungen in den Rechtswerken seine Bestätigung findet.[13] Der *ʾiǧmāʿ*, wie er in den verschiedenen Einzelfällen postuliert wird, entspricht oftmals nicht der *ʾiǧmāʿ*-Konzeption des betreffenden Rechtsgelehrten oder der Rechtsschule, der dieser Rechtsgelehrte angehört. In Wirklichkeit handelt es sich zumeist um Mehrheitsmeinungen innerhalb einer bestimmten Region und Zeitspanne. Nicht einmal innerhalb einer Rechtsschule ist durchweg von einer einheitlichen Position auszugehen, obwohl dort die Vereinheitlichungstendenzen sicherlich noch am stärksten sind.[14] Während also in der juristischen Argumentation der Konsensus regelmäßig zur Untermauerung vor allem *maḏhab*-spezifischer Positionen herangezogen wird, lässt sich zugleich eine deutliche Diskrepanz zwischen den

---

Einschränkungen des Personenkreises siehe B. Jokisch, *Islamisches Recht in Theorie und Praxis*, S. 143–146.

10 Abū'l-Ḫuṭṭāb al-Kalwaḏānī, *at-Tamhīd fī uṣūl al-fiqh*, Mekka 1985, Bd. 3, S. 349; Ibn Qudāma, *Rawḍat nāẓir wa-ǧannat al-munāẓir*, Kairo 1923, Bd. 1, S. 366; aš-Šīrāzī, *at-Tabṣira fī ʾuṣūl al-fiqh*, Damaskus 1980, S. 375–376; aš-Šīrāzī, *al-Lumaʿ fī ʾuṣūl al-fiqh*, Kairo 1957, S. 49.

11 In der Regel sollen z.B. Konsensus-Regelungen durch die *nuṣūṣ* gedeckt sein: aš-Šawkānī, *Iršād al-fuḥūl*, Kairo 1937, S. 79; al-Āmidī, Sayf ad-Dīn, *al-Iḥkām fī ʾuṣūl al-aḥkām*, Kairo 1966, Bd. 1, S. 193–195; Taqī'd-Dīn as-Subkī, *al-Ibhāǧ fī šarḥ al-minhāǧ*, Kairo 1981–1982, Bd. 2, S. 439.

12 Saraḫsī as-, *Kitāb al-ʾuṣūl*, Kairo 1953, Bd. 1, S. 303–310; Abū'l-Ḥusayn al-Baṣrī, *Kitāb al-muʿtamad*, Bd. 2, S. 531–538; Bazdawī al-, *Kanz al-wuṣūl ilā maʿrifat al-ʾuṣūl*, am Rd. von ʿAbdalʿazīz al-Buḫārī, *Kašf al-asrār*, Istanbul 1889, Bd. 3, S. 230–231.

13 at-Turkī, "*L'ijmāʿ ummat al-muʾminīn entre la doctrine et l'histoire*", in: Studia Islamica 59 (1984), S. 50.

14 Zum "Corporate status" der sunnitischen Rechtsschulen siehe die exemplarische Studie von S. Jackson *Islamic law and the state. The constitutional jurisprudence of Shihāb al-Dīn al-Qarāfī*, Leiden 1996.

theoretischen, an hohe Anforderungen geknüpften ʾiǧmāʿ -Konzeptionen einerseits und den faktisch als räumlich und zeitlich begrenzte Mehrheitsmeinungen zu beschreibenden ʾiǧmāʿ -Behauptungen andererseits erkennen. Insoweit bestand schon seit den frühesten Anfängen des islamischen Rechts in Bezug auf den Konsensus ein Spannungsverhältnis zwischen Theorie und Praxis. Dies mag u.a. darauf zurückzuführen sein, dass zumindest einzelne Elemente der ʾiǧmāʿ -Konzeptionen weniger der frühen juristischen Praxis entsprangen als vielmehr auf bestehende Konzepte in benachbarten Religionen wie dem Christentum zurückgehen, wo bestimmte Einrichtungen und Verfahren zur Feststellung des Konsensus bereits etabliert waren.[15]

2. Moderne Konzepte des *ʾiǧmāʿ*

Spätestens seit der direkten Konfrontation der islamischen Welt mit dem Westen in der Zeit der Kolonialisierung und den daraus hervorgehenden reformistischen Tendenzen haben sich einzelne muslimische Gelehrte den neuen Herausforderungen der Zeit gestellt und versucht, praktikable Konzepte zur Anwendung der *šarīʿa* zu entwickeln. Gelehrte des 19. und 20. Jahrhunderts wie Muḥammad ʿAbduh (gest. 1905), Rašīd Riḍā (st. 1935),[16] Muḥammad Iqbal (gest. 1938), ʿAbd ar-Rāziq (gest. 1966),[17] Kemal Faruki (gest. 1988), Fazlur Rahman (gest. 1988) oder Ḥassan at-Turābī (geb. 1932) haben sich dabei kritisch mit der Frage des Konsensus befasst und die traditionellen Konzepte modifiziert und weiterentwickelt. Bildete der *ʾiǧmāʿ* im vormodernen Kalifat sowohl theoretisch als auch praktisch eine staatsunabhängige, rein juristenrechtliche und damit recht diffuse „Institution", so wird er nun vor dem Hintergrund des modernen Staatsgedankens als eine Art legislativer Gewalt gesehen, die nicht nur retrospektiv bereits bestehende Regelungen sanktioniert, sondern auch prospektiv gezielt Gesetze im Sinne der *šarīʿa* formuliert und für die Gläubigen des jeweiligen Staatswesens verbindlich festlegt. Die Umdeutung des *ʾiǧmāʿ* in ein

15 Siehe dazu Benjamin Jokisch, *Islamic imperial law. Hārūn al-Rashīd's codification project*, Berlin 2007, S. 555–62.

16 Malcolm Kerr, *Islamic reform. The political and legal theories of Muḥammad ʿAbduh and Rashīd Riḍā*, University of California Press/Cambridge University Press 1966, S. 197–204.

17 ʿAlī ʿAbd ar-Rāziq, *al-ʾIǧmāʿ fī š- šarīʿa al-ʾislāmiyya*, Kairo 1946.

quasi-legislatives Organ impliziert zugleich ein grundlegend neues Verständnis von politischer Theorie und insbesondere von der Beziehung zwischen Staat und Religion. Grundsätzlich, so das Postulat klassischer Staatstheoretiker, fiel die Erschließung des göttlichen Willens in die Zuständigkeit unabhängiger Juristen, auch wenn die politischen Machthaber diese Kompetenzaufteilung immer wieder missachteten und, statt sich ich auf die Rolle des Gesetzesvollstreckers zu beschränken, in bestimmten Rechtsbereichen als Gesetzgeber tätig wurden.

In welcher Weise die traditionellen *ʾiǧmāʿ*-Konzepte in die Staatssysteme der modernen Welt integriert wurden und welche Modifizierungen und Umdeutungen dabei vorgenommen wurden, soll an den folgenden Beispielen kurz demonstriert werden.

2.1 Muḥammad ʿAbduh (gest. 1905)

Der ägyptische Gelehrte und Reformer Muḥammad ʿAbduh knüpft zwar einerseits an das klassische *ʾiǧmāʿ*-Konzept an, unterzieht aber andererseits wesentliche Elemente des Konzepts einer fundamentalen Kritik. Schon in der Begründung des *ʾiǧmāʿ* durch Koran und Sunna weicht er von den Auffassungen früherer Gelehrter ab. Weder der Koranvers 4/115[18] noch die üblicherweise herangezogene Prophetentradition „Meine Gemeinde wird sich niemals in einem Irrtum einigen" verweisen nach seiner Überzeugung auf einen Konsensus, der als „unfehlbare" Entscheidung der Gemeinschaft alle späteren Generationen bindet.[19] Er stellt damit das für den *ʾiǧmāʿ* (*ṣarīḥ*) konstitutive Element der Unfehlbarkeit (*ʿiṣma*) in Frage und ermöglicht die Widerrufbarkeit des in einer Generation gefundenen Konsensus durch den Konsensus einer späteren Generation. Das Attribut der Unfehlbarkeit komme ausschließlich Gott zu, nicht aber den Menschen, die sich jederzeit – auch kollektiv – irren können.[20] Die Wandelbarkeit der

18 „Wer sich aber von dem Gesandten trennt, nachdem ihm die Leitung offen kundgetan und einen andern Weg als den der Gläubigen befolgt, dem wollen wir den Rücken kehren, wie er den Rücken gekehrt hat, und wollen ihn in Dschehannam brennen lassen; und schlimm ist die Fahrt dorthin".

19 Hasan, Ahmad, *The doctrine of ijmāʿ in Islam*, Islamabad 1976, S. 245.

20 Eine ausführliche Analyse des *ʾiǧmāʿ*-Konzepts von Muḥammad ʿAbduh findet sich bei Khoiruddin Nasution, *The concept of ijmāʿ in the modern age with*

Konsensusentscheidungen entspricht dem Wandel der Zeiten, was nicht nur im frühen Islam, sondern auch in späteren Zeiten und insbesondere in der Gegenwart von Bedeutung ist. Es liegt nahe, dass Muḥammad ʿAbduh diesen Aspekt in engem Zusammenhang mit dem Prinzip des öffentlichen Interesses (*maṣlaḥa*) diskutiert, das sich je nach Raum, Zeit und Umständen stets ändern kann. Im Grunde, so der Gelehrte, liegt dem *'iǧmā'* das öffentliche Interesse der Glaubensgemeinschaft zugrunde[21], sodass eine Festlegung für alle Zeiten ausgeschlossen ist.

Ein weiterer Kritikpunkt ist der Kreis der *'iǧmā'*-Teilnehmer. Nach traditioneller Auffassung sind nur *muǧtahidūn*, d.h. qualifizierte Rechtsgelehrte, befugt, einen Konsensus zu begründen.[22] Da das nicht-religiöse und durchaus relevante Wissen in der Gegenwart jedoch stark zugenommen hat, sind die Rechtsgelehrten auf den Rat von Spezialisten angewiesen. Ein *'iǧmā'* darf sich also nicht allein auf die Elite der Juristen stützen, sondern muss auch durch die Expertise anderer, nicht im Recht versierter Autoritäten getragen sein. Das in der Vormoderne vorherrschende Monopol der Religionsgelehrten im Wissensbereich wird damit aufgebrochen. Zur Erweiterung des autorisierten Personenkreises bedient er sich insbesondere des Qur'ānischen Begriffes *'ūlū'l-'amr*, der nach seiner Auffassung neben den Religionsgelehrten andere Autoritäten der Gesellschaft wie hochstehende Militärs, namhafte Schriftsteller, Direktoren öffentlicher Einrichtungen, Parteivorsitzende, Ärzte, Manager oder Herausgeber bekannter Zeitschriften umfasst. All diese Persönlichkeiten – oder auch eine Mehrheit dieses Personenkreises – sollen sich in einer beratenden Versammlung (*šūrā*) zusammenfinden und die für die Gesellschaft wichtigen und notwendigen

---

particular reference to Muḥammad Abduh, PhD, McGill University Montreal, 1995, S. 78ff.

21 Muḥammad ʿAbduh, *Tafsīr al-Manār*, ed. Rašīd Riḍā, Kairo 1948, Bd. 5, S. 208–209.

22 Abū'l-Ḫuṭṭāb al-Kalwaḏānī, *at-Tamhīd fī 'uṣūl al-fiqh*, Bd. 3, S. 250; Muwaffaq ad-Dīn Ibn Qudāma, *Rawḍat an-nāẓir wa-ǧannat al-munāẓir*, Bd. 1, S. 334–335, 347–349; Ibn an-Naǧǧār, *Šarḥ al-kawkab al-munīr*, S. 225; Ibn al -Ḥāǧib, *Muntahā s-su'āl wa'l-'amal fī 'ilmay 'l-'uṣūl wa'l-ǧadal*, S. 39; aš-Šīrāzī, *al-Luma' fī 'uṣūl al-fiqh*, S. 50; al-Ǧuwaynī, *al-Burhān fī 'uṣūl al-fiqh*, Kairo 1980, Bd. 1, S. 684; as-Saraḫsī, *Kitāb al-'uṣūl*, Bd. 1, S. 311–312; al-Bazdawī, *Kanz al-wuṣūl ilā ma'rifat al-'uṣūl*, Bd. 3, S. 237.

Beschlüsse fassen. Lediglich Fragen zur Dogmatik und zum Kultus bleiben ausschließlich den *ʿulamāʾ* vorbehalten. Ebenso wie letztere verlangt Muḥammad ʿAbduh aber die Vereinbarkeit dieser Entscheidungen mit Koran und Sunna.

Die konkrete Zusammensetzung des Gremiums kann sich immer wieder ändern, zumal der *šūrā*-Begriff auch vom Propheten nicht exakt definiert worden ist und daher Raum für unterschiedliche Interpretationen lässt. Ganz im Sinne demokratischer Staatssysteme geht Muḥammad ʿAbduh davon aus, dass diese Repräsentanten von der Glaubensgemeinschaft gewählt werden, lässt aber offen, inwieweit dieses Gremium identisch mit dem Parlament als legislatives Organ ist. Die von der Versammlung gefassten Beschlüsse sind für die Gläubigen verbindlich. Auch wenn ʿAbduh versucht, die Unbestimmtheit der vormodernen *ʾiǧmāʿ*-Konzeptionen zu überwinden, so bleiben seine Vorstellungen vom äußeren Verfahren der Konsensbildung dennoch diffus. Zudem ist unklar, welche Rolle die nicht-islamischen Minderheiten im jeweiligen Staatswesen spielen sollen und dürfen. Ausgehend von einem islamischen Staatswesen, würden die Interessen dieser Gruppen keine oder zu wenig Berücksichtigung finden. Ähnliches würde für divergierende islamische Gruppierungen gelten wie etwa Schiiten und Sunniten. Die *a priori* Festlegung auf eine „orthodoxe" Grundausrichtung würde den von ʿAbduh postulierten demokratischen Charakter des Staatswesens in Frage stellen. Schließlich wäre zu klären, ob die traditionelle Vorstellung von einem Konsens der gesamten *ʾumma* (bzw. aller Rechtsgelehrten in der islamischen Welt) mit der Fixierung auf den Konsensus einzelner Nationalstaaten aufgegeben wird. Kann es gemäß der Konzeption ʿAbduh's nach wie vor einen Konsensus aller Muslime – über staatliche Grenzen hinweg – geben?

2.2 Muḥammad Iqbal (gest. 1948)

Für Muḥammad Iqbal bildet *ʾiǧmāʿ* den wichtigsten Rechtsbegriff im Islam.[23] Zugleich sieht er in den politischen Erfahrungen der europäischen Staaten positive Auswirkungen auf die Ausgestaltung eines modernen *ʾiǧmāʿ*-Konzepts, zumal der republikanische Geist zur Herausbildung

23 Muḥammad Iqbal, *The reconstruction of religious thought in Islam*, 1989, S. 137.

legislativer Versammlungen in den islamischen Ländern geführt hat.[24] Wie schon Muḥammad ʿAbduh geht Iqbal davon aus, dass sich legislative Organe in der einen oder anderen Form für die Realisierung des *ʾiğmāʿ* instrumentalisieren lassen. Dem geht allerdings eine kritische Betrachtung der traditionellen Konzepte voraus. Indem er die Verbindlichkeit des frühislamischen Gefährtenkonsensus (*ʾiğmāʿ aṣ-ṣaḥāba*) auf Fälle beschränkt, die nur von den Gefährten zu beurteilende Fakten betreffen, alle reinen Rechtsfragen hingegen für stets neu interpretierbar hält,[25] umgeht er die paralysierende Wirkung des Unfehlbarkeitsdogmas. Dies wirft logischerweise die Frage auf, in welcher Weise der Konsensus in der Gegenwart konstituiert werden kann und insbesondere, wer zur Teilnahme befugt ist. Muḥammad Iqbal erörtert diese Frage im Zusammenhang mit der *iğtihād*-Befugnis, die er nicht mehr länger in den Händen einzelner besonders qualifizierter Repräsentanten der Rechtsschulen sieht, sondern auf eine legislative Versammlung überträgt. Diese setzt sich aus Spezialisten unterschiedlichster, religiöser und weltlicher, Wissensbereiche zusammen und ist somit in der Lage, die komplexen Sachverhalte der modernen Welt kompetent zu beurteilen. Allerdings sollen die *ʿulamāʾ* einen bedeutenden Teil der Versammlung ausmachen, um eine Vereinbarkeit der frei zu diskutierenden Gesetze mit dem islamischen Recht zu gewährleisten. Gleichzeitig empfiehlt Iqbal, die Ausbildung der Religionsgelehrten über das traditionelle Curriculum der islamischen Wissenschaften hinaus zu erweitern. So könnte es nach seiner Auffassung von Nutzen sein, sich mit der nicht-islamischen, modernen Jurisprudenz (vergleichende Rechtswissenschaft) vertraut zu machen oder sich auch grundlegende Kenntnisse von den modernen Sozial- und Naturwissenschaften zu verschaffen.[26]

Das von Muḥammad Iqbal entwickelte Konzept scheint, zumindest teilweise, auf das Verfassungssystem Pakistans eingewirkt zu haben. In der Tat wird spätestens seit den siebziger Jahren die gesetzgebende Versammlung als eine Einrichtung betrachtet, die in einer modernen Form die Funktion des traditionellen *ʾiğmāʿ* übernimmt, auch wenn es daneben weitere Organe

---

24 Ebd., S. 138.
25 Ebd., S. 139.
26 Ahangar, Muḥammad, *"Iqbal's theory of ijma: perspectives and prospects"*, in: Iqbal Review 38 (1997), S. 17–48, siehe vor allem Abschnitt VII.

gibt (Federal Šarīʿa Court, Council of Islamic Ideology, Islamic Research Institute), denen legislative Aufgaben zugewiesen sind.[27]

2.3 Kemal Faruki (gest. 1988)

In einigen wesentlichen Zügen stimmt Kemal Faruki mit den zuvor erörterten Gelehrten überein. Die Notwendigkeit, den ʾiğmāʿ an moderne Verhältnisse anzupassen, erfordert eine Neuinterpretation der traditionellen Konzepte. Dennoch bleibt er den überkommenen Vorstellungen enger verhaftet als ʿAbduh und Iqbal. Die für alle Zeiten verbindliche Wirkung des unfehlbaren ʾiğmāʿ vor allem der Prophetengefährten grenzt für ihn an Polytheismus (širk), da nur Gott, aber nicht die Menschen unfehlbar seien.[28] Der von Menschen gebildete Konsens muss daher stets in Raum und Zeit begrenzt sein und ist insgesamt wandelbar. Den muğtahidūn räumt Faruki nach wie vor eine zentrale Rolle bei der Bildung des Konsensus ein, wobei er den iğtihād-Begriff ähnlich weit fasst wie Iqbal. In der Auslegung verschiedener Koran-Verse[29] definiert er die muğtahidūn als Spezialisten, die über religiöses ebenso wie über weltliches Wissen verfügen. Um sich dieses weitreichende Wissen zu verschaffen, empfiehlt er den Religionsgelehrten, mit Angehörigen anderer Religionen und Weltanschauungen zusammenzuarbeiten.[30]

Anders als ʿAbduh und Iqbal geht es bei Faruki jedoch nicht um eine Formalisierung des Verfahrens zur Feststellung des ʾiğmāʿ. Wie schon in der früheren Geschichte des islamischen Rechts soll jeder muğtahid zunächst unabhängig von jeglicher Institution zu einer Entscheidung gelangen, wobei die Entscheidungen der verschiedenen muğtahidūn – u.U. über mehrere Generationen hinweg – in einem Konsensus zusammenfließen können. Der in diesem informellen Prozess gebildete Konsensus, der nach seiner Auffassung auch Mehrheitsauffassungen von ca. 75% aller muğtahidūn umfassen

---

27 Ebd., Abschnitt V.
28 Kemal Faruki, *The evolution of Islamic constitutional theory and practice from 610 to 1926*, Karachi/Dacca 1971, S. 233; Kemal Faruki, *Islamic Jurisprudence*, Karachi 1962, S. 154.
29 Koran 4/58; 30/22.
30 Khoiruddin Nasution, *The concept of ijmāʿ in the modern age*, S. 85.

darf,[31] kann dann von der gesetzgebenden Versammlung aufgegriffen und als Gesetz formuliert werden.[32] Auf einer weiteren, internationalen Ebene könnten dann die Entscheidungen bzw. Gesetze der verschiedenen Nationalstaaten die Grundlage für einen globalen Konsensus bilden.

Es wird deutlich, dass Faruki dem *ʾiǧmāʿ* weniger eine prospektiv gestaltende als vielmehr eine nachträglich sanktionierende Funktion einräumt. Die Frage, wann genau ein *ʾiǧmāʿ* vorliegt, bleibt aufgrund des informellen Charakters des Verfahrens nach wie vor ungelöst. Faruki kommt damit denjenigen zeitgenössischen Gelehrten entgegen, die gerade dieses diffuse Element des *ʾiǧmāʿ* als „Stimme des Volkes" positiv hervorheben und eine Formalisierung des *ʾiǧmāʿ* im Rahmen des modernen Staatswesens ablehnen.

Fazit

Wie sich aus der exemplarischen Betrachtung der zuvor erörterten Konzepte ergibt, zeigen sich durchaus Tendenzen zur Anpassung des traditionellen *ʾiǧmāʿ* an die veränderten, modernen Verhältnisse der Gegenwart. Vor allem die Kritik am Unfehlbarkeitsgrundsatz offenbart den Versuch, sich von der Starrheit des klassischen *ʾiǧmāʿ*-Konzepts zu lösen. Insgesamt aber scheint sich die in der Vormoderne zu beobachtende Diskrepanz zwischen Theorie und Praxis in der Moderne fortzusetzen, zumal das theoretische Bemühen zur Beschreibung konsensbildender Verfahren einer faktischen Vielzahl gegensätzlicher *ʾiǧmāʿ*-Behauptungen gegenübersteht. Problematisch und hoch umstritten in diesem Zusammenhang ist nach wie vor die Transformation der *šarīʿa* als einem grundsätzlich unabhängigen Juristenrecht in ein modernes staatliches Recht. Die Verwirklichung des *ʾiǧmāʿ* im Rahmen eines legislativen Organs impliziert bedeutsame Abweichungen von traditionellen Konzepten, die ein formloses und damit schwer nachprüfbares Verfahren zur Feststellung des Konsensus vorsehen. Eine praktische Umsetzung innovativer Konzepte auf staatlicher Ebene lässt sich, wenn überhaupt, nur in Ansätzen feststellen. Dies gilt umso mehr für Formen des überstaatlichen oder globalen Konsensus, für den, soweit ersichtlich, noch

31 Camille Mansour, *L'autorité dans la penseé musulmane*, S. 167.
32 Khoiruddin Nasution, *The concept of ijmāʿ in the modern age*, S. 87–88.

gar keine Konzepte entwickelt worden sind, obwohl die modernen technischen Rahmenbedingungen globaler Netzwerke dies nahelegen würden. Inwieweit überstaatlich agierende und stark meinungsbildende Einrichtungen wie etwa die *Islamic World Association* (*rābiṭat al-ʿālam al-ʾislāmī*), der *European Council for Fatwa and Research* oder auch die *Academy of Islamic Studies* an der al-Azhar-Universität (*Maǧmaʿ al-buḥūṯ al-ʾislāmiyya*) für die Feststellung und Sanktionierung eines modernen *ʾiǧmāʿ* instrumentalisiert werden könnten oder diese Funktion bereits teilweise ausüben, wäre zu prüfen.

Literatur

'Abduh, Muḥammad, *Tafsīr al-Manār*, ed. Rašīd Riḍā, 12 Bde., Kairo 1948.

Abū'l-Ḥusayn al-Baṣrī, *Kitāb al-muʿtamad fī ʾuṣūl al-fiqh*, Damaskus 1964.

Abū'l-Ḫuṭṭāb al-Kalwaḏānī, *at-Tamhīd fī ʾuṣūl al-fiqh*, 4 Bde., Mekka 1985.

Ahangar, Muḥammad, *"Iqbal's theory of ijma: perspectives and prospects"*, in: Iqbal Review 38, 1997, pp 17–48.

Amal, Taufiq Adnan, *„Observing the contemporary model of ijmā'"*, Liberal Islam Network, 2004, URL: http://islamlib.com/en/page.php?page=article&id=595 (letzter Zugriff: 20.07.2014).

Āmidī al-, Sayf ad-Dīn, *al-Iḥkām fī ʾuṣūl al-aḥkām*, 3 Bde., Kairo 1966.

al-Bazdawī, *Kanz al-wʾuṣūl ilā maʿrifat al-ʾuṣūl*, am Rd. von ʿAbdalʿazīz al-Buḫārī, *Kašf al-asrār*, 3 Bde., Istanbul 1889.

Botiveau, Bernand, *Loi islamique et droit dans les sociétés arabes*, Paris 1993.

Farooq, Omar Mohammed, *The doctrine of ijmā': Is there a consensus*, Upper Iowa University 2006, URL: http://www.google.de/url?sa=t&rct=j&q=&esrc=s&source=web&cd=1&ved=0CCAQFjAA&url=http%3A%2F%2Fglobalwebpost.com%2Ffarooqm%2Fwritings%2Fislamic%2Fijma.doc&ei=zfTxU4TJHsfmyQP-7oCoBA&usg=AFQjCNHx-8jZwl7eQWNZKVN1WN2UQKkc0g&bvm=bv.73231344,d.bGQ (letzter Zugriff: 18.8.2014).

Faruki, Kemal, *The evolution of Islamic constitutional theory and practice from 610 to 1926*, Karachi & Dacca 1971.

—, *Islamic Jurisprudence*, Karachi 1962.

al-Ghazali, *al-Mustaṣfā min ʿilm al-ʾuṣūl* , 2 Bde., Būlāq 1904–1906.

al-Ǧuwaynī, *al-Burhān fī ʾuṣūl al-fiqh*, 2 Bde., Kairo 1980.

Hallaq, Wael, *"On the authoritativeness of Sunni consensus"*, in: International Journal ofMiddle East Studies 18, 1986, pp 427–454.

Hasan, Ahmad, *The doctrine of ijmāʿ in Islam*, Islamabad 1976.

Hourani, George, *"The basis of authority of consensus in Sunni Islam"*, in: Studia Islamica 21, 1964, pp 13–60.

Ḫuḍarī al-, Muḥammad, *ʾuṣūl al-fiqh*, Kairo 1962.

Ibn al -Ḥāǧib, *Muntahā'l-suʾāl wa'l-ʿamal fī ʿilmay ʻl-ʾuṣūl wa'l-ǧadal*, Istanbul 1908.

Ibn al-Laḥḥām, *al-Qawāʿid wa'l-fawāʾid al-ʾuṣūl iyya wa-mā yataʿallaqu bihā min al- aḥkām al-farʿiyya*, Kairo 1956.

—, *al-Muḫtaṣar fī ʾuṣūl al-fiqh*, Damaskus 1980.

Ibn an-Naǧǧār, *Šarḥ al-kawkab al-munīr*, Kairo 1953.

Ibn Qudāma, Muwaffaq ad-Dīn, *al-Muġnī*, 9 Bde., Riad 1981.

—, *Rawḍat nāẓir wa-ǧannat al-munāẓir*, 2 Bde., Kairo 1923.

Iqbal, Muḥammad, *The reconstruction of religious thought in Islam.* Neu Dehli 1989.

Jackson, Sherman, *Islamic law and the state: The constitutional jurisprudence of Shihāb al-Dīn al-Qarāfī*, Leiden 1996.

Jokisch, Benjamin, *Islamisches Recht in Theorie und Praxis. Analyse einiger kaufrechtlicher Fatwas von Taqī'd-Dīn Aḥmad b. Taymiyya*, Berlin 1996.

—, *Islamic imperial law. Hārūn al-Rashīd's codification project*, Berlin 2007.

Kerr, Malcolm, Islamic reform. *The political and legal theories of Muḥammad ʻAbduh and Rashīd Riḍā*, University of California Press & Cambridge University Press 1966.

Mansour, Camille, *L'autorité dans la penseé musulmane. Le concept d'ijmâʿ (consensus) et la problematique de l'autorité*, Paris 1975.

Nasution, Khoiruddin, *The concept of ijmāʿ in the modern age with particular reference to Muḥammad Ạbduh*, PhD, McGill University Montreal 1995.

al-Qarāfī, *Šarḥ tanqīḥ al-f'uṣūl fī'ḫtiṣār al-maḥṣūl fī'l-'uṣūl*, Kairo 1973.

al-Rāziq, 'Alī 'Abd, *al-'iğmā' fī šarī'a al-'islāmiyya*, Kairo 1946.

Rohe, Mathias, *Der Islam – Alltagskonflikte und Lösungen: rechtliche Perspektiven*, Freiburg 2001.

aš-Šīrāzī, *at-Tabṣira fī 'uṣūl al-fiqh*, Damaskus 1980.

—, *al-Luma' fī 'uṣūl al-fiqh*, Kairo 1957.

at-Turkī, *"L'ijmā' ummat al-mu'minīn entre la doctrine et l'histoire"*, in: Studia Islamica 59, Leiden 1984, S. 49–78.

as-Saraḫsī, *Kitāb al-'uṣūl*, 2 Bde., Kairo 1953.

aš-Šawkānī, *Iršād al-fuḥūl,* Kairo 1937.

as-Subkī, Taqī'd-Dīn, *al-Ibhāğ fī šarḥ al-minhāğ*, 3 Bde., Kairo 1981–1982.

Ibrahim Salama

Moderne Medizinische Beweisführung und ihre Relevanz für die Normenlehre

Einleitung

Die Normenlehre (*fiqh*) ist kein starres theoretisches Gebilde, das der Praxis keine Achtung schenkt. Die Dynamik der Normenlehre ist ein Ergebnis der Auseinandersetzung der Rechtsgelehrten mit den Gegebenheiten ihrer Zeit und der Heranziehung der sichergestellten Kenntnisse zur Beurteilung neuer Fragestellungen.

Die Bewahrung der Abstammung ist eine der fünf Notwendigkeiten, für welche die Scharia mit ihren Bestimmungen sorgt. Zu den Intentionen der Scharia in Bezug auf die Bewahrung der Abstammung gehört die Zuschreibung der Kinder zu ihren leiblichen Eltern und die Aufrechterhaltung der klaren Linien der Familie. Von der Abstammung eines Menschen hängen viele praktische Regelungen ab, wie beispielsweise Eheverbote, Unterhalts- und Erbschaftsansprüche. Daher weist folgender Koranvers[1] auf ein Verbot der Zuschreibung der Kinder zu einem anderen als ihrem leiblichen Vater hin:

> Allah hat keinem Mann zwei Herzen in seinem Inneren gemacht. Und Er hat eure Gattinnen, von denen ihr euch durch den Rückenschwur trennt, nicht (wirklich) zu euren Müttern gemacht. Und Er hat eure angenommenen Söhne nicht (wirklich) zu euren Söhnen gemacht. Das sind eure Worte aus eurem (eigenen) Mund. Aber Allah sagt die Wahrheit, und Er leitet den (rechten) Weg. Nennt sie nach ihren Vätern; das ist gerechter vor Allah. Wenn ihr ihre Väter nicht kennt, dann sind sie eure Brüder in der Religion und eure Schützlinge. Es ist für euch keine Sünde in dem, was ihr an Fehlern begeht, sondern was eure Herzen vorsätzlich anstreben. Und Allah ist Allvergebend und Barmherzig. (Sure 33/4–5)

Der Koran berichtet weiterhin von der Geschichte Zaid ibn Ḥāriṯa, der anfänglich Zaid ibn Muḥammad hieß. Allah erteilte dem Propheten

1 Die Übersetzung der Koranverse stammt hauptsächlich aus der Übersetzung von Scheich Abdullah As-Samit (F. Bubenheim) und Dr. Nadeem Elyas mit leichten Änderungen durch den Autor.

Muḥammad (s) die Erlaubnis, die Ehe mit der von Zaid geschiedenen Frau einzugehen, um zu bestätigen, dass nur die tatsächliche Abstammung ein Eheverbot herstellen kann:

> Und als du zu demjenigen sagtest, dem Allah Gunst erwiesen hatte und dem auch du Gunst erwiesen hattest: „Behalte deine Gattin für dich und fürchte Allah!", und in deinem Inneren verborgen hieltest, was Allah doch offenlegen wird, und die Menschen fürchtetest, während Allah ein größeres Anrecht darauf hat, dass du Ihn fürchtest. Als dann Zaid keinen Wunsch mehr an ihr hatte, gaben Wir sie dir zur Gattin, damit für die Gläubigen kein Grund zur Bedrängnis bestehe hinsichtlich der Gattinnen ihrer angenommenen Söhne, wenn diese keinen Wunsch mehr an ihnen haben. Und Allahs Anordnung wird (stets) ausgeführt. (Sure 33/37)

In diesem Zusammenhang kämpft die Scharia gegen Unzucht und uneheliche Beziehungen und legte strenge Voraussetzungen zur Feststellung der Unzucht fest. Falls aber einem Ehemann nicht möglich ist, die Untreue seiner Ehefrau zu beweisen, gibt es die Möglichkeit, durch Ableisten von vier Eidschwüren seitens des Ehemannes gefolgt von solchen der Ehefrau die Trennung der Ehepartner zu erwirken und ggf. die Abstammung eines Kindes abzustreiten. Diese Rechtsinstitution ist in den *fiqh*-Büchern unter dem Namen Liʿān bekannt. In diesem Beitrag wird versucht, auf die verschiedenen Aspekte der Abstammung und die Rolle moderner medizinischer Methoden dabei einzugehen. Jedoch muss hier betont werden, dass die Ansichten der Gelehrten aus den letzten Jahrhunderten in ihrem Kontext einzusehen sind und lediglich als Nachweis dafür, dass solche Gelehrten als Maßstab für uns aufgestellt haben, dass wir jedes Mittel und Methode einsetzen dürfen, die im Rahmen der islamischen Vorschriften eine Erleichterung muslimisches Lebens bedeutet.

Die islamischen Vorschriften bezüglich der Abstammung und auch des islamischen Rechtsinstituts „Liʿān" sind für das Leben der Muslime in einem europäischen Land bzw. nicht islamisch geprägtes Land irrelevant, daher wird diesem Aspekt in diesem Beitrag keine Beachtung geschenkt. Es bezieht sich vielmehr auf die Rechtsprechung in islamischen geprägten Ländern, wie zum Beispiel in Jemen oder Saudi Arabien.

Zunächst wird versucht, dem Leser einen Überblick über das islamische Beweisführungssystem des islamischen Rechts sowohl im Bereich der Strafdelikte als auch hinsichtlich der Abstammung zu verschaffen. Im Anschluss werden die gegenwärtigen Debatten über die Zulässigkeit des Einsatzes von neuen Verfahren bzw. Methoden zusammengefasst.

1. Die Beweisführung im Bereich der Strafdelikte

Ibn al-Munḏir (gest. 318 n. H., 930 n. Chr.) behauptete in seinem Werk *al-ʾiǧmāʿ*, dass ein Konsens unter den Rechtsgelehrten bezüglich der Abwendung der *hadd*-Strafe durch Zweifel besteht.[2] Einige schwache Hadithe bekräftigen diesen Konsens wie etwa: „Wendet die Hadd-Strafen durch Zweifel ab!"[3]

Generell gilt ein schariatischer Befehl zur Nichtbloßstellung der Muslime und Nichtaufdeckung ihrer Straftaten – soweit es möglich ist.

1.1 Anerkenntnis (Unzucht und Diebstahl)

Die Beweiskraft des Anerkenntnisses als Beweismittel steht bei den Ḥanafīten, Mālikīten, Šāfiʿīten und Ḥanbalīten an erster Stelle und wird anderen Beweismitteln vorgezogen.[4] Jedoch waren die Gelehrten darüber uneinig, wie oft man sein Geständnis bzw. die Anerkenntnis wiederholen soll, damit dieses als Beweismittel angenommen wird. Hierbei vertraten Ibn Abī Lailā, Isḥāq ibn Rahāwaih, die Ḥanafīten und die Ḥanbalīten in Bezug auf die Strafe für die Unzucht die Meinung, dass das Anerkenntnis viermal wiederholt werden muss. Hingegen reicht bei den Šāfiʿīten, Mālikīten u.a. das einmalige Aussprechen des Anerkenntnisses aus.[5] Bei der Strafe für

---

2 Vgl. Muḥammad ibn Ibrāhīm ibn al-Munḏir, *al-ʾiǧmāʿ*, bearbeitet von Abū Ḥammād Ṣaġīr Aḥmad ibn Muḥammad Ḥanīf, Adschman/Ras al-Chaima (VAE) 1999, S. 162.

3 Vgl. Muḥammad ibn Ibrāhīm aṣ-Ṣanʿānī, *subul as-salām šarḥ bulūġ al-marām*, bearbeitet von Muḥammad Nāṣir ad-Dīn al-ʾAlbānī, Riad 2006, Bd. 4, S. 128f.

4 Vgl. dazu: Qāḍī Zādah, *Natāʾiǧ al-ʾafkār fī kašf ar-rumūz wal-ʾasrār*, Bd. 6, Kairo 1315 n. H., S. 282; Ibrāhīm Muḥammad ibn Farḥūn, *Tabṣirat al-ḥukām fī uṣūl al-ʾuqḍīya wal-ʾaḥkām*, bearbeitet von Ǧamāl Marʿšalī, Bd. 2, Riad 2003, S. 56.

5 Vgl. *Al-mawsūʿa al-fiqhīya al-kūwaitīya*, Ministry of Awqaf and Islamic affairs, Bd. 17, Kuwait 1427 n. H., S. 138.

Diebstahl muss das Anerkenntnis bei Abū Yūsuf,[6] einer der Überlieferungen nach Mālik[7] und den Ḥanbalīten[8] zweimal erfolgen.

1.2 Zeugenaussage

Die Zeugenaussage gilt als unbestrittenes Beweismittel in allen Rechtsschulen. Ihre Beweiskraft stützt sich auf Koranverse und prophetische Hadithe:

> [...] Und nehmt zwei gerechte Personen von euch zu Zeugen, und legt das Zeugnis um Allahs willen [...] (Sure 65/2);

> O, die ihr glaubt, seid Wahrer Allahs als Zeugen für die Gerechtigkeit [...] (Sure 6, 8).

Von al-Ašʿaṭ ibn Qais al-Kanadī wurde überliefert, dass er sagte:

> Es gab zwischen mir und einem anderen Mann einen Streit über einen Brunnen. Da sagte mir der Prophet (s): ‚Bringe deine zwei Zeugen oder er legt seinen Eid ab.' Daraufhin sagte ich: ‚Er soll seinen Eid ablegen.' Der Prophet sagte: ‚Wer einen Meineid leistet, um sich dadurch das Eigentum eines anderen Muslims anzueignen, ist ein liederlicher Mensch und begegnet Allah, indem Er ihm gegenüber zornig ist!'[9]

Sie sind aber unterschiedlicher Meinung darüber, ob die Zeugenaussage eine Individual- oder eine Kollektivpflicht ist.[10] In Bezug auf die Strafdelikte sind die Mehrheit der Ḥanafīten, Mālikīten, Šāfiʿīten und Ḥanbalīten der Meinung, dass ein Zeuge wählen kann, ob er Zeugnis abzulegen möchte

---

6 Vgl. Abū Bakr ibn Masʿūd ibn Aḥmad al-Kāsānī, *Badāʾiʿ aṣ-ṣanāʿ fī tartīb aš-šarāiʿ*, Bd. 7, Beirut 1986, S. 82.

7 Vgl. Aḥmad Salāma Qalyūbī/Aḥmad al-Burullisī ʿUmaira, *Ḥāšiyat al-Qalyūbī wa ʿUmaira*, Bd. 4, Beirut 1995, S. 197.

8 Vgl. Manṣūr ibn Yūnus ibn Ṣalāḥ ad-Dīn ibn Ḥassan ibn Idrīs al-Bahūtī, *Kašāf al-qināʿ ʿan matn al-ʾiqnāʿ*, Bd. 6, Beirut 1997, S. 150.

9 Vgl. Ṣaḥīḥ al-Buḫārī, Hadith-Nr. 2669.

10 Vgl. dazu Muḥammad Amīn ibn ʿUmar ibn ʿAbdel-ʿAzīz ibn ʿĀbidīn, *Radd al-muḥtār ʿalā ad-durr al-muḫtār*, Bd. 5, Beirut 1992, S. 464; Muḥammad ibn Aḥmad al-Ḫaṭīb aš-Širbīnī, *Muġnī al-muḥtāǧ fī šarḥ alfāẓ al-minhāǧ*, Bd. 6, Beirut 1994, S. 385ff; Muḥammad ibn Aḥmad ibn Muḥammad ibn Abdullāh ibn Ǧuzaī al-Kalbī, *Al-qawānīn al-fiqhīya*, Kuwait o. J., S. 472; ʿAbdullāh ibn Muḥammad ibn Aḥmad ibn Qudāma, *Al-muġnī*, Bd. 10, Kairo 1968, S. 128.

oder nicht – es gilt jedoch als besser, kein Zeugnis abzulegen, um keinen Muslim bloßzustellen.[11]

Nach Ibn Rušd (gest. 595 n. H., 1198 n. Chr.) und Ibn al-Munḏir (gest. 318 n. H., 930 n. Chr.) ist die Mehrheit der Rechtsgelehrten der Meinung, dass Frauen in Strafdelikten nicht als Zeugen zugelassen sind.[12]

Für die Feststellung der Unzucht sind vier Zeugen unerlässlich, bei weiteren Strafdelikten und Vergeltung sind zwei männliche Zeugen gemäß der Mehrheit der Rechtsgelehrten ausreichend.[13] Dies stützt sich auf folgende Koranverse:

> Diejenigen, die den ehrbaren Ehefrauen (Untreue) vorwerfen und hierauf nicht vier Zeugen beibringen, die geißelt mit achtzig Hieben und nehmt von ihnen niemals mehr eine Zeugenaussage an – das sind die (wahren) Frevler (Sure 24/4);

> Hätten sie doch darüber vier Zeugen beigebracht! Da sie aber die Zeugen nicht beigebracht haben, so sind diese bei Allah die Lügner. (Sure 24/13)

> Sowie: Und diejenigen von euren Frauen, die das Abscheuliche begehen, – bringt vier Zeugen von euch gegen sie. Wenn sie (es) bezeugen, dann haltet sie im Haus fest, bis der Tod sie abberuft oder Allah ihnen einen (Aus)Weg schafft. (Sure 4/15)

1.3 Indizien

Die Rechtsschulen waren unterschiedlicher Meinungen hinsichtlich der Rechtskraft von Indizien zur Feststellung einer Straftat, die eine *ḥadd*-Strafe mit sich bringt, wie etwa Schwangerschaft einer unverheirateten Frau, Mundgeruch als Zeichen für die Betrunkenheit oder das Auffinden des gestohlenen Gegenstandes im Besitz des vermeintlichen Diebes.

---

11 Ebd.
12 Vgl. dazu Muḥammad ibn Aḥmad ibn Rušd, *Bidāyat al-muġtahid wa nihāyat al-muqtaṣid*, Bd. 4, Kairo 2004, S. 248; Ibn al-Munḏir, *al-'iğmā'* , S. 89.
13 Vgl. dazu Ibn Rušd, *Bidāyat al-muġtahid wa nihāyat al-muqtaṣid*, Bd. 4, S. 247f.

Hierbei[14] vertraten die Ḥanafīten,[15] Šāfiʿīten[16] und Ḥanbalīten[17] die Meinung, dass die *hadd*-Strafe für die Unzucht nicht durch die Schwangerschaft einer unverheirateten Frau festzustellen ist. Sie stützten sich auf eine Überlieferung von Saʿīd ibn al-Mussaib, dass eine Frau ʿUmar ibn al-Ḫaṭṭāb vorgeführt wurde, die keinen Mann hatte und trotzdem schwanger war. ʿUmar fragte sie danach und sie antwortete: „Ich bin eine Frau mit tiefem Schlaf. Ein Mann hat mir während meines tiefen Schlafs beigeschlafen und ich bin erst aufgestanden, als er fertig und weg war. Deswegen kenne ich ihn nicht." Daraufhin hat ʿUmar die *ḥadd*-Strafe von ihr abgewendet.[18] Die Gelehrten begründen ihre Meinung damit, dass die Schwangerschaft durch Zwang, während des Schlafs oder durch einen irrtümlichen Beischlaf hervorgerufen sein könnte.

Hingegen vertraten die Mālikīten die Ansicht, dass durch das Indiz der Schwangerschaft die *ḥadd*-Strafe festzustellen ist, wobei die Frau ihre Unschuld zur Abwendung der Strafe nachweisen kann.

Sie stützten sich dabei auf eine Überlieferung nach ʿUmar ibn al-Ḫaṭṭāb, als er einmal predigte und sagte:

> Allah hat Muhammad mit der Wahrheit gesandt und hat ihm das Buch herabgesandt. In dem Buch war der Vers der Steinigung. Wir haben diesen Vers gelesen und verstanden. Der Gesandte Allahs hat die Steinigung durchgeführt und wir auch nach ihm. Ich befürchte, dass die Leute zu späteren Zeiten sagen würden: Wir finden die Steinigung nicht in dem Buch Allahs. Dabei irren sie sich mit der Unterlassung einer Verpflichtung, was Allah auferlegt hat. Die Steinigung ist im Buch Allahs fest verankert für diejenigen Verheirateten, die Unzucht begehen, wenn diese durch Zeugen, Schwangerschaft oder Anerkenntnis bewiesen wird.[19]

---

14 Es wird hier nur auf die Schwangerschaft einer unverheirateten Frau als Indiz für die Unzucht eingegangen, da dies im Zusammenhang mit der DNA als Beweismittel steht.

15 ʿAbdul-Raḥmān ibn Muḥammad ibn Sulaimān Šaiḫī Zāda, *Maǧmaʿ al-ʾanhur fī šarḥ multaqa al-ʾabḥur*, Bd. 1, Beirut o. J, S. 585.

16 Vgl. Ibrāhīm ibn ʿAlī ibn Yūsuf aš-Širāzī, *Al-Muhaḏab fī fiqh al-ʾimām aš-Šāfiʿī*, Bd. 3, Beirut 1995, S. 337.

17 Vgl. Ibn Qudāma, *Al-muġnī*, Bd. 9, S. 79.

18 Vgl. Muḥammad al-ʾAmīn ibn Muḥammad al-Muḫtār aš-Šanqīṭī, *Aḍwāʾ al-bayān fī iyḍāḥ al-qurʾān bil-qurʾān*, Bd. 5, Beirut 1995, S. 392.

19 Vgl. Ṣaḥīḥ al-Buḫārī, Hadith-Nr. 6830.

Man kann hier kaum einen Unterschied zwischen beiden Meinungen feststellen, da beide Meinungen die Unschuld der Frau aussprechen, wenn die Schwangerschaft bzw. Unzucht gegen ihren Willen stattgefunden hat.

1.4 Ableisten von Eiden in Verdachtsfällen bei Mord *(al-qasāma fīl-lawaṯ)*

Al-qasāma ist das Ableisten von 50 Eiden zum Abstreiten einer Tat bei den Ḥanafīten,[20] und zum Bestätigen der Tat durch *ǧumhūr*.[21] Die Gelehrten sind unterschiedlicher Meinung darüber, ob *al-qasāma* als Beweis akzeptiert werden kann oder nicht. Die Befürworter von *al-qasāma* als Beweismittel führen folgenden Hadith als Beweis an:[22] Sahl ibn Ḥaṯama überlieferte nach einigen angesehenen Leuten seines Stammes, dass ʿAbullāh ibn Sahl und Muḥaiṣa ibn Masʿūd nach Ḫaibar infolge einer Not zogen. Danach kam Muḥaiṣa alleine zurück und berichtete, dass ʿAbullāh ibn Sahl ermordet und in einen Brunnen geworfen wurde. Danach kamen einige Juden. Er sagte ihnen: „Bei Allah, sie haben ihn getötet!" Sie erwiderten: „Bei Allah, wir haben ihn nicht getötet!" Daraufhin kam er zusammen mit seinem Bruder Ḥuwaiṣa und ʿAbdul-Raḥmān ibn Sahl zum Propheten (s) und Muḥaiṣa wollte mit dem Erzählen anfangen, da wies ihn der Prophet darauf hin, dass der Ältere von ihnen anfangen sollte. Daraufhin fing Ḥuwaiṣa zu erzählen an und dann erzählte Muḥaiṣa. Da sagte der Gesandte Allahs (s):

> Entweder geben sie [die Juden] Blutgeld für euren Toten oder sie sollen mit einem Krieg rechnen." Daraufhin schrieb der Prophet den Juden diesbezüglich, worauf sie geantwortet hatten, dass sie ihn bei Allah nicht getötet hatten. Da sagte der Prophet zu Muḥaiṣa, Ḥuwaiṣa und ʿAbdul-Raḥmān ibn Sahl: „Schwört ihr darauf und dadurch verdient ihr das Blutgeld für euren Toten?" Sie antworteten: „Nein." Darauf sagte der Prophet: „Sollten die Juden anstelle von euch dann schwören?"

20 Vgl. Šaiḫī Zāda, *Maǧmaʿ al-ʾanhur fī šarḥ multaqa al-ʾabḥur*, Bd. 2, S. 277f.

21 Mit *ǧumhūr* sind die restlichen sunnitischen Rechtsschulen gemeint, nämlich Mālikīten, Schāfiʿīten und Ḥanbalīten. Vgl. dazu Muḥammad ibn Muḥammad ibn ʿAbdul-Raḥmān al-Ḥaṭṭāb ar-Ruʿīnī, *Mawāhib al-ǧalīl fī šarḥ muḫtaṣar Ḫalīl*, Bd. 6, Kairo 1992, S. 273; Al-Ḫaṭīb aš-Širbīnī, *Muġnī al-muḥtāǧ fī šarḥ alfāẓ al-minhāǧ*, Bd. 5, S. 381; Ibn Qudāma, Al-muġnī, Bd. 8, S. 487f.

22 Vgl. dazu Šaiḫī Zāda, *Maǧmaʿ al-ʾanhur fī šarḥ multaqa al-ʾabḥur,* Bd. 2, S. 277f.; Al-Ḥaṭṭāb ar-Ruʿīnī, *Mawāhib al-ǧalīl fī šarḥ muḫtaṣar Ḫalīl,* Bd. 6, S. 273; Al-Ḫaṭīb aš-Širbīnī, *Muġnī al-muḥtāǧ fī šarḥ alfāẓ al-minhāǧ*, Bd. 5, S. 381; Ibn Qudāma, Al-muġnī, Bd. 8, S. 487f.

Sie erwiderten: „Sie sind nicht Muslime." Daraufhin hat der Prophet sein Blutgeld selbst entrichtet und schickte ihnen hundert Kamele. Sahl sagte: „Ein rotes Kamel davon hat mich getreten.[23]

Diejenigen Gelehrten,[24] die *al-qasāma* nicht als Beweis akzeptieren, argumentieren auch mit dem oben genannten Hadith und führen als Beweis für die Unrechtmäßigkeit der *al-qasāma* an, dass sie keine Eide abgeleistet hätten. Wäre *al-qasāma* als Beweismittel gültig gewesen, hätte der Prophet sie trotzdem eingeführt und er hätte darauf bestanden.

2. Die Beweisführung im Bereich der Abstammung

Im Koran findet man nur zwei Möglichkeiten zur Anerkennung der Zugehörigkeit eines Kindes zu einem Mann und einer Frau: Für die Zuschreibung eines Kindes zu einem Mann ist die Erzeugung durch den Geschlechtsverkehr in einer rechtmäßigen Beziehung unerlässlich:

„[...] und (verboten zu heiraten sind euch) die Ehefrauen eurer Söhne, die aus euren Lenden (hervorgegangen) sind [...]" (Sure 4/23). Für die Zuschreibung eines Kindes zu einer Frau ist die Entbindung des Kindes ausreichend, egal ob das Kind aus einer rechtmäßigen oder verbotenen Beziehung stammt: „[...] Ihre Mütter sind nur diejenigen, die sie geboren haben [...]" (Sure 58,2).

In der Rechtsliteratur der Rechtsschulen liest man folgende Ausführungen zur Feststellung der Abstammung eines Kindes:

2.1 Bestehen der Ehe

Für die Feststellung der Abstammung in einer gültigen Ehe haben die Rechtsgelehrten der sunnitischen Rechtsschulen außerdem die Erfüllung folgender Bedingungen aufgestellt, und zwar: dass der Vertrag abgeschlossen wird und das Vergehen der Mindestdauer der Schwangerschaft ab dem Vertragsabschluss sowie die Nichtüberschreitung der Höchstdauer einer Schwangerschaft ab der Trennung gegeben ist. Im Gegensatz zu den

23 Vgl. Ṣaḥīḥ al-Buḫārī, Hadith-Nr. 7192.

24 Darunter sind u.a. Sālim ibn ʿAbdullāh, ʿUmar ibn ʿAbdul-ʿAzīz und Abū Qulaiba. Vgl. dazu Ibn Rušd, *Bidāyat al-muǧtahid wa nihāyat al-muqtaṣid*, Bd. 4, S. 210.

Ḥanafīten[25] haben die Mālikīten,[26] Šāfiʿīten[27] und Ḥanbalīten[28] zusätzlich dazu die Wahrscheinlichkeit oder die Möglichkeit einer Beiwohnung und eine altersmäßige Erzeugungsfähigkeit vorausgesetzt.

Ebenfalls wird in einer fehlerhaften Ehe, irrtümlichen Beiwohnung und der so genannten Urfi-Ehe[29] die Abstammung der daraus resultierenden Kinder dem Sameninhaber zugeschrieben, auch wenn solche Ehen nicht alle Wirkungen einer gültigen Ehe entfalten.

2.2 Beweismittel oder Zeugnis

Das arabische Wort *baiyna* gilt nach Ibn al-Qayyim als Oberbegriff für alles, was die Wahrheit aufdeckt.[30] Demgemäß umfasst dies jedes Beweismittel einschließlich der Zeugenaussage. Im Koran gibt es einige Verse, die auf die Legitimität des Beweismittels oder des Zeugnisses als Feststellungsmittel hinweisen, wie

> Wir haben ja Unsere Gesandten mit den klaren Beweisen gesandt und mit ihnen die Schrift und die Waage herabgesandt, damit die Menschen für die Gerechtigkeit eintreten… (Sure 57/25),

> Sag: Ich halte mich an einen klaren Beweis von meinem Herrn, während ihr Ihn der Lüge bezichtigt… (Sure 5/57) und

> […]Und bringt zwei Männer von euch als Zeugen. Wenn es keine zwei Männer sein (können), dann sollen es ein Mann und zwei Frauen sein, mit denen als Zeugen ihr zufrieden seid, – damit, wenn eine von beiden sich irrt, eine die andere erinnere. Und die Zeugen sollen sich nicht weigern, wenn sie aufgefordert werden… (Sure 2/282).

---

25 Vgl. dazu Šaiḫī Zāda, *Maǧmaʿ al-ʾanhur fī šarḥ multaqa al-ʾabḥur*, Bd. 1, S. 478.

26 Vgl. Ibn Rušd, *Bidāyat al-muǧtahid wa nihāyat al-muqtaṣid*, Bd. 4, S. 142.

27 Vgl. Yaḥya ibn Šaraf an-Nawawī, *Al-minhāǧ šarḥ ṣaḥīḥ Muslim ibn al-Ḥaǧǧāǧ*, Beirut 1398 n. H., Bd. 10, S. 38.

28 Vgl. Ibn Qudāma, *Al-muġnī*, Bd. 8, S. 82.

29 Urfi-Ehe ist eine Ehe, die sich unter Jugendlichen verbreitet. Meistens erfolgt sie ohne Vormund und wird bei den zuständigen Stellen nicht registriert.

30 Vgl. Muḥammad ibn Abī Bakr ibn Qayyim al-Ǧawziyya, *Aṭ-ṭuruq al-ḥukmīya*, Damaskus o. J., S. 24.

Die Rechtsgelehrten sind aber in Bezug auf die Anzahl der Zeugen in Abstammungsstreitigkeiten uneinig. Die Mālikīten,[31] Šāfiʿīten[32] und Ḥanbalīten[33] sind der Meinung, dass die Abstammung nur durch das Zeugnis zweier Männer festgestellt werden kann. Im Zusammenhang mit der Abstammung werden keine Frauen als Zeugen angenommen.

Die Ḥanafīten[34] vertreten die Meinung, dass die Abstammung durch zwei Männer oder einen Mann und zwei Frauen bezeugt werden kann. Da die Frauen als Zeugen zur Feststellung der Entbindung durch den Konsens der Gelehrten herangezogen werden, wird hier eine Analogie zwischen Abstammung und Entbindung hergestellt und deswegen werden auch Frauen als Zeugen in Abstammungsfragen angenommen. Dennoch besteht Uneinigkeit innerhalb der Rechtsschulen über die Anzahl der Frauen, die nötig sind, um die Entbindung bzw. Abstammung bezeugen zu können. Nach den Ḥanafīten, einer Überlieferung nach Aḥmad ibn Ḥanbal, Ibn ʿAbbās und al-Ḥassan al-Baṣarī reicht das Zeugnis einer Frau zur Feststellung der Entbindung. Die Mālikīten[35] und nach einer zweiten Überlieferung der Ḥanbalīten[36] wird die Entbindung durch Zeugnis zweier Frauen bestätigt. Die dritte Meinung appelliert für drei Frauen als Zeugen in diesem Zusammenhang. Als Vertreter dieser Meinung sei hier ʿUṯmān al-Battī und einer Überlieferung nach Anas ibn Mālik[37] zu erwähnen. Die Schafiiten legen die Zahl der nötigen Zeugen auf vier zur Bestätigung der Entbindung fest.[38]

2.3 Abstammungsanerkenntnis *(al-ʾiqrār bil-nasab)*

Nach dem (ehelichen) Bett und Beweismittel oder Zeugnis gilt das Anerkenntnis als Beweis zur Feststellung der Abstammung einer Person. Hierbei unterscheidet man zwischen einem direkten und indirekten Abstammungsanerkenntnis.

---

31 Vgl. Ibn Farḥūn, *Tabṣirat al-ḥukām fī ʾuṣūl al-ʾaqḍīya wal-ʾaḥkām*, Bd. 1, S. 181.
32 Vgl. Aš-Šīrāzī, *Al-Muhaḏab fī fiqh al-ʾimām aš-Šāfiʿī*, Bd. 3, S. 452f.
33 Vgl. Ibn Qudāma, *Al-muġnī*, Bd. 10, S. 130ff.
34 Vgl. Muḥammad ibn ʿAbdel-Wāḥid ibn al-Humām, *Fatḥ al-qadīr*, Bd. 7, Beirut o. J., S. 370.
35 Vgl. Ibn Rušd, *Bidāyat al-muǧtahid wa nihāyat al-muqtaṣid*, Bd. 4, S. 248.
36 Vgl. Ibn Qudāma, *Al-muġnī*, Bd. 10, S. 137.
37 Ebd.
38 Vgl. Aš-Šīrāzī, *Al-Muhaḏab fī fiqh al-ʾimām aš-Šāfiʿī*, Bd. 3, S. 460.

Unter das direkte Abstammungsanerkenntnis fallen Vaterschafts-, Kindschafts- und Mutterschaftserklärungen. Bei dieser Art der Feststellung der Abstammung muss kein Beweis für das Bestehen einer gültigen oder fehlerhaften Ehe oder eine irrtümliche Beiwohnung erbracht werden, sondern es reicht das bloße Anerkenntnis. Dennoch legten die Rechtsgelehrten einige Voraussetzungen für die Gültigkeit eines Abstammungsanerkenntnisses fest:

- Die anerkannte Person muss unbekannter Abstammung sein; die Wahrscheinlichkeit der Vaterschaft bzw. Mutterschaft ist sehr groß wie z.B. durch einen angemessenen Altersunterschied und die Zeugungsfähigkeit der anerkennenden Person;
- die anerkannte Person hat dem Anerkenntnis zuzustimmen, wenn sie unterscheidungsfähig ist;
- die anerkennende Person gibt nicht an, die anerkannte Person sei ihr Kind aus Unzucht und die anerkannte Person muss zum Zeitpunkt des Anerkenntnisses noch leben.

Das indirekte Abstammungsanerkenntnis umfasst die Anerkennung einer Person als Bruder/Schwester, Onkel, Großvater, Enkel u.Ä. Das indirekte Abstammungsanerkenntnis erlangt nur Feststellungskraft für die anerkennende Person und diejenigen, die ihr Glauben geschenkt haben. Weitere familiäre Beziehungen begründet diese Art des Anerkenntnisses allerdings nicht.

In diesem Zusammenhang herrscht Uneinigkeit zwischen den Rechtsgelehrten, ob das Abstammungsanerkenntnis zurückgenommen werden darf oder nicht. Zur Stabilität der familiären Beziehungen und zum Wohl der Minderjährigen vertreten die Mālikīten,[39] Šāfiʿīten,[40] Ḥanbalīten[41] und einige Ḥanafīten[42] die Nichtzulässigkeit der Rücknahme eines Abstammungsanerkenntnisses. Die Mehrheit der Ḥanafīten[43] unterscheidet zwischen einem direkten und indirekten Abstammungsanerkenntnis und lehnt die Rücknahme des ersteren ab. Für die Rücknahme eines indirekten

39 Vgl. Aḥmad ibn Idrīs ibn ʿAbdul-Raḥmān al-Qarāfī, *Al-furūq*, Bd. 4, Beirut o. J., S. 38.

40 Vgl. Aš-Širāzī, *Al-Muhaḏab fī fiqh al-ʾimām aš-Šāfiʿī*, Bd. 3, S. 473.

41 Vgl. Ibn Qudāma, *Al-muġnī*, Bd. 5, S. 152.

42 Vgl. Ibn ʿĀbidīn, *Radd al-muḥtār ʿalā ad-durr al-muḫtār*, Bd. 5, S. 619.

43 Vgl. dazu Šaiḫī Zāda, *Maǧmaʿ al-ʾanhur fī šarḥ multaqa al-ʾabḥur*, Bd. 2, S. 289.

Abstammungsanerkenntnisses ist bei ihnen die Zustimmung der anderen Partei unerlässlich.

2.4 Abstammungsspurenfindung *(al-Qayāfa)* [etwa: Physiognomisus]

Ein Abstammungsspurenfinder ist eine Person, die durch Ähnlichkeit und äußere Merkmale zwischen einem Mann und seinem Bruder und Vater die Abstammung feststellt.[44]

Die Rechtsgelehrten sind sich über die Rechtsmäßigkeit der Abstammungsspurenfindung als Abstammungsbeweis uneinig. Die Ḥanafīten[45] vertreten die Meinung, dass auf die Abstammungsspurenfindung keine Abstammung begründet werden kann, da dies auf Spekulationen und Annahmen beruht. Dies wird bei as-Saraḫasī zum Ausdruck gebracht, indem er sagte, dass Gott die eidliche Bezichtigung der Unzucht angeordnet hat und dadurch die Abstammung abgestritten werden kann. Hätte die Abstammungsspurenfindung eine Beweiskraft, warum sei dann nicht darauf hingewiesen worden?[46] In diesem Zusammenhang wird ein Kind im Falle eines Streits über seine Abstammung den streitenden Parteien gleichzeitig zugeschrieben, sprich das Kind hat mehr als einen Vater gleichzeitig.

Außerdem könnte eine Ähnlichkeit zwischen einem Kind und seinem Vater festgestellt werden oder auch nicht, und manchmal auch nur eine Ähnlichkeit zwischen dem Kind und seinen Vorfahren. Dies stützt sich auf einen Hadith, indem gesagt worden sein soll, dass ein Mann zum Propheten Muhammad gekommen ist und erzählte: „Ich bin ein schwarzer Mann und meine Frau hat ein weißes Kind entbunden. Das Kind stammt von mir nicht ab!“ Daraufhin hat der Prophet ihn gefragt: „Besitzt du Kamele?“ „Ja.“, antwortete der Mann. Da fragte der Prophet wieder: „Welche Farbe haben sie?“ „Rot“, antwortete der Mann. „Gibt es darunter auch Graue?“, fragte erneut der Prophet. „Ja.“, erwiderte der Mann. Da fragte der Prophet: „Wie kommt das?“ „Vielleicht hatte einer ihrer Vorfahren diese Farbe.“, sagte der

---

44 Vgl. Muḥammad ibn Makram ibn ʿAlī ibn Manẓūr, *Lisān al-ʿarab*, Bd. 9, Beirut 1414 n. H., S. 293.

45 Vgl. Al-Kasānī, *Badāiʿ aṣ-ṣanāʿ fī tartīb aš-šarāiʿ*, Bd. 6, S. 252.

46 Vgl. Muḥammad ibn Aḥmad ibn Abī Sahl as-Saraḫasī, *Al-mabsūṭ*, Bd. 17, Beirut 1993, S. 70

Mann. Daraufhin antwortete der Prophet: „Dann ist es bei deinem Kind vielleicht dasselbe.“[47]

Hingegen sind die Šāfiʿīten,[48] Mālikīten[49] und Ḥanbalīten[50] für die Rechtmäßigkeit der Abstammungsspurenfindung als Abstammungsbeweis im Streitfall und stützen sich dabei auf eine prophetische Überlieferung von ʿĀiša, die sagte: „Der Prophet (s) kam eines Tages sehr heiter zu mir und sagte: ‚Muǧziz al-Mudalaǧī hat Zaid ibn Ḥāriṯa und Usāma ibn Zaid angeschaut, wobei nur ihre Füße aus der Decke herausschauten, und da sagte er: Diese Füße stammen voneinander ab.‘“[51] Da der Prophet sich über die Feststellung dieses Mannes, der als Abstammungsspurenfinder bekannt war, gefreut hat und dem zustimmte, gilt dies für jene als Beweis für die Zulässigkeit einer solchen Feststellung der Abstammung.

3. Abstreiten der Abstammung

Das Abstreiten der Abstammung erfolgt entweder durch die Feststellung der Unzucht der Ehefrau durch die schariatischen Beweismittel wie etwa durch die Zeugenaussage vierer Zeugen oder das Anerkenntnis. Falls es dem Ehemann nicht gelingt, die Untreue seiner Ehefrau durch Zeugenaussagen festzustellen, bleibt ihm die eidliche Bezichtigung der Unzucht (*Liʿān*) als Ausweg zur Vermeidung der Strafe für die Verleumdung der eigenen Ehefrau, zur Auflösung der Ehe und zum Abstreiten der Abstammung des Kindes. Das Rechtsinstitut Liʿān begründet sich auf folgende Koranverse:

> Für diejenigen, die ihren Gattinnen (Untreue) vorwerfen, aber keine Zeugen haben außer sich selbst, besteht die Zeugenaussage eines (solchen) von ihnen darin, dass er viermal bei Allah bezeugt, er gehöre wahrlich zu denen, die die Wahrheit sagen, und zum fünften Mal (bezeugt), der Fluch Allahs komme auf ihn, wenn er zu den Lügnern gehören sollte. Und es wehrt von ihr die Strafe ab, dass sie viermal bei Allah bezeugt, er gehöre wahrlich zu den Lügnern, und das fünfte Mal (bezeugt sie), der Zorn Allahs komme über sie, wenn er zu denjenigen gehören sollte, die die Wahrheit sagen.
>
> (Sure 24/6–9)

---

47 Vgl. Ṣaḥīḥ al-Buḫārī, Hadith-Nr. 5305.

48 Vgl. Muḥammad ibn Abī al-ʿAbbās Šihāb ad-Dīn ar-Ramlī, *Nihāyat al-muḥtāǧ ʾilā šarḥ al-minhāǧ*, Bd. 8, Beirut 1984, S. 376.

49 Vgl. Al-Qarāfī, *Al-furūq*, Bd. 4, S. 99.

50 Vgl. Ibn Qudāma, *Al-muġnī*, Bd. 6, S. 128.

51 Vgl. Ṣaḥīḥ al-Buḫārī, Hadith-Nr. 6770.

4. DNA als Beweismittel im islamischen Recht?[52]

Ergebnisse der 16. Tagung des Fiqh Concil in Mekka, unter Nr. 7 bezüglich der Einsetzung von DNA-Analysen in Fragen der Abstammung und Strafdelikte:[53]

Es ist schariarechtlich zulässig, die DNA bei kriminellen Untersuchungen anzuwenden, und zwar nur bei den Delikten, für die keine Hadd-Strafe oder Vergeltung vorgeschrieben ist. Die Anwendung der dann-Bestimmung in den Abstammungsfragen muss sehr vorsichtig und geheim erfolgen, dabei sind die schariarechtlichen Texte und Grundsätze vorzuziehen. Durch den dann-Nachweis kann keine Abstammung abgestritten werden und er darf nicht vor der eidlichen Bezichtigung der Unzucht angewandt werden. Wenn die Abstammung gemäß der Scharia festgestellt wird, darf danach die Richtigkeit dieser Abstammung nicht durch dann-Analyse nachgeprüft werden. Die DNA-Analyse darf in bestimmten Fällen für die Feststellung der Abstammung umgesetzt werden, und zwar:

a) In allen Streitfällen über die Abstammung eines Kindes unbekannter Abstammung;
b) In Zweifelfällen, wenn die Neugeborenen in Krankenhäusern oder Kinderbetreuungsanstalten voneinander nicht unterschieden werden können;
c) Im Falle des Verlustes der Kinder aufgrund von Katastrophen, Unfällen oder Kriegen, wobei ihre Familienverhältnisse nicht festgestellt werden können.

Die DNA darf nicht verkauft oder verschenkt werden. Das Council empfiehlt u.a. die Unterbindung der Durchführung der DNA-Analysen außerhalb der staatlichen Einrichtungen und lediglich legitimiert mit einem gerichtlichen Beschlusses, weiterhin die Bildung einer Kommission aus

52 Hier werden – aus Platzgründen – nur die Ergebnisse der 16. Tagung des Fiqh Concil in Mekka vom Jahr 2002 dargestellt. Für mehr Informationen über das Thema DNA im islamischen Recht sei auf das Werk *al-baṣma al-wirāṯiya wa ʿalā ʾiqiha aš-šarʿīya – dirāsa fiqhiya muqārana* von Saʿd ad-Dīn Musʿad Hilālī, Kuwait 2001 verwiesen.

53 Band 3 zu Studien und Untersuchungen der 16. Tagung des Fiqh Concil in Mekka im Jahr 2002, herausgegeben von der Muslim World League.

Rechtsgelehrten, Medizinern und Beamten, die die Ergebnisse der DNA-Analysen beaufsichtigt und bestätigt.

Fazit

Die DNA-Analyse ist eine leistungsfähige Technologie und als Beweismittel mit unbestritten hohem Identifizierungsgrad aus der forensischen Praxis nicht mehr wegzudenken. Die Liste der Fälle, die durch ihren Einsatz gelöst oder doch einer Aufklärung näher gebracht wurden, ist unüberschaubar lang und hat bei vielen Juristen, zumal Strafrechtlern, zu einem beinahe mystischen und durch nichts zu erschütternden Vertrauen in die DNA-Analytik geführt.[54]

DNA-Analyse im Bereich der Abstammung dient als sichere Methode zur Feststellung der Elternschaft. Problematisch sei die Anwendung der DNA-Analyse, wenn sie nach dem Li῾ān stattfindet. Wird dann die *hadd*-Strafe für die Verleumdung bzw. für die Unzucht vollzogen? Mit anderen Worten: Wenn ein Mann seine Ehefrau der Unzucht bezichtigt und die Abstammung eines Kindes dadurch abstreitet, jedoch bestätigt die DNA-Analyse das bzw. das Gegenteil, wird die Ehefrau im ersten Fall für die Unzucht und der Mann im zweiten Fall für seine Verleumdung bestraft, oder nicht?

Gemäß der Koranverse 6–9, Sure 24 und einer Überlieferung des Propheten[55] entfällt die Strafe für beide Parteien durch das Ableisten der Eide von Li῾ān. In vielen Fällen, wie etwa Vergewaltigung oder Findelkinder, kann die DNA-Analyse dabei helfen, den Täter bzw. die Eltern des Findelkindes zu finden.

Die Ergebnisse der 16. Tagung des Fiqh Concil in Mekka, insbesondere die Ablehnung der Anwendung der DNA-Analyse zum Abstreiten einer durch schariatische Beweismittel festgestellten Abstammung eines Kindes und bei Strafdelikten, bei denen eine *ḥadd*-Strafe oder Vergeltung vorgeschrieben wird, sind nicht nachvollziehbar. In einem Zeitalter, wo manche

54 Für mehr Informationen über die Relevanz der DNA-Analyse im deutschen Strafverfahren siehe *„Beweiswert eines DNA-Gutachtens m. Anm. Neuhaus“* in: *StV 3*, 2013, S. 137–141.

55 Vgl. Ṣaḥīḥ al-Buḫārī, Hadith-Nr. 6770. Am Ende der Überlieferung sagte der Prophet: „Nur aufgrund der herabgesandten Verse aus dem Buch Allahs [Sure 24, Verse 6–9] unterlasse ich ihre Bestrafung.“

Zeugen käuflich sind, erscheint es fraglich, warum dennoch ihre Zeugenaussage einer sicheren Methode vorzuziehen sind, nur weil Letztere nicht in der Rechtsliteratur der Rechtsschulen zu finden ist. Eine tiefe Betrachtung der traditionellen Rechtsliteratur der verschiedenen Rechtsschulen – unter Beachtung der Intentionen der Scharia und zugleich unter Miteinbeziehung neuerer Entdeckungen – wird zeigen, dass die Rechtsgelehrten damals zu ihren Rechtsentscheidungen gekommen sind, indem sie die schariatischen Belegtexte und den damaligen Forschungsstand berücksichtigt hatten. Man kann dies beispielsweise in dem Streit über die Rechtmäßigkeit der *al-Qayāfa*-Verfahren erkennen.

Literatur

Ibn ʿĀbidīn, Muḥammad Amīn ibn ʿUmar ibn ʿAbdel-ʿAzīz, *Radd al-muḥtār ʿalā ad-durr al-muḫtār*, Bd. 5, Beirut 1992.

Al-Bahūtī, Manṣūr ibn Yūnus ibn Ṣalāḥ ad-Dīn ibn Ḥassan ibn Idrīs, *Kašāf al-qināʿ ʿan matn al-ʾiqnāʿ*, Bd. 6, Beirut 1997.

al-baṣma al-wirāṯiya wa ʿalāʾiqiha aš-šarʿīya – dirāsa fiqhiya muqārana, von Saʿd ad-Dīn Musʿad Hilālī, Kuwait 2001.

Al-mawsūʿa al-fiqhīya al-kūwaitīya, Ministry of Awqaf and Islamic affairs, Bd. 17, Kuwait 1427 n. H.

„Beweiswert eines DNA-Gutachtens m. Anm. Neuhaus", in: StV 3, 2013, S. 137–141.

Ibn Farḥūn, Ibrāhīm Muḥammad, *Tabṣirat al-ḥukām fī ʾuṣūl al-ʾuqḍīya wal-ʾaḥkām*, bearbeitet von Ǧamāl Marʿšalī, Bd. 2, Riad 2003.

Al-Ǧawziyya, Muḥammad ibn Abī Bakr Ibn Qayyim, *Aṭ-ṭuruq al-ḥukmīya*, Damaskus o. J.

Ibn Ǧuzaī al-Kalbī, Muḥammad ibn Aḥmad ibn Muḥammad ibn Abdullāh, *Al-qawānīn al-fiqhīya*, Kuwait o. J.

Ibn al-Humām, Muḥammad ibn ʿAbdel-Wāḥid, *Fatḥ al-qadīr*, Bd. 7, Beirut o. J.

Ibn Ibrāhīm Aṣ-Ṣanʿānī, Muḥammad, *subul as-salām šarḥ bulūġ al-marām*, bearbeitet von Muḥammad Nāṣir ad-Dīn al-ʾAlbānī, Bd. 4, Riad 2006.

Al-Kāsānī, Abū Bakr ibn Masʿūd ibn Aḥmad, *Badāiʿ aṣ-ṣanāʿ fī tartīb aš-šarāiʿ*, Bd. 7, Beirut 1986.

Ibn Manẓūr, Muḥammad ibn Makram ibn ʿAlī, *Lisān al-ʿarab*, Bd. 9, Beirut 1414 n. H.

Ibn al-Munḏir, Muḥammad ibn Ibrāhīm, *al-ʾiğmāʿ*, bearbeitet von Abū Ḥammād Ṣaġīr Aḥmad ibn Muḥammad Ḥanīf, Adschman/Ras al-Chaima (VAE) 1999.

An-Nawawī, Yaḥya ibn Šaraf, *Al-minhāğ šarḥ ṣaḥīḥ Muslim ibn al-Ḥağğāğ*, Bd. 10, Beirut 1398 n. H.

Ibn Qudāma, ʿAbdullāh ibn Muḥammad ibn Aḥmad, *Al-muġnī*, Bd. 10, Kairo 1968.

Al-Qarāfī, Aḥmad ibn Idrīs ibn ʿAbdul-Raḥmān, *Al-furūq*, Bd. 4, Beirut o. J.

Ar-Ramlī, Muḥammad ibn Abī al-ʿAbbās Šihāb ad-Dīn, *Nihāyat al-muḥtāğ ilā šarḥ al-minhāğ*, Bd. 8, Beirut 1984.

Ar-Ruʿīnī, Muḥammad ibn Muḥammad ibn ʿAbdul-Raḥmān, Al-Ḥaṭṭāb *Mawāhib al-ğalīl fī šarḥ muḫtaṣar Ḫalīl*, Bd. 6, Kairo 1992.

Ibn Rušd, Muḥammad ibn Aḥmad *Bidāyat al-muğtahid wa nihāyat al-muqtaṣid*, Bd. 4, Kairo 2004.

Šaiḫī Zāda, ʿAbdul-Raḥmān ibn Muḥammad ibn Sulaimān, *Mağmaʿ al-ʾanhur fī šarḥ multaqa al-ʾabḥur*, Bd. 1, Beirut o. J.

Salāma Qalyūbī, Aḥmad/al-Burullisī ʿUmaira, Aḥmad, *Ḥāšiyat al-Qalyūbī wa ʿUmaira*, Bd. 4, Beirut 1995.

Aš-Šanqīṭī, Muḥammad al-ʾAmīn ibn Muḥammad al-Muḫtār, *Aḍwāʾ al-bayān fī iyḍāḥ al-qurʾān bil-qurʾān*, Bd. 5, Beirut 1995.

As-Saraḫasī, Muḥammad ibn Aḥmad ibn Abī Sahl, *Al-mabsūt*, Bd. 17, Beirut 1993.

Aš-Šīrāzī, Ibrāhīm ibn ʿAlī ibn Yūsuf, *Al-Muhaḏab fī fiqh al-ʾimām aš-Šāfiʿī*, Bd. 3, Beirut 1995.

Aš-Širbīnī, Muḥammad ibn Aḥmad al-Ḥaṭīb, *Muġnī al-muḥtāğ fī šarḥ alfāẓ al-minhāğ*, Bd. 6, Beirut 1994.

Studien und Untersuchungen der 16. Tagung des Fiqh Concil in Mekka im Jahr 2002, Bd. 3, hrsg. v. Muslim World League.

Zādah, Qāḍī, *Natāʾiğ al-ʾafkār fī kašf ar-rumūz wal-ʾasrār*, Bd. 6, Kairo 1315 n. H.

Warum Gott die Menschen durch die Offenbarung seiner Weisungen in die Pflicht nimmt nach der Darlegung des ʾAbū ʾIsḥāq ʾIbrāhīm b. Mūsā aš-Šāṭibī (gest. 790 A.H.) in seinen *al-Muwāfaqāt*, II, 4

übersetzt von Jens Bakker

Zur Textgrundlage

Der Text, welcher der Übersetzung zugrunde liegt, wurde der sechsbändigen kritischen Ausgabe von ʾAbū ʿUbaydah Mašhūr b. Ḥasan ʾĀl Salmān: aš-Šāṭibī, ʾIbrāhīm b. Mūsā b. Muḥammad, al-Laḫmī, ʾAbū ʾIsḥāq, al-qʿallāmah al-muḥaqqiq, (gest. 790 A.H.), *al-Muwāfaqāt*, erste Auflage, al-Ḫubar: Dār Ibn ʿAffān li-n-Našr wa-t-Tawzīʿ 1417/1997, entnommen.[1]
Der vierte Abschnitt:

Über die Frage, warum Gott den Menschen durch die Offenbarung seiner Weisungen in die Pflicht nimmt.	النوع الرابع في بيان قصد الشارع في دخول المكلف تحت أحكام الشريعة
[Die erste Fragestellung]	[المسألة الأولى]

1 Diese ist z.B. unter folgender Adresse im Internet zu erhalten: http://www.waqfeya.net/book.php?bid=1463 (letzter Zugriff:17.11.15). Letzteres ist ein Link zu http://ia700205.us.archive.org/22/items/muafkat6/ (letzter Zugriff:17.11.15). Der übersetzte Textabschnitt befindet sich in dieser Ausgabe im zweiten Band, auf den Seiten 289 bis 304.

Dieser Abschnitt umfasst mehrere Fragestellungen: Die erste besteht in der Darlegung dessen, dass die Offenbarung uns mitteilt, dass sie dazu erfolgt ist, den vor Gott Verantwortlichen seinen Neigungen zu entreißen, damit er durch seine eigene Wahl Diener Gottes werde, nachdem er dies gezwungen [nämlich im Hinblick auf alles, was nicht seiner Wahl unterworfen ist] ohnehin schon ist. Dafür lassen sich etliche Belege anführen:

ويشتمل على مسائل: المسألة الأولى: المقصد الشرعي من وضع الشريعة إخراج المكلف عن داعية هواه، حتى يكون عبدًا لله اختيارا، كما هو عبد لله اضطرارًا. والدليل على ذلك أمور:

Zunächst [verweisen] eindeutige Aussagen der Offenbarung [darauf], dass die Menschen geschaffen wurden, um Gott anzubeten und seinen Geboten und [II, 290] Verboten Folge zu leisten, wie z.B. das Wort Gottes des Erhabenen: „Ich habe die Geister und Menschen zu nichts anderem geschaffen, als mich anzubeten, [57] weder Lebensunterhalt noch Nahrung wird von ihnen verlangt“[2] [Koran 51/56-47]

أحدها: النص الصريح الدال على أن العباد خُلقوا للتعبد لله، والدخول [٢، ص٢٩٠] تحت أمره ونهيه؛ كقوله تعالى: (وَمَا خَلَقْتُ ٱلْجِنَّ وَٱلإِنْسَ إِلَّا لِيَعْبُدُوْنِ [٥٦] مَا أُرِيدَ مِنْهُم مِنْ رِزْقٍ وَمَا أُرِيدَ أَنْ يُطْعِمُوْنِ)

und des Erhabenen Wort: „Gebiete deiner Familie zu beten und führe es [d.h. das Gebet] geduldig stets und gewissenhaft aus; wir fordern von dir keinen Lebensunterhalt, vielmehr spenden wir dir solchen“ [Koran 20/132]

وقوله تعالى (وَأْمُرْ أَهْلَكَ بِالصَّلٰوٰةِ وَٱصْطَبِرْ عَلَيْهَا لا نَسْئَلُكَ رِزْقًا نَحْنُ نَرْزُقُكَ)

2 Alle Koranzitate wurden von J.B. ins Deutsche übertragen.

sowie sein [d.h. Gottes] Wort: „Ihr Menschen, betet euren Herrn an, der euch und die vor euch geschaffen hat, auf dass ihr Gott fürchtet“ [Koran 2/21] – wobei [Gott] der Erhabene dann in derselben Sure erläutert, was mit ‚Anbetung‘ gemeint ist, mit den Worten: „Treue und Ehrfurcht zu Gott bestehen nicht darin, dass ihr eure Gesichter nach Westen oder Osten wendet, sondern vielmehr darin, zu glauben“ bis zu seinem Wort: „eben jene sind die Gottesfürchtigen“ [Koran 2/177] nebst den anderen Weisungen, die in dieser Sure ergehen, und mit seinem Wort: „Betet Gott an, ohne ihm darin irgendetwas als Teilhaber zur Seite zu stellen“ [Koran 4/36]

وقوله (يَـٰأَيُّهَا النَّاسُ ٱعْبُدُوا رَبَّكُمُ الَّذِي خَلَقَكُم وَٱلَّذِينَ مِن قَبْلِكُم لَعَلَّكُم تَتَّقُونَ) ثم شرح هذه العبادة في تفاصيل السورة؛ كقوله تعالى: (لَيْسَ ٱلْبِرَّ أَن تُوَلُّوا وُجُوهَكُم قِبَلَ ٱلْمَشْرِقِ وَٱلْمَغْرِبِ وَلَٰكِنَّ ٱلْبِرَّ مَنْ آمَنَ...) إلى قوله: ﴿وَأُوْلَٰئِكَ هُمُ ٱلْمُتَّقُونَ) وهكذا إلى تمام ما ذكر في السورة من الأحكام، وقوله (وَٱعْبُدُوا اللهَ وَلَا تُشْرِكُوا بِهِ شَيْئًا)

und weitere Verse, die die Verpflichtung zur ‚Anbetung‘ ohne nähere Bestimmung oder allgemein gehaltene Spezifikationen derselben zum Inhalt haben. Dies alles meint schließlich, sich in allem an Gott zu halten und seinen Weisungen zu folgen, eben dies ist die Bedeutung davon, Diener Gottes zu sein.

إلى غير ذلك من الآيات الآمرة بالعبادة على الإطلاق، وبتفاصيلها على العموم؛ فذلك كله راجع إلى الرجوع إلى الله في جميع الأحوال، والانقياد إلى أحكامه على كل حال، وهو معنى التعبد لله.

Weiterhin verweisen darauf [dass die Offenbarung uns mitteilt, dass sie dazu erfolgt ist, den vor Gott Verantwortlichen seinen Neigungen zu entreißen] die Offenbarungsaussagen, die diesem Ziel Widerstrebendes tadeln, nämlich indem sie prinzipiell verbieten, der Weisung Gottes nicht zu folgen und sich von Gott abzuwenden, und die denjenigen, die dies tun, Strafe androhen – sei diese im Diesseits in Gestalt der für bestimmte Formen der Akte des Ungehorsams vorgesehenen Strafen oder sei es die Strafe im Jenseits –, denn gemeinsam ist all diesen [Formen des Ungehorsams gegen Gott], dass man den eigenen Neigungen folgt und sich den diesseitigen Zielen und den vergänglichen Lüsten unterwirft.

والثاني: ما دل على ذم مخالفة هذا القصد من النهي أوّلًا عن مخالفة أمر الله، وذم من أعرض عن الله، وإيعادهم بالعذاب العاجل من العقوبات الخاصة بكل صنف من أصناف المخالفات، والعذاب الآجل في الدار الآخرة، وأصل ذلك اتّباع الهوى والانقياد إلى طاعة الأغراض العاجلة، والشهوات الزائلة؛

Gott sagt nämlich, dass das Befolgen der Neigungen der Gerechtigkeit widerstreitet, gleichsam ihr Gegensatz ist, wie etwa im Wort des Erhabenen: „Oh David, wir haben dich zum Stellvertreter auf Erden eingesetzt, richte also zwischen den Menschen nach Gerechtigkeit und folge nicht deiner Neigung, die dich vom Wege Gottes abbringen würde“ [Koran 38/26] [II, 291] sowie in des Erhabenen Wort: „Wer Unrecht tut [38] und dem diesseitigen Leben den Vorzug gibt, [39] dessen Wohnort ist die Hölle“ [Koran 79/37-39], während er über seinen [d.h. des Befolgens der Neigung] Gegensatz sagt: „Wer aber seinen Herrn fürchtet und seinen Neigungen entsagt, [41] dessen Wohnung ist das Paradies“ [Koran 79/40-41] und: „Er spricht nicht nach seinem Gutdünken, [4] sondern nur, was ihm geoffenbart wurde“ [Koran 53/3-4].

فقد جعل الله اتّباع الهوى مضادًا للحق، وعدَّه قسيمًا له؛ كما في قوله تعالى: (يَٰدَاوُۥدُ إِنَّا جَعَلْنَٰكَ خَلِيفَةً فِي ٱلْأَرْضِ فاحْكُم بَيْنَ ٱلنَّاسِ بِٱلْحَقِّ وَلَا تَتَّبِعِ ٱلْهَوَىٰ فَيُضِلَّكَ عَنْ سَبِيلِ اللهِ) [٢، ص ٢٩١] وقال تعالى: (فَأَمَّا مَن طَغَىٰ [٣٧] وَآثَرَ ٱلْحَيَوٰةَ ٱلدُّنْيَا [٣٨] فَإِنَّ ٱلْجَحِيمَ هِيَ ٱلْمَأْوَىٰ) وقال في قسيمه: (وَأَمَّا مَن خَافَ مَقَامَ رَبِّهِ وَنَهَى ٱلنَّفْسَ عَنِ ٱلْهَوَىٰ [٤٠] فَإِنَّ ٱلْجَنَّةَ هِيَ ٱلْمَأْوَىٰ) وقال (وَمَا يَنْطِقُ عَنِ ٱلْهَوَىٰ [٣] إِنْ هُوَ إِلَّا وَحْيٌ يُوحَىٰ)

Gott lässt hier nur genau zwei Möglichkeiten: Die Offenbarung und die Neigung, also sind diese beiden Gegensätze. Da nun die Gerechtigkeit nur in der Offenbarung gefunden werden kann, liegt ihr Gegensatz in der Neigung, somit schließt das Befolgen der Neigungen die Gerechtigkeit aus.

فقد حصر الأمر في شيئين: الوحي وهو الشريعة، والهوى؛ فلا ثالث لهما، وإذا كان كذلك؛ فهما متضادان، وحين تعين الحق في الوحي توجه للهوى ضده؛ فاتباع الهوى مضاد للحق.

Man betrachte auch die folgenden Worte des Erhabenen: „Siehe denjenigen, der seine Neigungen zu seinem Gott gemacht hat und den Gott in die Irre führt, obgleich er [d.h. der Irrende] es besser weiß“ [Koran 45/23] und auch: „Würde der Wahrhaftige [d.h. Gott] ihren Neigungen Folge leisten, würden die Himmel und die Erde, und wer darinnen ist, zugrunde gehen“ [Koran 23/71] sowie: „Diejenigen, denen Gott ihr Herz verschlossen hat und die ihren Neigungen folgen“ [Koran 47/16] und: „Gleicht etwa derjenige, die seinen Herrn erkannt hat, dem, dem sein übles Handeln schön erscheint und der seinen Neigungen folgt?“ [Koran 47/14].

وقال تعالى: (أَفَرَأَيْتَ مَنِ ٱتَّخَذَ إِلَٰهَهُ هَوَاهُ وَأَضَلَّهُ اللهُ عَلَىٰ عِلْمٍ) وقال: (وَلَوِ ٱتَّبَعَ ٱلْحَقُّ أَهْوَاءَهُمْ لَفَسَدَتِ ٱلسَّمَٰوَاتُ وَٱلْأَرْضُ وَمَن فِيهِنَّ) وقال: (الَّذِينَ طَبَعَ اللهُ عَلَىٰ قُلُوبِهِم وَٱتَّبَعُوا أَهْوَاءَهُم) وقال: (أَفَمَن كَانَ عَلَىٰ بَيِّنَةٍ مِن رَبِّهِ كَمَن زُيِّنَ لَهُ سُوءُ عَمَلِهِ وٱتَّبَعُوا أَهْوَاءَهُم). فتأمل؛

Man sieht also, dass an jeder Stelle, an der Gott der Erhabene die Neigungen erwähnt, diese und diejenigen, die ihnen folgen, getadelt werden. Von Ibn ʿAbbās wird überliefert, dass er gesagt habe: „Jedes Mal, wenn Gott in seinem Buch die Neigungen erwähnt, tadelt er sie.“

فكل موضع ذكر الله تعالى فيه الهوى؛ فإنما جاء به في معرض الذم له ولمتبعيه، وقد روي هذا المعنى عن ابن عباس؛ أنه قال: «ما ذكر الله الهوى في كتابه إلا ذمه».

Dies alles besagt deutlich, dass Gott seinen Willen offenbart hat, dass man den Neigungen [II, 292] entsagen und sich dem Dienst des Herrn widmen solle.

فهذا كله واضح في أن قصد الشارع الخروج عن [٢، ص٢٩٢] اتباع الهوى والدخول تحت التعبد للمولى.

Weiterhin [verweist darauf, dass die Offenbarung uns mitteilt, dass sie dazu erfolgt ist, den vor Gott Verantwortlichen seinen Neigungen zu entreißen] die naturgesetzliche Erkenntnis, dass die jenseitigen und diesseitigen Güter nicht zu erlangen sind, wenn man den Neigungen und [dem Streben nach] den weltlichen Zwecken ungezügelt Folge leistet, da dies unweigerlich Streit, sich gegenseitig nach dem Leben Trachten und Untergang nach sich zieht, was jene Güter [erlangen zu können] ausschließt.

والثالث: ما علم بالتجارب والعادات من أن المصالح الدينية والدنيوية لا تحصل مع الاسترسال في اتباع الهوى، والمشي مع الأغراض؛ لما يلزم في ذلك من التهارج والتقاتل والهلاك، الذي هو مضاد لتلك المصالح،

Dies erkennt man als etwas Naturgesetzliches, weshalb Einigkeit darüber herrscht, den zu tadeln, der stets seinen Lüsten nachfolgt. Ja selbst die Früheren, denen noch keine Offenbarung, an die sie sich hätten halten können, zuteil geworden war oder die keine Kenntnis mehr von einer solchen hatten, hatten durch natürliche Einsicht erkannt, dass die diesseitigen Güter davon abhängen, diejenigen in Schranken zu weisen, die ihren Neigungen folgen, und wären sich darüber, was sie nämlich ‚die Kunst der Lenkung des Gemeinwesens' nennen, nicht einig gewesen, wenn sie nicht erfasst hätten, dass dies naturgesetzlich zum Gelingen des diesseitigen Lebens vonnöten ist. Dies ist also etwas, dem Offenbarung und Vernunft prinzipiell gleichermaßen zustimmen, was so evident ist, dass man es nicht beweisen muss.

وهذا معروف عندهم بالتجارب والعادات المستمرة، ولذلك اتفقوا على ذم من اتبع شهواته، وسار حيث سارت به؛ حتى إن من تقدم ممن لا شريعة له يتبعها، أو كان له شريعة دَرَسَتْ؛ كانوا يقتضون المصالح الدنيوية بكف من اتبع هواه في النظر العقلي، وما اتفقوا عليه لصحته عندهم، اطراد العوائد باقتضائه ما أرادوا من إقامة صلاح الدنيا، وهي التي يسمونها السياسة المدنية؛ فهذا أمر قد توارد النقل والعقل على صحته في الجملة، وهو أظهر من أن يستدل عليه.

Wenn dem also so ist, kann man nicht behaupten, dass die Offenbarung den Wünschen der Menschen und ihren Zwecken entspricht, da ja die Normen der Offenbarung genau fünf Kategorien angehören: Was Verpflichtung und Verbot angeht, so ist offensichtlich, dass sie dem willkürlich gewählten Handeln entgegenstehen, da, wenn zu jemandem gesagt wird ‚Tu dies!' – mag er in dieser Sache nun einen Zweck verfolgen oder nicht – oder ‚Tu dies nicht!' – mag er in dieser Angelegenheit nun einen Zweck verfolgen oder nicht – selbst dann, wenn der vor Gott Verantwortliche einen Zweck anstrebt oder einer Neigung folgt [II, 293], die im Einklang mit dem Gebot oder Verbot steht, so dies doch nicht wesentlich immer so ist.

وإذا كان كذلك؛ لم يصح لأحد أن يدعي على الشريعة أنه وضعت على مقتضى تشهي العباد وأغراضهم؛ إذ لا تخلو أحكام الشرع من الخمسة، أما الوجوب والتحريم؛ فظاهرٌ مصادمتها لمقتضى الاسترسال الداخل تحت الاختيار؛ إذ يقال له: «افعل كذا» كان لك فيه غرض أم لا، و«لا تفعل كذا» كان لك فيه غرض أم لا، فإن اتفق للمكلف فيه غرضٌ موافقٌ، وهوًى باعثٌ على [٢، ص٢٩٣] مقتضى الأمر أو النهي؛ فبالعرض لا بالأصل،

Die übrigen Kategorien, wenn sie auch scheinbar ganz dem Belieben des vor Gott Verantwortlichen anheimgestellt sind, so sind sie es doch nur deshalb, weil Gott dies in seiner Offenbarung so verfügt hat, also hat er [d.h. der vor Gott Verantwortliche] schließlich doch keine Vollmacht über sie. Das wird daran deutlich, dass man ein Neutrales mal wählt und es den eigenen Zecken entspricht und mal nicht. Nimmt man nun aber den Fall an, dass es nicht gewählt wird, sondern dass man z.B. seinen neutralen Status aufheben möchte, kann man nicht mehr davon sprechen, dass es der Wahl unterliegt. Gar mancher mag ja wünschen, dass ein bestimmtes Neutrales verboten sei und er würde es beispielsweise verbieten, etwa wenn er eine von zwei Parteien wäre, die sich um einen Rechtsanspruch streiten, wenn er denn von Gott damit betraut würde, es einer der Kategorien zuzuweisen.

وأما سائر الأقسام – وإن كان ظاهرها الدخول تحت خيرة المكلف -؛ فإنما دخلت بإدخال الشارع لها تحت اختياره؛ فهي راجعة إلى إخراجها عن اختياره، ألا ترى أن المباح قد يكون له فيه اختيار وغرض، وقد لا يكون؟ فقلى تقدير أن ليس له فيه اختيار [هكذا!]، بل في رفعه مثلًا، كيف يقال: إنه داخل تحت اخيتاره؟ فكم صاحب هوى يود لو كان المباح الفلاني ممنوعًا؛ حتى إنه لو وكل إليه مثلًا تشريعُه لحرَّمه، كما يطرأ للمتنازعين في حق.

Nimmt man aber an, dass jemandes Wahl und seine Neigung darauf abzielt, etwas zu tun, mag er wünschen, dass dies allgemein gefordert sei, so dass er es, wenn es denn in seiner Vollmacht läge, zur Pflicht machen würde.

وعلى تقدير أن اختياره وهواه في تحصيله يودّ لو كان مطلوب الحصول؛ حتى لو فرض جعلُ ذلك إليه لأوجبه،

Schlägt das genannte Neutrale nun plötzlich [für die angenommene Person] um, sie wünscht sich also hinsichtlich der gleichen Angelegenheit heute dies und morgen das, so kann es im Hinblick auf eine bestimmte Handlungsweise keinerlei festgelegte Norm geben, was dazu führt, dass ein und derselbe Fall zum Spielball der unterschiedlichen Zwecke wird, so dass die Ordnung dadurch, dass man sich den Zecken und Neigungen unterwirft, zerstört wird. Gelobt sei der, der in seinem Buch Folgendes offenbart: „Würde der Wahrhaftige [d.h. Gott] ihren Neigungen Folge leisten, würden die Himmel und die Erde, und wer darinnen ist, zugrunde gehen“ [Koran 23/71].

ثم قد يصير الأمر في ذلك المباح بعينه على العكس، فيحب الآن ما يكره غدًا، وبالعكس؛ فلا يستتب في قضية حكمٌ على الإطلاق، وعند ذلك تتوارد الأغراض على الشيء الواحد، فينخرم النظام بسبب فرض اتّباع الأغراض والهوى؛ فسبحان الذي أنزل في كتابه: (وَلَوِ ٱتَّبَعَ ٱلْحَقُّ أَهْوَاءَهُمْ لَفَسَدَتِ ٱلسَّمَٰوَٰتُ وَٱلْأَرْضُ وَمَن فِيهِنَّ)

Somit bedeutet etwa, dass etwas als neutral ausgewiesen ist, nicht, dass es gänzlich der Wahl des vor Gott Verantwortlichen anheimgestellt ist, sondern nur, insoweit Gott dies verfügt hat, denn seine [d.h. die des vor Gott Verantwortlichen] Wahl geschieht ja dann entsprechend dem, was Gott als Norm offenbart hat, und er verfolgt seinen Zweck gemäß der offenbarten Erlaubnis, nicht gemäß natürlicher Willkür, was nichts anderes bedeutet, als dass der vor Gott Verantwortliche seinen Neigungen entrissen wird, auf dass er Diener Gottes sei.

فإذًا؛ إباحة المباح مثلًا لا توجب دخوله بإطلاق تحت اختيار المكلف، إلا من حيث كان قضاء من الشارع، وإذ ذاك يكون اختياره تابعًا لوضع الشارع، وغرضه مأخوذًا من تحت الإذن الشرعي لا بالاسترسال الطبيعي، وهذا هو عين إخراج المكلف عن داعية هواه حتى يكون عبدًا لله.

Dagegen könnte man folgenden Einwand anführen: Die Offenbarungen sind entweder ohne Sinn erfolgt oder mit Blick auf einen weisen Zweck. Das erste ist nun ja in Übereinstimmung mit allen zu verwerfen, denn der Erhabene spricht: „Denkt ihr etwa, dass wir euch als sinnlosen Zeitvertreib geschaffen haben?“ [Koran 23/ 115] [II, 294] und: „Wir haben den Himmel und die Erde nicht aus sinnlosem Zeitvertreib geschaffen“ [Koran 38/27] sowie: „Wir haben die Himmel und die Erde, und was darinnen ist, nicht aus sinnlosem Zeitvertreib geschaffen, [39] sondern zu einem ernsten Zweck“ [Koran 44/38-39].

فإن قيل: وضع الشرائع؛ إما أن يكون عبثًا، أو لحكمة؛ فالأول باطل باتفاق، وقد قال تعالى: (أَفَحَسِبْتُمْ أَنَّمَا خَلَقْنَاكُمْ عَبَثًا) [٢، ص ٢٩٤] وقال: (وَمَا خَلَقْنَا ٱلسَّمَاءَ وَٱلْأَرْضَ وَمَا بَيْنَهُمَا بَاطِلًا) (وَمَا خَلَقْنَا ٱلسَّمٰوٰتِ وَٱلْأَرْضَ وَمَا بَيْنَهُمَا لٰعِبِينَ [٣٩] مَا خَلَقْنَاهُمَا إِلَّا بِٱلْحَقِّ)

Wenn sie [d.h. die Schöpfung] also um eines weisen Zweckes und um [die Erlangung von] Güter[n] willen erfolgt ist, so sind diese Güter entweder zum Nutzen Gottes des Erhabenen oder zum Nutzen der Menschen. Ein Nutzen für Gott ist aber unmöglich, da er keines Gutes bedarf, wie in der Dogmatik gezeigt wird; also bleibt nur, dass sie [d.h. die durch die Schöpfung erzielten Güter] zum Nutzen der Menschen sind, was eben die von ihnen angestrebten Zwecke sind, denn jeder Vernunftbegabte sucht gerade seinen Nutzen und das, was in seinem diesseitigen und seinem jenseitigen Leben seinen Neigungen entspricht, zu erlangen.

وإن كان لحكمة ومصلحة؛ فالمصلحة إما أن تكون راجعة إلى الله تعالى، أو إلى العباد، ورجوعها إلى الله محال؛ لأنه غني ويستحيل عود المصالح إليه حسبما تبين في علم الكلام؛ فلم يبقى إلا رجوعها إلى العباد، وذلك مقتضى أغراضهم؛ لأن كل عاقل إنما يطلب مصلحة نفسه وما يوافق هواه في دنياه وأخراه،

Die Offenbarung aber hat es sich nun zur Aufgabe gestellt, dies [d.h. die Erlangung der Güter] für die Menschen durch die Verpflichtung [auf die praktischen Normen] zu gewährleisten, wie kann man also leugnen, dass die Offenbarung nicht ihren Zwecken und den Zielen ihrer Neigungen entspricht?

والشريعة تكفلت لهم بهذا المطلب في ضمن التكليف؛ فكيف ينفى(١) أن توضع الشريعة على وفق أغراض العباد ودواعي أهوائهم؟

(١) في المتن: "ينفي".

Außerdem wurde ja bereits gezeigt, dass die Offenbarung entsprechend den Zwecken der Menschen erfolgt ist und ihnen ihre Güter zuerkennt, als Gnadengeschenk Gottes des Erhabenen, wie die Vertreter der wahren Lehre sagen, oder aus Notwendigkeit, wie die Muʿtazilah behauptet. Gehört dies [d.h. die Gewährleistung der Güter der Menschen] also wahrhaft zu den Intentionen Gottes in seiner Offenbarung, ist alles, was dem entgegensteht, nichtig.

وأيضا فقد تقدم بيان أن الشريعة جاءت على وفق أغراض العباد وأثبتت لهم حظوظهم تفضلًا من الله تعالى على ما يقوله المحققون، أو وجوبًا على ما يزعمه المعتزلة، وإذا ثبت هذا من مقاصد الشارع حقًا؛ كان ما ينافيه باطلًا.

Darauf ist zu antworten, dass, wenn man voraussetzt, dass die Offenbarung zur Gewährleistung der Güter für die Menschen erfolgt ist, so dies doch entsprechend der Verfügung Gottes in seiner Offenbarung festgelegt und begrenzt ist und sich nicht nach den Neigungen und Wünsche der Menschen richtet, weshalb die Erfüllung der Forderungen der Offenbarung den Menschen schwerfällt, wie durch Beobachtung der Naturgesetzlichkeit bestätigt wird. Denn die Gebote und Verbote entreißen ihn [d.h. den vor Gott Verantwortlichen] den Impulsen seiner Natur und dem ungezügelten Verfolgen seiner Zwecke, auf dass er sie [d.h. seine Zwecke] innerhalb der von der Offenbarung gezogenen Grenzen verfolge. Eben darin besteht ja das Widerstreben gegen die Neigungen und Zwecke und genau das ist mit dem oben Gesagten [gegen das sich der Einwand richtet] gemeint.

فالجواب أن وضع الشريعة إذا سلم أنها لمصالح العباد؛ فهي عائدة عليهم بحسب أمر الشارع، وعلى الحد الذي حدَّه، لا على مقتضى أهوائهم وشهواتهم، ولذا كانت التكاليف الشرعية ثقيلة على النفوس، والحسُّ والعادة والتجربة شاهدة بذلك؛ فالأوامر والنواهي مخرجة له عن دواعي طبعه واسترسال أغراضه، حتى يأخذها من تحت الحد المشروع، وهذا هو المراد، وهو عين مخالفة الأهواء والأغراض،

Im Hinblick darauf [auf den zweiten Einwand, nämlich], dass die durch die Forderungen [der Offenbarung] intendierte Güter zum diesseitigen oder jenseitigen Nutzen der vor Gott Verantwortlichen dienen, [und damit alles, was diesen Gütern entgegensteht, von der Offenbarung verworfen wird] [II, 295] ist zu sagen, dass dies zutrifft, aber daraus nicht folgt, dass er [d.h. der vor Gott Verantwortliche] sie [d.h. die Güter] deshalb auch außerhalb der Grenzen der Offenbarung und nach eigenem Gutdünken anstreben darf, ohne dass sie ihm die Offenbarung zuerkennt, was ganz offensichtlich ist. Daraus wird deutlich, dass kein Widerspruch zwischen dem hier Gesagtem und dem zuvor [in diesem Buch] Dargelegten besteht, denn dort wurde gezeigt, dass Gott in seiner Offenbarung dem Menschen Güter und Zwecke zuerkennt, nicht dass ihm diese zustehen, weil seine Neigungen und Wünsche sie fordern. Eben dies wollten wir an dieser Stelle darlegen.

وأما أن مصالح التكليف عائدة على المكلف في [٢، ص ٢٩٥] العاجل والآجل؛ فصحيح، ولا يلزم من ذلك أن يكون نيله لها خارجًا عن حدود الشرع، ولا أن يكون متناولًا لها بنفسه دون أن يناولها إياه الشرع، وهو ظاهر، وبه يتبين أن لا تعارض بين هذا الكلام وبين ما تقدم؛ لأن ما تقدم نظر في ثبوت الحظ والغرض من حيث أثبته الشارع؛ لا من حيث اقتضاه الهوى والشهوة، وذلك ما أردنا ههنا.

Unterabschnitt

فصل

Aus den gewonnenen Erkenntnissen lassen sich etliche allgemeine Regeln ableiten, so z.B. dass ein jegliches Handeln, bei dem man ausschließlich den Neigungen folgt, ohne Gebot, Verbot oder Freistellung [der Offenbarung] zu beachten, gänzlich nicht [von Gott] positiv berücksichtigt wird, denn eine jede Handlung bedarf eines Beweggrunds, und wenn an diesem der Wille, der Offenbarung Gottes zu entsprechen, keinen Anteil hat, so besteht er lediglich darin, den Neigungen und Wünschen zu folgen, und ein solcher Beweggrund wird [von Gott] in keiner Weise positiv berücksichtigt, denn er läuft der Gerechtigkeit gänzlich zuwider, also wird auch die [von diesem Beweggrund motivierte] Handlung [von Gott] nicht positiv berücksichtigt, wie aus den zuvor gewonnenen Erkenntnissen hervorgeht.

فإذا تقرر هذا انبنى عليه قواعد: – منها: أن كل عمل كان المتبع فيه الهوى بإطلاق من غير التفات إلى الأمر أو النهي أو التخيير؛ فهو باطل بإطلاق لأنه لا بد للعمل من حامل يحمل عليه، وداعٍ يدعو إليه، فإذا لم يكن لتلبية الشارع في ذلك مدخل؛ فليس إلا مقتضى الهوى والشهوة، وما كان كذلك؛ فهو باطل بإطلاق لأنه خلاف الحق بإطلاق، فهذا العمل باطل بإطلاق بمقتضى الدلائل المتقدمة،

Man betrachte auch die folgenden Worte, die Ibn Masʿūd – Gott habe Wohlgefallen an ihm – im *muwaṭṭa*ʾ [des Mālik b. ʾAnas al-ʾAṣbaḥīy] zugeschrieben werden: „Du lebst in einer Zeit, in der jene, welche die Offenbarung verstehen, viele und die Rezitatoren des Koran wenige sind, in der man den Forderungen des Koran entspricht und seine Buchstaben nicht so sehr beachtet werden. Wenige bitten um etwas, aber viele geben. Man betet lang und hält die Predigt kurz und handelt ohne den eigenen Neigungen zu folgen. [II, 296] Es wird aber eine Zeit kommen, in der jene, welche die Offenbarung verstehen, wenige sein werden, viele jedoch die Rezitatoren des Koran. Auf die Buchstaben des Koran legt man großen Wert, seine Forderungen werden hingegen nicht beachtet. Viele werden um etwas bitten und wenige werden geben. Sie werden lange predigen und kurz beten sowie in ihrem Handeln ihren Neigungen folgen.

وتأمل حديث ابن مسعود رضي الله عنه في «الموطأ»: «إنك في زمان كثيرٌ فقهاؤهُ، قليل قُرّاؤهُ، تُحفَظُ فيه حدودُ القرآن، وتُضَيَّع حروفُه، قليلٌ من يسأل، كثيرٌ من يُعطي، يُطيلون فيه الصلاة ويُقصِرُون فيه الخطبة، يُبَدُّون[1] أعمالَهم قبل أهوائهم، [٢، ص ٢٩٦] وسيأتي على الناس زمان قليل فقهاؤه، كثير قراؤه، تُحفظ فيه حروف القرآن، وتضيَّع حدودُه، كثيرٌ من يسأل، قليلٌ من يُعطي، يُطيلون فيه الخطبة ويقصرون الصلاة، يُبَدُّون فيه أهواءهم قبل أعمالهم».

[1] في المتن: „يبدؤون" وما أثبتناه من الموطأ، تحقيق محمد فؤاد عبد الباقي، ١، ص١٧٣، حديث ٨٨، كتاب قصر الصلاة في السفر، باب جامع الصلاة.

Dass die gottesdienstlichen Handlungen [ohne den Willen, der Offenbarung zu entsprechen] von Gott nicht positiv berücksichtigt werden, ist offensichtlich. Was die übrigen Arten der Handlungen angeht, so [werden sie] deshalb [von Gott nicht positiv berücksichtigt], da man für sie [ohne den Willen, den Weisungen Gottes zu entsprechen] keinen Lohn [von Gott] für die Einhaltung eines Gebots oder Verbots erhält, dies [d.h. die Einhaltung der Forderungen Gottes ohne den Bewegrund eben dieser Einhaltung] im Hinblick darauf [d.h. hinsichtlich des Lohns Gottes], also gleich einem Nichtstun [für das man nicht bestraft wird] ist, analog dazu, dass man keinen Lohn dafür erhält, wenn man etwas nicht tut, was erlaubt ist, wie bereits zuvor im Kapitel über die Normen und in diesem Kapitel dargelegt wurde.

فأما العبادات؛ فكونها باطلة ظاهر، وأما العادات؛ فذلك من حيث عدم ترتُّب الثواب على مقتضى الأمر والنهي، فوجودها في ذلك وعدمها سواء، وكذلك الإذن في عدم أخذ المأذون فيه من جهة المنعم به، كما تقدم في كتاب الأحكام وفي هذا الكتاب.

Jede Handlung aus dem reinen Beweggrund, einem Gebot, Verbot oder einer Freistellung [der Offenbarung] Folge zu leisten, wird [von Gott] positiv berücksichtigt und ist gerecht, denn der Handelnde führt sie so aus, wie sie [von Gott] verfügt wurde und entspricht mit ihr der Intention Gottes in seiner Offenbarung [II, 297] und handelt somit gänzlich trefflich, was offensichtlich ist.

وكل فعل كان المتبع فيه بإطلاق الأمر أو النهي أو التخيير؛ فهو صحيح وحق لأنه قد أتى به من طريقه الموضوع له، ووافق فيه صاحبه قصد الشارع؛ [٢، ص ٢٩٧] فكان كله صوابًا، وهو ظاهر.

Mischt sich nun in ihm [d.h. im Beweggrund einer Handlung] beides, so wird beides in Rechnung gestellt und das Überwiegende und Frühere gibt den Ausschlag; wenn das Frühere die Forderung Gottes in seiner Offenbarung ist, indem der Handelnde seinen Zweck entsprechend der Offenbarung erlangen will, ist eine solche Handlung zweifelsohne der zweiten Kategorie, d.h. den Handlungen, deren Beweggrund ausschließlich darin besteht, der Offenbarung Folge zu leisten, zuzuschlagen, denn das Streben nach den Gütern und Zwecken in dieser Form widerspricht nicht den Forderungen der Offenbarung, da die Offenbarung auch die menschlichen Güter fordert. Wenn also [das Anstreben] ein[es] Gut[s] [dem Willen, der Offenbarung zu entsprechen] nachgeordnet wird, wird damit die Handlung nicht beeinträchtigt.

وأما إن امتزج فيه الأمران؛ فكان معمولًا بهما؛ فالحكم للغالب والسابق، فإن كان السابق أمر الشارع بحيث قصد العامل نيل غرضه من الطريق المشروع؛ فلا إشكال في إلحاقه بالقسم الثاني، وهو ما كان المتبع فيه مقتضى الشرع خاصة لأن طلب الحظوظ والأغراض لا ينافي وضع الشريعة من هذه الجهة؛ لأن الشريعة موضوعة أيضًا لمصالح العباد، فإذا جعل الحظ تابعًا؛ فلا ضرر على العامل.

Allerdings ist hier eine Bedingung zu beachten, nämlich dass die Mittel, mit denen der Zweck erlangt wurde oder erlangt wird, solche sind, von denen man weiß, dass sie Gott in seiner Offenbarung zur Erlangung eines solchen Zweckes zugelassen hat. Ist dem nicht so, so ist die Forderung Gottes nicht [der Erreichung des Zwecks] übergeordnet [und die Handlung entspricht damit nicht der Forderung Gottes]. Diese Bedingung wird hinreichend ausführlich an dem ihr angemessenen Ort dargelegt.(3)

إلا أن هنا شرطًا معتبرًا، وهو أن يكون ذلك الوجه الذي حصَّل أو يحصِّل به غرضه مما تبين أن الشارع شرعه لتحصيل مثل ذلك الغرض، وإلا؛ فليس السابق فيه أمر الشارع، وبيان هذا الشرط مذكور في موضعه.

Hat aber die Neigung den überwiegenden und früheren Anteil [am Beweggrund einer Handlung] und ist diesem [der Wille,] die Forderung Gottes [zu befolgen] untergeordnet, so gehört sie [d.h. die Handlung] zur ersten Kategorie [von Handlungen, nämlich zu den Handlungen, die Gott nicht positiv berücksichtigt].

وإن كان الغالب السابق هو الهوى وصار أمر الشارع كالتبع؛ فهو لاحق بالقسم الأول.

3 Damit verweist aš-Šāṭibīy wohl nicht auf eine andere Stelle seines Werkes, sondern auf den Ort innerhalb der Theologie, an dem diese Fragestellung üblicherweise behandelt wird, und setzt damit beim Leser voraus, zu wissen, wo er näheren Aufschluss erhalten kann.

Das Unterscheidungskriterium für beide Kategorien ist die Beachtung bzw. Nichtbeachtung der Intention, die Gott offenbart hat. Jede Handlung, an deren Beweggrund die Neigung Anteil hat, muss dahingehend untersucht werden, ob der Handelnde seine Neigungen und Wünsche in Schranken weist, wenn ein Verbot Gottes vorliegt, dann nämlich überwiegt die Forderung Gottes und geht den Neigungen voran und ist ihnen übergeordnet. Weist er sie jedoch nicht in Schranken, wenn ein Verbot Gottes entgegensteht, dann überwiegen Neigung und Wunsch und gehen voran und die Erlaubnis Gottes ist diesen untergeordnet und hat für den Handelnden keine Bedeutung.

وعلامة الفرق بين القسمين تحرّي قصد الشارع وعدم ذلك؛ فكل عمل شارك العاملَ فيه هواه فانظر فإن كفّ هواه ومقتضى شهوته عند نهي الشارع؛ فالغالب والسابق لمثل هذا أمر الشارع، وهواه تبع، وإن لم يكف عند ورود النهي عليه؛ فالغالب والسابق له الهوى والشهوة، وإذن الشارع تبعٌ لا حكم له عنده؛

So kann etwa jemand, der seiner Ehefrau beiliegt, während diese im Zustand der Reinheit ist, sowohl seiner Neigung als auch der Erlaubnis Gottes Folge leisten; denn wenn bei ihr die Monatsblutung einsetzt und er sich enthält, deutet dies darauf hin, dass seine Neigung untergeordnet ist. Enthält er sich jedoch nicht, weist dies darauf hin, dass sie [d.h. die Neigung] an erster Stelle steht.

فواطئ زوجته وهي طاهر محتمل أن يكون فيه تابعًا لهواه، أو لإذن الشارع، فإن حاضت فانكفّ؛ دلّ على أن هواه تبع، وإلا؛ دل على أنه السابق.

[II, 298]

[٢، ص ٢٩٨]

Unterabschnitt

فصل

Weiterhin [lässt sich aus den zuvor gewonnenen Erkenntnissen als allgemeine Regel ableiten], dass das den Neigungen Folge-Leisten zu Handlungen führt, die [von der Offenbarung] getadelt werden, auch wenn es im Zusammenhang mit Handlungen geschieht, die [von der Offenbarung] gelobt werden, denn da deutlich geworden ist, dass es als solches der Forderung der Offenbarung widerstreitet, ist dies immer dann, wenn es mit der Forderung der Offenbarung auf das gleiche Ziel strebt, zu befürchten, denn es ist zum einen Grund dafür, die Gebote nicht zu befolgen und die Verbote zu übertreten, da es diesen entgegengesetzt ist.

و- منها: أن اتّباع الهوى طريق إلى المذموم وإن جاء في ضمن المحمود؛ لأنه إذا تبين أنه مضادٌّ بوضعه لوضع الشريعة؛ فحيثما زاحم مقتضاها في العمل كان مخوفًا. أما أولًا؛ فإنه سبب تعطيل الأوامر وارتكاب النواهي؛ لأنه مضاد لها.

Zum anderen könnte sich die Seele daran gewöhnen, wenn sie den Neigungen des Öfteren Folge leistet, so dass es [d.h. das den Neigungen Folge-Leisten] stets ihr Handeln begleitet, nicht zuletzt, da es mit ihr zusammen geschaffen wurde und fest mit ihr verbunden ist. Es kann ihm auch zunächst der Gehorsam gegenüber der Offenbarung voraufgehen, dann aber eilt es diesem voran, so dass das aus Gehorsam geborene Handeln sich ihm unterordnet und entspricht und sogleich in Ungehorsam umschlägt, wie die Erfahrung bestätigt.

وأما ثانيًا؛ فإنه إذا اتبع واعتيد، ربما أحدث للنفس ضراوة وأُنسًا به، حتى يسري معها في أعمالها، ولا سيما وهو مخلوق معها ملصق بها في الأمشاج؛ فقد يكون مسبوقًا بالامتثال الشرعي فيصير سابقًا له، وإذا صار سابقًا له صار العمل الامتثالي تبعًا له وفي حكمه؛ فبسرعةٍ ما يصير صاحبه إلى المخالفة ودليل التجربة حاكمٌ هنا.

Schließlich ist es so, dass der in Gehorsam [gegenüber der Offenbarung] Handelnde als Ergebnis seines Handelns Freude über das, was er getan hat, empfindet und über die und die Erkenntnisse [die ihm von Gott wegen seines Gehorsams geschenkt werden]. Möglicherweise wird er sogar durch Wunder ausgezeichnet oder er erlangt Ansehen, weshalb die Menschen sich um ihn scharen, von ihm lernen und ihn als Wegbereiter zur Erlangung ihrer diesseitigen und jenseitigen Zwecke erwählen, neben anderem, das jenen, die den Weg der guten Werke wie z.B. des Gebets, des Fastens, des Studiums und der Einsamkeit zum Zwecke der Anbetung beschreiten, und all jenen, die Gutes tun, zustößt.

وأما ثالثًا؛ فإن العامل بمقتضى الامتثال من نتائج عمله الالتذاذ بما هو فيه، والنعيم بما يجتنيه من ثمرات الفهوم، وانفتاح مغاليق العلوم، وربما أكرم ببعض الكرامات، أو وضع له القبول في الأرض؛ فانحاش الناس إليه، وحلّقوا عليه، وانتفعوا به، وأمُّوه لأغراضهم المتعلِّقة بدنياهم وأخراهم، إلى غير ذلك مما يدخل على السالكين طرق الأعمال الصالحة؛ من الصلاة، والصوم، وطلب العلم، والخلوة للعبادة، وسائر الملازمين لطرق الخير،

Tritt dies ein, entsteht in der Seele des Betreffenden ein Glücksgefühl und Freude, ein Gefühl von Unabhängigkeit, Lust und Wohlergehen, im Angesicht selbst eines kurzen Augenblicks davon das Diesseits mit all seinen Gütern nichtig wird, wie es einer von ihnen in ungefähr folgendem Wort zusammenfasst: „Wäre den Königen bekannt, was uns zuteilwird, würden sie uns um dessentwillen mit Waffen bekämpfen." Wenn dem also so ist, so könnte es sein, dass die Seele danach strebt, [II, 299] die Anfangsgründe jener Ergebnisse zu erlangen, so dass diese dem Handeln vorangehen,(4) was – Gott bewahre – Ursache dafür ist, jener Rangstufe verlustig zu gehen.

فإذا دخل عليه ذلك؛ كان للنفس به بهجة وأنس، وغنى ولذة، ونعيم بحيث تصغر الدنيا وما فيها بالنسبة إلى لحظة من ذلك، كما قال بعضهم: «لو علم الملوك ما نحن عليه لقاتلونا عليه بالسيوف»، أو كما قال، وإذا كان كذلك؛ فلعل النفس تنزع [٢، ص ٢٩٩] إلى مقدمات تلك النتائج، فتكون سابقة للأعمال، وهو باب السقوط عن تلك الرتبة والعياذ بالله،

---

4 Gemeint ist wohl, dass der Beweggrund desjenigen, der die Anfänge der genannten Früchte des Handelns entsprechend der Forderungen der Offenbarung zu verspüren beginnt, wegen der Glückseligkeit, die er erfährt, nicht mehr der Gehorsam gegenüber der Offenbarung ist, sondern dieser in den Wunsch umschlägt, diesen Zustand zu erreichen. Da eine solche Motivation aber nicht mehr die reine Absicht ist, dem Willen Gottes zu folgen, sondern die, bestimmte Güter zu erlangen, also eben den eigenen „Neigungen" zu folgen, entbehrt das Handeln, das daraus entspringt, des von Gott in seiner Offenbarung geforderten Antriebs und entspricht deshalb, wie aš-Šāṭibīy ja zuvor ausgeführt hat, nicht mehr der grundlegenden Intention Gottes mit seinen geoffenbarten Forderungen und geht des Lohns verlustig.

Abschließend wäre zu sagen, dass die Neigungen hinsichtlich etwas, das [von der Offenbarung] gelobt wird, zwar prinzipiell nicht [von der Offenbarung] getadelt wird, jedoch zu Handlungen führen kann, die ohne Einschränkung [von der Offenbarung] getadelt werden. Der Beweis dafür besteht in der Betrachtung der Berichte über diejenigen, die den Weg beschritten haben, die Tugendhaften und Heiligen, dessen Darlegung es an dieser Stelle nicht bedarf.

هذا وإن كان الهوى في المحمود ليس بمذموم على الجملة؛ فقد يصير إلى المذموم على الإطلاق، ودليل هذا المعنى مأخوذ من استقراء أحوال السالكين وأخبار الفضلاء والصالحين؛ فلا حاجة إلى تقريره ههنا.

Unterabschnitt

فصل

Schließlich [lässt sich als allgemeine Regel aus den zuvor gewonnenen Erkenntnissen ableiten,] dass das Befolgen der Neigungen im Zuge [des Handelns entsprechend] der Normen der Offenbarung die nicht unerhebliche Gefahr in sich birgt, dass man dadurch [d.h. durch das Handeln gemäß der Normen der Offenbarung] die eigenen Zwecke zu erlangen sucht und sie [d.h. die Normen der Offenbarung] so gleichsam zu Werkzeugen zum Erreichen der eigenen Ziele werden, wie das beim Augendiener der Fall ist, der seine guten Werke als Mittel einsetzt, um das, wonach er strebt, von anderen zu erhalten. Dass dem so ist, ist offensichtlich.

- ومنها: أن اتباع الهوى في الأحكام الشرعية مظنة لأن يحتال بها على أغراضه فتصير كالآلة المُعدَّة لاقتناص أغراضه؛ كالمرائي يتخذ الأعمال الصالحة سُلَّمًا لما في أيدي الناس، وبيان هذا ظاهر،

Untersucht man, wohin es führt, wenn man im Zusammenhang mit [dem Handeln gemäß der Normen] der Offenbarung den Neigungen folgt, wird man viele Gründe finden, die ins Verderben führen. Im Kapitel über die Normen wurde im Zuge der Behandlung der Berücksichtigung der Wirkungen bei der Betrachtung der Ursachen bereits einiges davon dargelegt. Wahrscheinlich ist der Grund für die Häresien der im Hadith erwähnten Gruppen, die in die Irre gehen, dass sie ihren Neigungen gefolgt sind, ohne die Intentionen der Offenbarung zu beachten.

ومن تتبع مآلات اتباع الهوى في الشرعيات وجد من المفاسد كثيرًا، وقد تقدم في كتاب الأحكام من هذا المعنى جملة عند الكلام على الالتفات إلى المسببات في أسبابها، ولعل الفِرق الضالة المذكورة في الحديث أصل ابتداعها اتباع أهوائها، دون توخي مقاصد الشرع.

[II, 300]

[٢، ص ٣٠٠]

Die zweite Fragestellung

المسألة الثانية

Die Ziele der Offenbarung lassen sich in zwei Gruppen einteilen: primäre und sekundäre. Primäre Ziele nun sind solche, an denen der Mensch keinen Anteil hat, dies sind die notwendigen Güter, die in jeder Religion berücksichtigt werden. Mit unserer Formulierung, dass der Mensch keinen Anteil an ihnen hat, meinen wir nur, dass sie notwendig sind, denn sie sind ohne Einschränkung allgemeine Güter, derer man nicht nur für bestimmte Situationen oder nur in bestimmten Fällen oder Zeiten bedarf. Allerdings zerfallen diese ihrerseits in solche, die jedes Individuum, und solche, die nur eine hinreichend große Anzahl von Individuen anstreben muss.

المقاصد الشرعية ضربان: مقاصد أصلية، ومقاصد تابعة. فأما المقاصد الأصلية؛ فهي التي لا حظ فيها للمكلف، وهي الضروريات المعتبرة في كل ملة، وإنما قلنا: إنها لا حظ فيها للعبد من حيث هي ضرورية؛ لأنها قيام بمصالح عامة مطلقة، لا تختص بحال دون حال، ولا بصورة دون صورة، ولا بوقت دون ،وقت، لكنها تنقسم إلى ضرورية عينية وإلى ضرورية كفائية.

Die [Ziele], die jeder vor Gott Verantwortliche in eigener Person anstreben muss, sind die Bewahrung der Religion, sowohl im Hinblick auf die theoretischen Glaubenslehren als auch auf die Normen für das Handeln, die Bewahrung des eigenen Lebens, indem man das dazu Notwendige bereitstellt, die Bewahrung der Vernunft, da ohne sie die Rede Gottes nicht verstanden werden kann, die Bewahrung der Fortpflanzung, damit Nachfolger für die Bevölkerung des Diesseits heranwachsen, wobei man darauf bedacht sein muss, dass die [Kenntnis der] Abstammung, die die Liebe zu dem aus dem eigenen Sperma Geschaffenen sicherstellt, nicht verloren geht, und [schließlich] die Bewahrung des Eigentums zur Absicherung jener vier Güter.

فأما كونها عينية؛ فعلى كل مكلف في نفسه؛ فهو مأمور بحفظ دينه اعتقادًا وعملًا، وبحفظ نفسه قيامًا بضروريات حياته، وبحفظ عقله حفظًا لمورد الخطاب من ربه إليه، وبحفظ نسله التفاتًا إلى بقاء عوضه في عمارة هذه الدار، ورعيًا له عن وضعه في مضيعة اختلاط الأنساب العاطفة بالرحمة على المخلوق من مائه، وبحفظ ماله استعانةً على إقامة تلك الأوجه الأربعة،

Der Beweis dafür [d.h. dafür, dass dies Güter sind, die jeder anstreben muss] lässt sich wie folgt führen: Nähme man an, dass der Mensch auch die Gegensätze von diesen wählen könnte, würde er jeglicher Handlungs- und [II, 301] Wahlmöglichkeit beraubt werden, eben weshalb es ihm nicht freisteht [diese Güter anzustreben oder nicht] und sie ihm als Person obliegen. Allerdings ist es möglich, dass in anderer Hinsicht, die dem grundlegenden Ziel [das zuvor besprochen wurde] untergeordnet ist, doch eine Wahl unter diesen Zielen getroffen werden muss.

ويدل على ذلك أنه لو فرض اختيار العبد خلاف هذه الأمور لحُجِر عليه، ولحيل بينه [٢، ص ٣٠١] وبين اختياره، فمن هنا صار فيه مسلوبَ الحظ، محكومًا عليه في نفسه، وإن صار له فيها حظ؛ فمن جهة أخرى تابعة لهذا المقصد الأصلي.

[Notwendige Güter] sind dann als von einer hinreichenden Anzahl anzustrebende zu klassifizieren, wenn jemand sie für alle vor Gott Verantwortlichen gewährleisten soll, damit das Funktionieren des Gemeinwesens, ohne das die Güter für die Individuen nicht gewahrt werden können, verwirklicht werde. Diese Gruppe [Güter] dient also der Vervollständigung der ersten [Gruppe Güter], indem sie deshalb notwendig werden, da die ersten notwendig sind, da die Sicherung der individuellen Güter ohne die [Erlangung] der einer hinreichenden Anzahl Obliegenden nicht gelingen kann.

وأما كونها كفائية؛ فمن حيث كانت منوطة بالغير أن يقوم بها على العموم في جميع المكلفين؛ لتستقيم الأحوال العامة التي لا تقوم الخاصة إلا بها، إلا أن هذا القسم مكمل للأول؛ فهو لاحق به في كونه ضروريا؛ إذ لا يقوم العيني إلا بالكفائي،

Dies ist so zu verstehen, dass die einer hinreichenden Anzahl obliegenden Güter allen gleichermaßen zugutekommen, diejenigen aber, die sich ihrer annehmen müssen, sich etwas annehmen müssen, dessen Nutzen ihnen nicht speziell zufließt, ihnen also nicht etwas geboten wurde, das sich speziell auf sie beschränkt, denn sonst wäre es ein individuelles [notwendiges Gut,] sondern sie sind verpflichtet, dessen Existenz [als solche, d.h. unabhängig davon, ob sie an dem Nutzen einen Anteil haben,] sicherzustellen.

وذلك أن الكفائي قيام بمصالح عامة لجميع الخلق؛ فالمأمور به من تلك الجهة مأمور بما لا يعود عليه من جهته تخصيص لأنه لم يؤمر إذ ذاك بخاصة نفسه فقط، وإلا صار عينيا، بل بإقامة الوجود،

Zur Gewährleistung eines Gutes, das einer hinreichenden Anzahl obliegt, verpflichtet zu sein, besteht darin, als Stellvertreter Gottes unter den Menschen nach Maßgabe des eigenen Vermögens und der Mittel, die zur Verfügung stehen, zu handeln, denn der einzelne ist nicht dazu in der Lage, für sein Wohlergehen und für das seiner Familie zu sorgen, ganz zu schweigen vom Wohlergehen eines Stammes oder der Menschheit, also hat Gott unter den Menschen Stellvertreter zur Sicherstellung der allgemeinen notwendigen Güter eingesetzt, so dass das Institut des Staats errichtet wurde.

وحقيقته أنه خليفة الله في عباده حسب قدرته وما هُيئَ له من ذلك؛ فإن الواحد لا يقدر على إصلاح نفسه والقيام بجميع أهله؛ فضلًا عن أن يقوم بقبيلة، فضلًا عن أن يقوم بمصالح أهل الأرض؛ فجعل الله الخلق خلائف في إقامة الضروريات العامة، حتى قام الملك في الأرض.

ويدلك على أن هذا المطلوب الكفائي مُعرًّى من الحظ شرعًا أن القائمين به في ظاهر الأمر ممنوعون من استجلاب الحظوظ لأنفسهم بما قاموا به من ذلك؛ فلا يجوز لوالٍ أن يأخذ أجرةً ممن تولاهم على ولايته عليهم، ولا لقاضٍ أن يأخذ من المقضي عليه أو له أجرة على قضائه، ولا لحاكم على حكمه، [٢، ص ٣٠٢] ولا لمفْتٍ على فتواه، ولا لمحسن على إحسانه، ولا لمقرض على قرضه، ولا ما أشبه ذلك من الأمور العامة التي للناس فيها مصلحة عامة

Dass die Offenbarung fordert, dass ein solches von einer hinreichenden Anzahl anzustrebendes Gut frei von individuellem Nutzen für die dafür Verantwortlichen sein muss, ist daraus erkennbar, dass diese ganz offensichtlich keine Vorteile für sich selbst für ihre diesbezüglichen Bemühungen erhalten dürfen, so darf ein Vormund keinen Lohn von seinen Schutzbefohlenen für seine Vormundschaft nehmen, ebenso nicht ein Richter von denjenigen, über die er zu Gericht sitzt, für die Urteilsfindung, noch ein Schiedsrichter für seinen Schiedsspruch, [II, 302] noch ein Gelehrter für sein Gutachten in Fragen der praktischen Normen der Offenbarung, noch ein Wohltäter für seine Wohltat, noch jemand, der einen Kredit vergibt, für seinen Kredit. Das Gleiche gilt für alle ähnlichen allgemeinen Ämter, die zum Nutzen aller sind.

ولذلك امتنعت الرشا والهدايا المقصود بها نفس الولاية؛ لأن استجلاب المصلحة هنا مؤدٍّ إلى مفسدة عامة تضاد حكمة الشريعة في نصب هذه الولايات. وعلى هذا المسلك يجري العدل في جميع الأنام، ويصلح النظام، وعلى خلافه يجري الجور في الأحكام، وتهدم[١] قواعد الإسلام،

Deshalb sind auch Geschenke an solcherart Verantwortliche im Zusammenhang mit ihrer diesbezüglichen Tätigkeit verboten, denn solche Vorteilsnahme wäre hier Ursache für ein alle befallendes Übel, was dem weisen Zweck der Offenbarung, der der Einsetzung solcher Ämter zugrunde liegt, widerspräche. Auf diese Weise kommen alle in den Genuss der Gerechtigkeit und gelingt die Ordnung [des Gemeinwesens]. Werden diese Prinzipien nicht beachtet, herrscht Willkür und selbst die Grundpfeiler des Islam werden nicht mehr beachtet.

[١] في المتن „وهدم."

Betrachtet man dies, so wird [analog dazu] deutlich, dass man für gottesdienstliche Handlungen, die jedem einzelnen obliegen, keinen Lohn bezahlen oder zu erhalten suchen, noch dass man ein weltliches Gut damit anstreben darf, und dass ihr Unterlassen Ursache für [göttliche] Strafe ist. Desgleichen hat es [göttliche] Strafe zur Folge, wenn die Wahrung der allgemeinen Güter vernachlässigt wird, denn dies wäre ein sehr großer Schaden für die Menschen.

وبالنظر فيه يتبين أن العبادات العينية لا تصح الإجارة عليها، ولا قصد المعاوضة فيها، ولا نيل مطلوب دنيوي بها، وأن تَرْكَها سببٌ للعقاب والأدب، وكذلك النظر في المصالح العامة موجب تركها للعقوبة؛ لأن في تركها أيّ مفسدة في العالم.

Die sekundären Ziele [der Offenbarung] nun sind die, an denen auch ein Anteil des vor Gott Verantwortlichen vorgesehen ist. Durch sie [II, 303] wird ihm das zuteil, was er aufgrund seines ihm anerschaffenen Wesens wünscht, woran er sich in erlaubter Weise erfreuen kann und was seine Bedürfnisse befriedigt. Dies ist deshalb so, da die Weisheit des Weisen und Wissenden [d.h. Gottes] bestimmt hat, dass die Religion und das Diesseits eben nur durch Beweggründe des Menschen beständig gedeihen, die ihn dazu veranlassen, das, dessen er und seine Mitmenschen bedürfen, zu erwerben. Also erschuf er in ihm den Wunsch nach Speise und Trank, wenn er Hunger und Durst empfindet, damit ihn dies dazu bewege, soweit es in seinem Vermögen liegt, Mittel und Wege zu finden, diese Bedürfnisse zu stillen. Aus eben diesem Grund erschuf er in ihm auch die Begierde nach den Frauen, um ihn dazu anzutreiben, die Voraussetzungen herzustellen, sie zu befriedigen. Auch erschuf er ihn so, dass er unter Hitze, Kälte und unter dem Unbill des Wetters leide, was ihn dazu zu veranlasst, Kleidung und Wohnung herzustellen.

وأما المقاصد التابعة؛ فهي التي روعي فيها حظ المكلف، فمن جهتها [٢، ص ٣٠٣] يحصل له مقتضى ما جبل عليه من نيل الشهوات، والاستمتاع بالمباحات، وسد الخَلَّات، وذلك أن حكمة الحكيم الخبير حكمت أن قيام الدين والدنيا إنما يصلح ويستمر بدواع من قِبل الإنسان تحمله على اكتساب ما يحتاج إليه هو وغيره؛ فخلق له شهوة الطعام والشراب إذا مسه الجوع والعطش؛ ليحركه ذلك الباعث إلى التسبب في سد هذه الخلة بما أمكنه، وكذلك خلق له الشهوة إلى النساء لتحركه إلى اكتساب الأسباب الموصلة إليها، وكذلك خلق له الاستضرار بالحر والبرد والطوارق العارضة؛ فكان ذلك داعية إلى اكتساب اللباس والمسكن،

Außerdem erschuf er Paradies und Hölle und sandte die Gesandten, um zu offenbaren, dass das Diesseits keinen Bestand hat, vielmehr Saatfeld für das Jenseits ist, wo ewige Glückseligkeit oder ewige Verdammnis wartet, und dass die Gründe für diese [d.h. für ewige Glückseligkeit und ewige Verdammnis] im Diesseits erworben werden, nämlich indem man den Forderungen Gottes in der Offenbarung Folge leistet oder ihnen ungehorsam ist.

ثم خلق الجنة والنار، وأرسل الرسل مبينة أن الاستقرار ليس ها هنا، وإنما هذه الدار مزرعة لدار أخرى، وأن السعادة الأبدية والشقاوة الأبدية هنالك، لكنها تكتسب أسبابها هنا بالرجوع إلى ما حده الشارع، أو بالخروج عنه؛

Da es dem vor Gott Verantwortlichen nun nicht gegeben ist, die Voraussetzungen zur Erlangung dieser Ziele für sich allein zu schaffen, aufgrund dessen, dass ihm [von Gott] nur begrenzte Kraft verliehen wurde, die diesem nicht genügt, sucht er das Zusammenwirken mit anderen, indem er nach der Erlangung seines eigenen Nutzens und seines eigenen Gedeihens durch den Nutzen anderer strebt, wodurch alle in einer Gruppe jeweils durch alle anderen der Gruppe profitieren, obwohl jeder einzelne jeweils in seinem Interesse tätig ist.

فأخذ المكلف في استعمال الأمور الموصلة إلى تلك الأغراض، ولم يجعل له قدرة على القيام بذلك وحده؛ لضعفه عن مقاومة هذه الأمور، فطلب التعاون بغيره؛ فصار يسعى في نفع نفسه واستقامة حاله بنفع غيره؛ فحصل الانتفاع للمجموع بالمجموع، وإن كان كل أحد إنما يسعى في نفع نفسه.

Aus diesem Grund dienen die sekundären Ziele den primären und vervollkommnen sie, und hätte Gott es gewollt, dann hätte er sie ohne sie mit Formen des Nutzens für die Menschen zu versehen, gefordert, oder ohne in ihnen die Beweggründe dazu zu erschaffen. Statt dessen hat er sie aus seiner Gnade heraus mit den Mitteln zur seinem Willen entsprechenden Ausgestaltung des Diesseits als Weg zum Jenseits ausgestattet und den Erwerb dieser Güter erlaubt und nicht verboten, allerdings entsprechend den Normen der Offenbarung, welche das Wohlergehen in weitaus höherem und dauerhafteren Maße gewährleisten als das, was der Mensch für Wohlergehen hält: „Gott weiß, ihr jedoch wisst nicht!“ [Koran 2/216].

فمن هذه الجهة صارت المقاصد التابعة خادمة للمقاصد الأصلية ومكملة لها، ولو شاء الله لكلف بها مع الإعراض عن الحظوظ، أو لكلف بها مع سلب الدواعي المجبول عليها؛ لكنه امتن على عباده بما جعله وسيلة إلى ما أراده من عمارة الدنيا للآخرة، وجعل الاكتساب لهذه الحظوظ مباحًا لا ممنوعًا، لكن على قوانين شرعية هي أبلغ في المصلحة وأجرى على الدوام مما يعدُّه العبد مصلحة)والله يَعْلَمُ وأَنْتُمْ لَا تَعْلَمُونَ(

Hätte er gewollt, hätte er uns im Zusammenhang mit dem jenseitigen Erwerb das Streben nach den [diesseitigen] Formen des Nutzens verwehrt, denn er ist der Herr und ihm allein steht die Entscheidung zu. [II, 304] Stattdessen erweckt er aber dadurch den Wunsch in uns, seinen Forderungen an uns Folge zu leisten, indem er uns Lohn verspricht und uns davon schon im Diesseits, wenn wir seinen Forderungen nachkommen, reichlich zuteilwerden lässt. Unter diesem Aspekt kann man sagen, dass diese Ziele untergeordnet und jene die primären sind, denn ohne die ersten könnte der Mensch Gott nicht dienen und die anderen [Ziele] entspringen der Freundlichkeit der Herrn zu seinen Knechten.

ولو شاء لمَنَعَنا في الاكتساب الأخروي القصدَ إلى الحظوظ، فإنه المالك وله الحجة البالغة، [٢، ص ٣٠٤] ولكنه رغَّبنا في القيام بحقوقه الواجبة علينا بوعد حظيٍّ لنا، وعجل لنا من ذلك حظوظًا كثيرة نتمتع بها في طريق ما كلفنا به؛ فبهذا اللحظ قيل: إن هذه المقاصد توابع، وإن تلك هي الأصول؛ فالقسم الأول يقتضيه محض العبودية، والثاني يقتضيه لطف المالك بالعبيد.

Al-Fāsī, ʿAllāl (1991), *Maqāṣid Ash-Schariʿa al-Islamiyya wa makārimihā*, Dar al Gharb al Islami, Auflage 5, S. 62–80

Übersetzung von Hala Fouad Sindlinger

Mit einer Einleitung von Mouez Khalfaoui

Einleitung

1963 erschien das Buch *Maqāṣid Ash-Schariʿa al-Islāmiyya wa makārimihā* von ʿAllāl al-Fāsī (1910–1974). Dieses Buch bringt die *maqāṣid*-Theorie immer mehr ins Zentrum der Aufmerksamkeit, nachdem sie lange Zeit in Vergessenheit geraten war. Erst seit Anfang des 20. Jahrhunderts und im Rahmen des Reformdiskurses wird erneut über Maqasid seitens muslimischer Denker wie u.a. Muhammad Abduh (gest. 1905) und Ibn Ashour (gest. 1973) gesprochen. Dadurch wurde das Buch *al-Muwāfaqāt* von ash-Shātibi wieder an Universitäten unterrichtet und der Ansatz der *maqāṣid* als Mittel zur Reform des muslimischen Denken debattiert. Während Ibn Ashour als Vorreiter auf diesem Gebiet gilt, da er sich mit dieser Theorie von *maqāṣid* bereits in den 1940er Jahren beschäftigte, kann das o.g. Buch von Allal al-Fasi als Fortführung in dieser Wiederbelebung der *maqāṣid*-Theorie verstanden werden.

Allal al-Fasi ist ein berühmter marrokanischer Gelehrter und Politiker. Er zeichnete sich durch sein Engagment in der Reformbewegung Mitte des 20. Jahrhunderts aus. So beinhaltet Reform ihm zufolge ein starkes Band zwischen religiösem Denken und politischem Engagement. Das Buch enthält 113 Paragrafen zu unterschiedlichen Facetten der *maqāṣid*-Theorie. Das Hauptanliegen des Autors besteht nicht darin, neue Aspekte dieser Theorie zu diskutieren, es ist vielmehr der Versuch, die *maqāṣid*-Theorie einem breiten Publikum zugänglich zu machen, ihre Hauptthesen zu erklären und für die Nutzung dieser Theorie zu plädieren.

In seiner Einführung zu diesem Buch betont Al-Fasi, dass das Buch an erster Stelle auf die Wiederbelebung und Vereinfachung bzw. Vulgarisierung der *maqāṣid* abzielt. Er führt weiter aus, dass die Ideen dieses Buches in

Vorlesungen an juristischen und theologischen Universitäten in Marokko aufgegriffen wurden.

In den hier ausgewählten Abschnitten (34–38) werden Kernaussagen des muslimischen Glaubens dargestellt. Sie handeln haupsächlich von der Beziehung der Religion zu Vernunft und Gerechtigkeit.

-34-

Der Islam, eine Religion der Vernunft und der Gerechtigkeit

Sowohl die sunnitischen als auch die anderen islamischen Richtungen befassen sich theoretisch mit der Frage, dass Allah, Dem Erhabenen, in all Seinen Bestimmungen und Handlungen das Attribut der Gerechtigkeit zugeschrieben wird, während das Attribut der Ungerechtigkeit in Abrede gestellt wird. Bei ihren philosophischen Darlegungen zu diesem Thema gehen sie soweit, dass es zu Diskussionen und zänkischen Streitigkeiten kam, welche allenfalls nicht nötig waren, und zwar: Erfordert die Gerechtigkeit, dass Allah für seine Diener das Gute bzw. das Beste regeln soll oder nicht? Sind die Attribute der Schönheit oder Hässlichkeit eines Gegenstandes erst schariagemäß bestimmt worden, oder waren sie bereits selbständig definiert worden, bevor sie dann von der Vernunft erfasst und schließlich von der Scharia bestätigt worden sind?

Wenn man aber die Streitigkeiten bei der Beweisführung und die heftigen Debattenmethoden zur Seite legt, welche sich zwischen den beiden Parteien entzündeten, so findet man in Hinsicht auf diese Themen kaum wesentliche Unterschiede unter den islamischen Gruppierungen, da sie alle sich einig waren, dass Allah, Der Erhabene, gerecht sei und dass Er in Seinem Reichtum tun könne, was Er wolle; Er habe auch das Gute und das Böse erschaffen und die menschliche Seele mit den Hilfsmitteln versehen, durch die sie zwischen diesem und jenem unterscheiden könne; Er habe ferner den Menschen erschaffen sowie dessen Fähigkeit, dass er etwas tue oder nicht tue. Wenn das so ist, so geht es hier um oberflächliche Kontroverse und ausführliche Einzelheiten, die all diese um sie geschriebenen Beiträge und Dispute gar nicht benötigt haben.

Die islamischen Gruppierungen waren de facto nicht in der Lage, ihre Ansicht über die Frage des göttlichen Willens mit ihrer Meinung bezüglich Allahs Gerechtigkeit und Weisheit in Einklang zu bringen. Sie fragten sich:

Ist Allahs Wille absolut, der den Kriterien der Schönheit, Hässlichkeit, Gerechtigkeit und Ungerechtigkeit nicht unterliegen soll? Oder ist dieser Wille Allahs Weisheit und Gerechtigkeit unterworfen?

Die ʾAšʿariten vertreten die Meinung, dass Allah einen absoluten Willen habe und dass Er, Herr der Herrscher, in Seinem Reichtum tun könne, was er wolle. Auch wenn seine Handlung dem widerspräche, was die Vernunft erfordert, wie z.B. wenn Er die sündigen Menschen belohnen oder die gehorsamen Diener bestrafen würde, so sei seine Handlung trotzdem schön und gut. Die Muʿtaziliten und die Māturīdī-Schule waren hingegen der Ansicht, dass Allahs Handlungen doch den Kriterien der Schönheit und Hässlichkeit entsprechen sollten, dennoch sei Er gleichzeitig über jede Ungerechtigkeit oder Hässlichkeit erhaben.

Betrachtet man es aufmerksam, so sieht man, dass die Ashʿariten abstreiten, dass Allah die Ungerechtigkeit verüben würde, obwohl sie den absoluten Willen als eines seiner Attribute ansahen. Diese Meinung entspringt der Vorstellung, dass seine eigenen Handlungen nicht zu den von ihm selbst als gut, hässlich, gerecht oder ungerecht beschriebenen Handlungen gehören könnten. Es geht in dieser Kontroverse darum, ob die göttlichen Handlungen auch nach Maßgabe der Beurteilung menschlicher Handlungen geprüft würden. D.h., sie wollten die göttlichen Handlungen mit den Taten der Geschöpfe nicht vergleichen, da die aus den rechtlichen Bestimmungen entstandenen Eigenschaften, welche eine Handlung bekommt, nicht aus sich selbst heraus seien, sondern aus diesen Bestimmungen entstanden geworden seien.

Al-Māturīdī war im Stande, die muʿtazilitische Auffassung diesbezüglich zu korrigieren und sie der ʾašʿaritischen Richtung nahezubringen, indem er sagte: „Wenn sie mit dem Besten die Weisheit meinen, so sind wir derselben Ansicht; wenn sie es jedoch mit dem Nützlichsten interpretieren, dann sind sie fehlgegangen."

Den gleichen Weg hat er mit der Problematik des Guten und Bösen eingeschlagen, wobei er betont, dass die Existenz von Gutem und Bösem eine Notwendigkeit zum Wohl der Welt darstelle. Es darf aber nicht der Eindruck entstehen, dass Allah das Böse nicht wolle, wie die Muʿtaziliten behaupteten. Allah wolle seine Existenz, um dem Guten bzw. dem Wohl zu ermöglichen. Gleichzeitig lehnte Al-Māturīdī die ʾašʿaritische Ansicht ab, dass Allah, basierend auf dem absoluten Willen, einen gehorsamen Diener bestrafen würde, denn das stünde der gesunden Vernunft entgegen. Diese gesunde Vernunft weigere sich auch sich vorzustellen, dass die göttliche Allmacht unsinnig oder ungerecht benutzt würde. Was die Belohnung eines sündigen Menschen betreffe, so könne das mit Allahs urewigem Wissen gerechtfertigt werden, da Allah vergeben würde, wenn er wolle. Es ist also möglich, dass Allah einen Menschen, den Er aus seinen Dienern auswählt, unter seine Vergebung nehmen würde. Das stünde im Gegensatz dazu, wenn Allah einen gehosamen Diener bestraft, was als Brechen des göttlichen Versprechens verstanden würde.

Offensichtlich bestritten die Ashʿariten es nicht, dass Allah sein Versprechen auf keinen Fall brechen würde, vielmehr argumentierten sie damit, dass die Erfüllung des von Allah durch seine Gesandten gegebenen Versprechen entschieden sei. Ihr jeweiliges Urteil wurde wahrscheinlich lediglich auf dem absoluten Willen Allahs aufgebaut und nicht auf seiner Entscheidung, denn seine Entscheidung sei unveränderlich.

Ibn Ruschd neigt dazu, insofern mit den Muʿtaziliten übereinzustimmen, als dass Allah das Gute und das Wohl für seine Diener tun würde. Trotzdem stand er ihnen gegenüber im Widerspruch zu der Frage der Erschaffung vom Bösen. Er vertrat die Ansicht, dass Allah die beiden (das Gute und das Böse) erschaffen habe und sie beide gleichermaßen wolle. Er wolle jedoch das Böse nicht an sich, sondern weil es Konsequenzen habe, die zum Wohl der Welt führen würden. Ibn Ruschd führte das folgende Beispiel an: Allah erschuf im Menschen die Motive zum Guten sowie zum Bösen und Er weiß genau, dass es auf diese Weise dessen Wohlergehen ist, denn die Erschaffung einer großen Menge vom Guten neben einer kleinen Menge vom Bösen sei besser und nützlicher als das Fehlen einer großen Menge vom Guten, das mit einer kleinen Menge vom Bösen gemischt sei. Das sei die Bedeutung der Aussage des Erhabenen: „Ich weiß, was ihr nicht wisst.“, als Antwort auf die Engel, die Ihn fragten: „Willst Du auf ihr etwa jemanden einsetzen, der auf ihr Unheil stiftet und Blut vergießt?“ (Koran 2/30)

Ibn Ruschd geht auf die Frage der Qaḍāʾ und Qadar (Entschlossenheit und Vorherbestimmung) ein, aber er stimmt weder der Ansicht der Ašʿariten und Vetreter des Determinismus noch der Meinung der Māturīdī-Schule und Muʿtaziliten zu, die der Meinung waren, dass der Mensch ein erschaffenes Können habe, mit dem er seine Handlungen ausführen könne. Er hält die überlieferten und rationalistischen Argumente der beiden Parteien für so gegensätzlich, dass keine der beiden den entscheidenden Beweis hat, da, wenn der Mensch seine eigenen Handlungen selbst schaffen würde, dann wären das göttliche Können und der göttliche Wille begrenzt, weil sie in diesem Fall die menschlichen Handlungen nicht umfassen. Diese Behauptung stünde jedoch der muslimischen Übereinstimmung entgegen, dass Allah derjenige sei, der alles schafft. Von einem anderen Gesichtspunkt aus (so sagt Ibn Ruschd weiter), wenn der Mensch nicht im Stande sei, seine eigenen Handlungen zu schaffen, dann würde uns dieses Verleugnen in ein Dilemma stürzen, nämlich: Wie könnte ein unfähiger Mensch mit den rechtlichen Geboten und Verboten verpflichtet werden? Oder wie würde sich der Mensch vorstellen, dass er zu einer bestimmten Handlung gezwungen und ihretwegen bestraft oder belohnt würde? Dieser gegenseitige Kontrast oder Widerspruch sei der Grund, wofür die Unterscheidung zwischen den Mu'taziliten und deren Gefolgsleuten auf der einen Seite und den Vertretern des Determinismus und den Ash'ariten auf der anderen Seite in Erscheinung trat. Ibn Ruschd erklärt aber diesen Kontrast nicht für zufällig oder sinnlos, sondern für eines der Ziele der Gesetzgebung, damit den Gelehrten, die den Koran und die Sunna richtig verstehen könnten, eine Lösung eingegeben würde, welche solche Streitfragen unter den Polemikern sicherlich vernichten könne.

Ibn Ruschd führt an, dass diese richtige Kompromisslösung darin liege, dass der Mensch doch über ein Können verfüge. Es sei jedoch nicht absolut, wie die Vertreter der absoluten Wahl behaupteten, sondern es sei abhängig von äußerlichen Umständen, die Allah im Universum eingesetzt hat. Diese Umstände könnten uns dazu Hilfe leisten, unsere Handlungen durchzuführen, und sie könnten uns auch behindern oder sogar manchmal zu bestimmten Handlungen zwingen, deren Gegensätze wir nicht durchführen können. Das würde sich in den Zwangshandlungen, wie etwa Husten, Gähnen, Fliehen vor Gefahr, Verengung der Pupille und anderen Reaktionen zeigen. Daneben gebe es auch freiwillige Handlungen. Man hadere zwischen zwei oder mehreren Angelegenheiten und wähle eine von ihnen aus. Solche Handlungen hängen ebenso von den äußerlichen Umständen ab. Könnten wir eine bestimmte Handlung auswählen, so wären wir vollkommen frei. Auf diese Weise gäbe es eine logische verständliche Basis der Verpflichtung, Bestrafung und Belohnung.

Daher kommt Ibn Ruschd zu der Überzeugung, dass weder der Determinismus grenzenlos noch die menschliche Wahl absolut sein könnten, vielmehr liegt die Wahrheit in einer zwischen den beiden Ansichten mittleren Kompromisslösung, denn die menschlichen Handlungen hängen von zwei Faktoren ab, nämlich einem freien menschlichen Willen, der gleichzeitig mit äußerlichen unabänderlichen Umständen verbunden sei. Zu dieser Ansicht neigt die moderne Wissenschaft, weil sie die Willensfreiheit nicht leugnet und die in der Natur unabänderlichen Umstände zugesteht.

Sogar die modernenWissenschaftler sind sich nicht darüber einig, ob es in der Natur wirklich unabänderliche Gesetze gibt. Der Schriftsteller Al-ʿAqqād berichtet, dass während des 20. Jahrhunderts einige Theorien erschienen seien, welche die mit den Naturgesetzen verknüpfte Unabänderlichkeit in Zweifel gezogen haben und von großen Wissenschaftlern vertreten worden sind, wie etwa der Däne Niels Pohr, der den Nobelpreis für Physik im Jahre 1924 erhielt, und der Deutsche Werner Heisenberg, der Nobelpreisträger für Physik im Jahre 1932 war. Der Erste behauptete, dass die Elektronen bei ihrem Lauf ums Atom, das Grundelement des Materials, keiner bestimmten unabänderlichen Regel folgten, während der Zweite die Theorie vertrat, dass ein Experiment, falls es wiederholt wird, nicht dieselbe Folge bringen könnte. Demnach beweise jedes Experiment nur den Indeterminismus und lehne die Unabänderlichkeit ab, auf die sich fast alle Naturwissenschaftler bis zu den Anfängen des 20. Jh. geeinigt hatten. Andere Wissenschaftler widersprachen Heisenberg, indem sie sagten, dass die Experimente unterschiedlich seien, nur weil die Instrumente der wissenschaftlichen Genauigkeit nicht alle wiederholten Faktoren jedes Experiments umfasst hätten. Könnte man aber feststellen, dass die Faktoren bei jedem wiederholten Experiment dieselben sind, dann wäre das Ergebnis zweifelsohne dasselbe.

Der Gelehrte Raschid Ridha sagt in den Fußnoten seines Buches *Die muhammadanische Offenbarung*[5] auf S. 180: Immer mehr werden jene Beweise auftauchen, die das widerlegen, was die Wissenschaflter bereits früher als die zuverlässigsten Regeln betrachtet hatten. Letzthin hat man uns erzählt, dass Professor Spengler ein Buch über das Geheimnis der

---

5 Raschid Ridha, *Al-Waḥy al-Muḥammadi*, Dār al-Kutub al ʿIlmiyya, Bairout, Libanon 2005.

Vorherbestimmungsphilosophie verfasste, in dem er alle Regeln der Wissenschaften und Künste für nichtig erklärte, wobei er hingegen alle Phasen und Verhältnisse des Universums auf die göttliche Vorherbestimmung zurückfuhr.

Abgesehen davon, ob die Naturgesetze tatsächlich unabänderlich sind oder nicht, versetzt uns oftmals eine Handlung in Erregung, weil sie uns unmittelbar berührt, obwohl sie gleichzeitig nur dem allgemeinen Natursystem zugehört, wie z.B. wenn ein Löwe einen Menschen frisst, dann schädigt er dessen Leben und verursacht Leiden in dessen Familie und bei dessen Verwandten, aber er (der Löwe) zieht daraus Nutzen für seine eigene Existenz. Daher folgt die Natur ihren eigenen Gesetzen, und „Jedem ist der Weg vorbereitet, um das zu tun, wozu er erschaffen ist." Die gesamte Natur ist offenbar dem Menschen dienstbar gemacht.

Der Mensch muss zweifellos eine Mischung davon sein, was sich in diesem Universum an tierischen und menschlichen Wesen befindet. Mit der Vernunft wurde er beschenkt, damit er unterscheiden kann, was nützlich oder schädlich ist, und er bekam die Verpflichtung durch die Religion, die sowohl angesichts des Glaubens als natürliche Notwendigkeit betrachtet wird als auch eine lehrende Methode der Rechtleitung zu der Wahrheit und dem geraden Pfad darstellt.

Es schadet uns nicht, sofern wir an Allahs Gerechtigkeit glauben, wenn wir die folgende koranische Aussage wiederholen: „Und dein Herr tut niemandem Unrecht."[6] Weil die Gerechtigkeit eine essenzielle göttliche Eigenschaft ist, so ist sie von Ihm untrennbar. Was die menschlichen Handlungen betrifft, so werden ihre essenziellen Eigenschaften erst durch die Vernunft und die Scharia (das religiöse Gestz) begriffen. Es ist sinnlos zu behaupten, dass die rechtlichen Urteile, die zu einigen Handlungen abgegeben wurden, und sich von einem religiösen Gesetz zu einem anderen unterscheiden, erst durch die Vernunft vor Aufkommen des religiösen Gesetzes erkannt wurden. Ibn Ḥazm merkte dazu an: „Die Vernunft ist in der Tat die Unterscheidung zwischen den Gegenständen, die man durch Sinnesorgane und Verständnis wahrnehmen kann, sowie die Erkenntnis deren eigentlichen Eigenschaften wie sie in der Wirklichkeit sind", z.B. dass die Welt zweifelsohne erschaffen ist, dass der Schöpfer einzig und ewig ist, dass das Prohetentum derjenigen Menschen

6 Koran 18/49.

wahr ist, deren Prohphetentum bewiesen wurde, sowie dass der Gehorsam gegenüber demjenigen, der uns beim Sündenbegehen mit dem Feuer drohte, eine Pflicht ist. Man sollte dann danach handeln, was die Vernunft für richtig hält. Das bezieht sich auf all das, was sich in der Welt über das religiöse Gesetz hinaus befindet, sodass man sich dabei nur auf die Art und Weise einschränken sollte, dass die Vernunft allein bestimmt, ob das Schwein oder der Ziegenbock erlaubt oder verboten ist, oder warum das Mittagsgebet aus vier *rakʿa*, das Abendgebet aber nur aus drei *rakʿa* besteht, oder warum man beim *wuḍuʾ* (die rituelle kleine Waschung) seine Haare ohne seinen Nacken mit dem Wasser streicht, oder warum man nach einer großen Verunreinigung (z.B. durch Geschlechtsverkehr), die sich in dem unteren Körperteil ereignet, auch den oberen Teil wäscht, oder warum ein Mann vier Frauen heiraten darf, doch fünf Frauen nicht, oder warum der verheiratete Mensch, der Unzucht begangen hat, getötet wird, auch wenn ihm der Ehemann oder der Vater der Ehebrecherin verziehen haben, während derjenige, der einen anderen absichtlich getötet hat, nicht umgebracht wird, falls ihm die Verwandten des Getöteten vergeben, oder warum der Mensch nur zwei Augen hat, also nicht drei oder vier, oder warum der Mensch diese spezielle Gestalt im Gegensatz z. B. zu einem Pferd hat, ist all dies kein Spielraum der Vernunft – weder zum Erlauben noch zum Verbieten. Die Aufgabe der Vernunft muss darin liegen, Allahs Anordnungen aufzunehmen, auf die Missetaten, die Bestrafung zur Folge haben, unbedingt zu verzichten, und anzuerkennen, dass Allah tut, was Er will. Hätte Er gewolltzu verbieten, was Er schon erlaubt hat, oder zu erlauben, was Er schon verboten hat, dann hätte Er, der Erhabene, das bestimmt gemacht. Hätte Er das nicht getan, dann wären wir auf jeden Fall gezwungen zu gehorchen, ohne Weiteres zu tun. Man erkennt (durch die Vernunft) die Eigenschaften jeder Sache, die man in der Welt wahrnehmen kann, d.h. deren Eigenschaft und Gestalt, wie sie vom Herrn, dem Erhabenen, perfekt erschaffen wurde, ohne Weiteres hinzuzufügen.

Diese Worte von Ibn Ḥazm schaffen völlige Klarheit, da sie der Vernunft ihren natürlichen Spielraum zur Verfügung stellen, nämlich die Wahrnehmung dessen, was durch Sinnesorgane oder Verständnis in seinen eigenen Rahmen eintritt.

Was die religiösen Gesetze angeht, so stellt zweifelsohne das Wohlergehen der Welt ihren hauptsächlichen Zweck dar. Das erfolgt durch die Gründung eines Gesetzes und einen deutlichen Weg, dessen Struktur sich auf den

Gehorsam gegenüber dem eigentlichen Gesetzgeber stützt, nämlich Allah, dem Erhabenen. In diesem Rahmen begreift die Vernunft, dass die heute vorhandenen religiösen Regelungen zu den Anbetungsweisen gehören, zu denen uns Allāh verpflichtet hatte. Allāh konnte uns auch mit anderen Anbetungsweisen verpflichten und diese auch durch für Ihn triftige Gründe rechtfertigen. Die Vernunft erkennt, dass es keinen Rechfertigungsgrund für eine privilegierte Anbetungsform gibt. Es kommt eine bestimmte Form nur dem göttlichen Willen zufolge. Dabei hat Allah eine Weisheit gelegt, welche wir begreifen und verstehen sollen.

Selbst wenn Ibn Ḥazm indirekt eine extreme Meinung einnimmt, indem er den auf den rechtlichen Bestimmungen aufgebauten Analogieschluss in Abrede stellt, worin wir ihm aber nicht zustimmen, enthält seine jeweilige Haltung trotzdem die überhaupt von einem muslimischen Gelehrten beste Zusammenstellung verschiedener Theorien, die sich auf die Frage der Vorherbestimmung und der Anpassung zwischen dem göttlichen Willen und der göttlichen Gerechtigkeit beziehen.

Die Argumentation der Vernunft hat demnach ihre eigene Grenze, die sie rationalistisch gesehen nicht überschreiten darf. Die Argumentation der empirischen Wissenschaft hat auch ihre eigene Grenze, die erst mithilfe der Ergebnisse der aktuell laufenden Experimente dargestellt wird. Es kann nie sein, dass die Argumentation des religiösen Gesetzes der Argumentation der Vernunft oder der ganz sicheren Erkenntnis widerspricht. Könnte die Vernunft den vollendeten Tatsachen der Wissenschaften widersprechen, falls die Wissenschaften wirklich solche Tatsachen hätten? Die Vernunft kann sich nur fragen, warum das Ergebnis der Addition (zwei plus zwei) nicht fünf sei, aber gleichzeitig kann sie nur festsetzen, dass das Ergebnis vier ist. Eine gesunde Vernunft überschreitet nicht ihre Grenze oder ihre Aufgaben, und eine zuverlässige Wissenschaft überschreitet auch nicht ihren Raum oder ihre Aufgaben. Anders als dieses oder jenes gibt es Angelegenheiten, bei denen die Offenbarung und das Prophetentum unerlässlich sind. Das sind jene Sachen, die die Vernunft oder die Wissenschaft weder allein begreifen, noch für unmöglich halten, noch darüber entscheiden können, ob diese Sachen den Gesetzen der Wissenschaft oder den Grundlagen der Vernunft widersprächen.

-35-

Daher gelangen wir zu Folgendem: Im Islam gibt es keine über der Vernunft stehende religiöse Grundlage, d.h. eine Grundlage, die sich die Vernunft nicht vorstellen kann, – im Gegensatz zum Christentum. Auf der anderen Seite findet sich auch keine Vernunft über der Religion, wie manche Muʿtaziliten behaupten. Vielmehr existiert nur eine Religion, die der Vernunft entspricht, und eine Vernunft, die der Religion Hilfe leistet. Es gibt auch keine Religion, die der Wissenschaft entgegensteht, sondern es gibt eine Wissenschaft, die dabei hilft, die Tatsachen des Universums zu entdecken und auf dessen Schöpfer hinzuweisen.

Obschon Allah den Menschen nach seiner eigenen Gestalt erschaffen habe, wie es in einigen Überlieferungen steht, und ihm den Auftrag erteilt habe, sich mit den göttlichen Eigenschaften und Moral zu schmücken, wie uns andere Überlieferungen erzählen, sollte das nicht den Eindruck erwecken, dass der Mensch auch die Vollkommenheit des göttlichen Wesens hat. Es darf bzw. kann nicht sein, dass ein Mensch Allah, dem Erhabenen, ähneln würde, weder bezüglich seines Wesens noch seiner Eigenschaften noch seiner Handlungen. Wenn das uns schon bewiesen wird, so erkennt man die Notwendigkeit des Vorhandenseins vom Guten und Bösen im Leben sowie die des Vorhandenseins von der Neigung zum Guten und zum Bösen im menschlichen Wesen, sonst wäre der Mensch vollkommen und das Leben Sorgen frei. Die göttliche Allmacht bezieht sich doch auf alles, was auch das göttliche urewige Attribut der Erschaffung betrifft. Ein Geschöpf könnte nicht gleich vollkommen wie der Schöpfer sein, und es ist auch unmöglich, dass der Schöpfer selbst ein Ihm ebenbürtiges Geschöpf schafft. Wäre das möglich gewesen, dann hätte es mehrere Götter gegeben, und das Universum wäre zerstört worden. Allah hatte jedoch das Universum auf die beste Weise erschaffen und es perfekt gemacht. Das erfolgte gemäß einem perfekten System, das weder ungesetzmäßig noch mangelhaft ist sowie gemäß konstanten Gesetzmäßigkeiten, deren Bezug sich in der körperlichen und der seelischen Welt befindet. Hierauf basierend bedeutet die Vorherbestimmung (*al-qadar*) und die Anordnung (*at-taqdīr*) das allgemeine System der Schöpfung bzw. der Kreativität. In diesem System ereignen sich die Folgen entsprechend ihren Gründen und gemäß den göttlichen unveränderlichen Gesetzmäßigkeiten. Wenn wir sie auch als verändert sehen, so muss es dafür Gründe geben, die uns nicht klar sind. Oder Allah hat das Wissen um diese Gründe ganz für sich beansprucht. Es kann nicht sein, dass etwas in der Welt der göttlichen Bestimmung und den göttlichen Planungsgesetzmäßigkeiten zuwider geschieht. Die Vorherbestimmung ist dementsprechend die Bestimmung und Planung, also gibt es den Eintritt eines Ereignisses ohne einen Grund nicht. Allah ist der Schöpfer der Folgen sowie der Schöpfer ihrer Gründe/Ursachen, und Er lässt sie alle aufeinander folgen.

Darauf weisen die Zeichen der Vernunft sowie die Verse des religiösen Gesetzes hin: „Wir werden ihnen unsere Zeichen am Gesichtskreis und in ihnen selbst zeigen, bis es ihnen klar wird, dass es die Wahrheit ist [...]“[7]

-36-

Der Islam, eine Religion der fiṭrah

Schon haben wir die Bedeutung des Wortes (*fiṭrah*) damit erklärt, dass es die natürliche Anlage (*ğibillah*) bedeutet. Es kommt im arabischen Lexikon *Al-Miṣbāḥ* vor, dass die Wörter *ṭabīʿah*, *ğibillah*), *ḫalīqah* und *ġarīzah* dieselbe Bedeutung tragen. Wenn man sagt: Allah hat jemanden mit einer bestimmten Anlage erschaffen, dann bedeutet dies, dass Er ihm eine bestimmte Natur hat zuteil werden lassen; und das Adjektiv „natürlich“ betrifft „die Natur“. Wenn man ebenso etwas als natürlich beschreibt, so bedeutet das, dass das Beschriebene aus sich selbst heraus durch die natürliche Veranlagung, welche der Schöpfer erschaffen hat, bewirkt wird.

Al-Rāġib Al-Aṣfahānī behandelte den Unterschied zwischen den beiden Wörtern *ṭab*ʿ (natürliche Eigenschaft) und *sağiyya* (natürliche Wesensart), indem er sagte: Das Wort geht auf den Druck bzw. die Formung des Schwertes zurück, darauf, dass das Eisen zu einer gedruckten Form wird, gleich wie auch das Wort (Prägung), das auf den Ausdruck (Münzprägung) zurückgeht, genauso wie Holz behauen (*nağr al-ḫašab*) und Instinkt angesichts dessen, worin man einpflanzt. All diese Ausdrücke bezeichnen die unabänderliche Macht. Die angeborene Eigenschaft ist der Zustand der Naturveranlagung als reflektierte Form des Wortes *šāma* (das Muttermal),

7 Koran 41:53.

das einem angeboren ist. Ähnlich bedeutend ist auch das Wort *sağiyya* (die natürliche Wesensart), mit der ein Mensch bedeckt ist, wie man sagt: ein ruhiges Auge, d.h. es ist abgenutzt und tot. Meistens werden all diese Wörter in einem Zusammenhang genutzt, wenn man etwas nicht abändern kann.

Al-Rāġib Al-Aṣfahānī sagte weiter: Das Wort *ḫuluq* (die Moral) verwendet man als Beschreibung der Macht, die durch seine geistige Wahrnehmungskraft fühlt, während das Wort *ḫalq* (die körperliche Eigenschaft) bei jenen Figuren, die man mit Augen erblicken kann, angewendet wird. Das Wort *ḫuluq* wird als Bezeichnung für die angeborene Macht benutzt, wie es im folgenden Hadith verwendet wird: „Allah hatte vier Sachen beendigt: die Geschöpfe (die Erschaffung), deren Charaktereigenschaften, Nahrung und Todeszeit.“[8]

Manchmal wird dieses Wort als Bezeichnung eines angenommenen Zustandes benutzt, mit dem es einem angemessen wird, sich auf eine bestimmte Weise zu verhalten, wie etwa derjenige, dessen Ärger vorstellbar ist, weil er erzürnbar ist. Deswegen bringt jedes Tier sein eigenes natürliches Wesen hervor, wie z.B. der Mut der Löwen, die Feigheit der Hasen oder die Schlauheit der Füchse. Zuweilen wird das Wort *ḫuluq* vom Nomen *ḫalāqah* (Übung, Praxis) abgeleitet, und somit bedeutet es alles, woran sich der Mensch durch Übung als eine eigene Macht gewöhnt. Es wurde berichtet, dass die besten Taten die guten Verhaltensweisen sind. Es wurde auch überliefert, dass Allah niemandem etwas Besseres gegeben hat, als die gute Verhaltensweise. Daher stellt das Wort *ḫuluq* einmal die im Inneren des Menschen vorhandene Charaktereigenschaft dar, aus der eine Handlung unbewusst entsteht, und gelegentlich ist es diese entstandene Handlung.

Was das Wort „Angewohnheit“ (*ʿādah*) betrifft, so bezeichnet es die Wiederholung eines Aktes oder einer Reaktion, weil es vom Verb „wiederaufnehmen“ (*ʿādah*) abgeleitet wird. Die Angewohnheit ist eine Ergänzung der Moral, deren Aufgabe nur darin liegt, die bereits im Inneren des Menschen vorhandene Macht hervorzubringen. Dass man sich gegen seine natürliche Wesensart (*sağiyya*) verhalten würde, ist unmöglich. Die Angewohnheit kann aber erst durch eine durchdringende Macht zu einer „natürlichen

8 Siehe Al- Muttaqi al Hindī, *Kanz al ʿUmmāl*, Ar- Risāla -Verlag, 1981, B1, S.108.

Wesensart" werden. Aus dieser Perspektive wurde gesagt: Die Angewohnheit ist eine zweite Natur.

Aus dieser sprachlichen Genauigkeit ergibt sich, dass das Wort „Natur" (*ṭabīʿah*) und andere gleichbedeutende Wörter auf die instinktive Struktur in jedem Gegenstand hinweisen. Durch diese Struktur entsteht eine Flexibilität und Bereitschaft zur Entwicklung eines Zustandes, zu dessen Empfang, dessen Ausdauer oder dessen Schwäche. Einige dieser Instinkte reagieren aufeinander, indem sie miteinander harmonieren und zusammenleben, während manche aber die Oberhand behalten, falls sie durch eine durchdringende Macht bekräftigt werden. All dies geschieht durch die Anordnung des Allmächtigen, Allwissenden.

Würde einer Baumgruppe ihre angeborene Wesensart überlassen, wobei sie einen Lebensraum finden und sich in einem fruchtbaren Ackerland befinden dürfen, dann würden sie in geeignetem Maß heranwachsen und aufblühen, sodass sie zu einem Dschungel würden, dessen Äste ineinandergeschlungen wären und der an Wurzeln, Halmen und Blättern reich wäre. Wenn diese Bäume gestutzt würden, dann würden sie gesund aufblühen, ihr Äußeres würde stärker werden und ihr Aussehen würde sich schmücken; sowie es auch möglich sein würde, in ihrem Schatten zu sitzen oder zu Fuß zu gehen. Ähnlich sind die Tiere: Wenn sie alleine in den Wäldern gelassen würden, so würden sie verwildern, dass sie nur mit den Tieren gleicher Art leben könnten. Wenn sie jedoch gezüchtet und gezähmt würden, dann gewöhnten sie sich an den Aufenthalt unter den Menschen, könnten zu den zahmen Tieren zählen und im Dienste der anderen stehen.

Die gestutze Natur ist somit die Gesamtheit zweier Mächte: die ursprüngliche natürliche Macht und die Macht, welche die erste lenkt. D.h. die Angewohnheit, die von einer durchdringende Macht (Vernunft oder Wissen) bekräftigt wird.

Das Wort (*fiṭrah*) bedeutet die natürliche Anlage (*ǧibillah*). Die natürliche Anlage, in der Allah den Menschen erschaffen hat, ist die natürliche Anlage jedes Menschen überhaupt. D.h. damit ist jeder Mensch gemeint, der ein gewisses Maß von der Vernunft und eine Fähigkeit zum Empfang der Kenntnis besitzt, sowie zur Zivilisierung bereit ist und sich an den Gehorsam gewöhnen kann. Außerdem besitzt er die Sinne, mit denen er die sichtbaren, akustischen, vorstellbaren Dinge empfinden kann, und er hat auch Neugier, die ihn zu einigen Kenntnissen und Verhalten führt. Ihm ist all dies gegeben, damit er eigene Taten durchführt, welche ihn den anderen Tieren gegenüber auszeichnen. Unter diesen Taten gibt es gewöhnliche und auch göttliche Handlungen.

Dass der Islam eine Religion der *fiṭrah* ist, bedeutet, dass er die zur angeborenen Natur des Menschen passende Religion ist. Diese Natur beinhaltet ein gewisses Maß der Vernunft, eine Bereitschaft zur Zivilisation und eine Fähigkeit zum Empfang der Kenntnis sowie zum Gewöhnen an den Gehorsam. Diese Religion hilft dem Menschen dabei, seine Kenntnisse zu entwickeln und seinen eigenen Bedarf, die die gewöhnlichen und die göttlichen Handlungen betrifft, zu decken.

Der Erhabene sagt: „Gewiss, dieser Koran leitet zu dem, was richtiger ist."[9] D.h. er hilft dem Menschen dazu, dass dieser die richtigsten und effektivsten Wege finden kann, welche ihm die natürlichen menschlichen Bedürfnisse nach materiellem und geistigem Wohlergehen erfüllen. Dazu leitet ihn der Koran, denn er stellt ihm die Lehren, die jeder Mensch in seiner natürlichen Anlage fühlt, zur Verfügung, und darin findet der Mensch alles, was er an Religon, Gesetzgebung und Lebensweg braucht. Wenn man sagt: Der Mensch ist von seiner Natur aus zivilisiert, so erkennt man ein Merkmal der menschlichen natürlichen Veranlagung an, welche jemanden dazu motiviert, eine Familie zu gründen, und dann einen Stamm und dessen System, und danach eine Nation und die Gesetze für deren gemeinschaftlichen Angelegenheiten zu bauen. Dann kommen die Gesetze, welche die gegenseitigen menschlichen Beziehungen regeln, und die Anlässe, die es ihnen zur Pflicht machen, sich gegenüber diesen Gesetzen gehorsam zu verhalten, nämlich: die Religion und die Herrschaft.

Wenn man sagt: „Der Islam ist eine Religion der *fiṭrah*", dann sollte man auch damit meinen, dass der Islam die Religion der wahren Zivilisation ist, nach der die menschliche natürliche Veranlagung strebt und nur zu einigen deren Merkmale rechtgeleitet wurde. Diese Veranlagung muss aber noch anerzogen und gelehrt werden, um auf prächtigste Weise vollkommen zu werden und um ihre eigenen Besonderheiten und Gesetze sowohl im Universum als auch im Menschen zu entdecken.

9 Koran 17/9.

Der Islam muss gewährleisten, dass die Bedürfnisse, die zum Aufbau einer menschlichen Zivilisation erforderlich sind, gedeckt werden. Deswegen führt die islamische Scharia nichts an, was der menschlichen Veranlagung entgegen stehen könnte. Wenn man z.B. sagt, dass „die Menschheit sich jederzeit und allerorten der Verbundenheit mit einer übersinnlichen Kraft, die über jede im Universum vorhandene Kraft oder Fähigkeit erhaben ist, bedürftig zu sein fühlt, sodass dieses Gefühl eine Art absolute Religion entstehen lässt, d.h. eine instinktive Verehrung gegenüber einem übersinnlichen Gott, von ihm diese Menschheit bezüglich allem, was sie braucht, abhängt, und sich je nach ihren eigenen Hilfsmitteln unfähig fühlt, diese Gottheit zu begreifen", und dann sagt man auch, dass „der Islam eine Religion der *fiṭrah* ist", dann bedeutet dies, dass der Islam diese Religion ist, die dem menschlichen Bedarf an einer Religiösität entspricht und die himmliche Offenbarung vervollständigt. Diese himmliche Offenbarung stellt eine göttliche Anfertigung dar, die den Gesandten herabgesandt wurde, damit sie auch die Menschen darin unterweisen. Somit wird die Offenbarung ihnen als Führer zur Wahrheit der Religion dienen, zu der auch ihre natürliche Veranlagung sie geleitet hat, damit sie vom richtigen Pfad nicht abgelenkt und auch den Ausbeutern nicht ausgesetzt werden, die deren religiösen und weltlichen Angelegenheiten verdecken.

Wenn man sagt, dass der Mensch von Natur aus so erschaffen wurde, dass er denjenigen liebt, der ihm etwas Gutes antut, dann muss der Islam, die Religion der *fiṭrah*, auch diese menschliche natürliche Veranlagung anerkennen und es zur Pflicht machen, dem Wohltäter zu danken.

Wenn man auch sagt, dass der Mensch von Natur aus so erschaffen wurde, dass er denjenigen hasst, der ihm Böses tut, dann muss auch die islamische Gesetzgebung diese Misstat für verboten halten, wobei jedoch zu beachten ist, dass man nur mäßig hassen und eine je nach Art der Misstat passende Strafe für den Misstäter stellen soll. Da die menschliche natürliche Veranlagung zur Harmonie und zum gemeinschaftlichen Leben neigt, sind die Verzeihung und Güte bevorzugter als der andere Sinn (der Hass), der zu den tierischen Eigenschaften zählt.

Daher ist der Islam für das Menschengeschlecht gleich der Vernunft für die einzelnen Personen: Genauso wie die Vernunft den Menschen zur Kenntnis der Dinge führt, zu einigen Nutzen leitet und von manchem Schaden fernhält, leitet auch die Religion das Menschengeschlecht zum richtigsten deutlichsten Weg, damit es das Wohl im Dies- sowie Jenseits erreichen kann. Die Religion ist sozusagen die Logik, welche die natürliche im Inneren des Menschen vorhandene Bereitschaft dazu leitet, auf den Aufstiegswegen des Fortschritts und der Entwicklung bezüglich der Kenntnis, der Kultur und der moralischen Vollkommenheit, sei es auf der individuellen oder kollektiven Ebene, weiterzugehen. Sie richtet auch die menschliche Tat in eine zuverlässige Richtung, nämlich auf diese oben erwähnten Ziele, welche die wirkliche Naturveranlagung darstellt.

Ibn Sina (Avicenna) wollte den Hadith „Der Islam ist die Religion der Naturveranlagung" damit erklären, dass Naturveranlagung hier die Naturveranlagung der Kraft bedeutet, die auch als „die Vernunft" benannt wird. Dabei konstruierte er den Fall, dass dem Menschen all seine Informationen, seine sichtbaren und akustischen Erfahrungen weggenommen würden, und danach wolle er eine Frage beurteilen: Entweder hätte er Zweifel an dieser Frage, und dann sei diese Frage von der Naturveranlagung nicht anerkannt, oder er würde jedoch keinen Zweifel daran finden, dann sei sie von der Naturveranlagung anerkannt oder sogar zweifelsfrei. Aber nicht alles, was die Naturveranlagung annähme, sei wahr. Vielmehr sei hier die Naturveranlagung der Vernunft maßgebend.

Diese Ansicht stimmt mit dem Geist der muslimischen Philosophen überein, die den ersten Menschen für gut hielten und seinen Umgang mit dem Leben sowie mit der Kenntnis als Einwirkung auf ihn ansahen. Das sind auch die Gesichtspunkte Utopias (der idealen Stadt), die sich viele u.a. Ibn Sina und Ibn Tufail vorstellten.

Obwohl diese Ansicht glaubwürdig ist, glaube ich, dass mit der im Hadith angeführten Naturveranlagung die Besonderheiten der menschlichen Taten gemeint sind, auf die ich schon hingewiesen habe, und mit denen jeder Mensch überhaupt versehen ist.

In einem anderen Buch behandelt Ibn Sina die Notwendigkeit zur Existenz des Prophetentums auf Grund dessen, dass der Mensch niemals alleine leben kann. Das ist die Besonderheit, durch die er sich von allen Tieren unterscheidet. Ein Mensch wird erst durch einen anderen Menschen geschützt, und dieser wird auch durch den ersten und seinesgleichen geschützt, sodass sie alle zusammen alsdann sicher werden. Auf der Notwendigkeit zur Beteiligung baut sich die Notwendigkeit zum Umgang auf, der auch seinerseits Gesetz und Gerechtigkeit erfordert. Dafür muss es einen Gesetzgeber und

Schiedsrichter geben, nämlich den Propheten. Weil sich nun das Prophetentum nicht ständig wiederholt, musste der letzte Prophet Gesetze hervorbringen, deren Fortdauer garantiert ist, weil sie zugunsten der menschlichen Interessen gut geregelt sind.

Der grundlegende Entscheidungsträger ist somit der menschliche Bedarf an einem gemeinschaftlichen Leben. Das ist die größte Eigenschaft, mit der vor allem der Mensch ausgezeichnet ist. Die Worte des größten Lehrers Ibn Sina werden durch die folgende Aussage des zweiten Lehrers Al-Farabi (Alpharabius) in seinem Buch *Die Meinungen der Leute von Utopie, der idealen Stadt* erklärt: Die Menschen können erst durch das Zusammenkommen verschiedener kooperativen Gruppen die Vollkommenheit erreichen, derentwegen die menschliche Naturveranlagung erschaffen wurde. Bei diesen Gruppen sollte sich jede einzelne Person zum Teil für die Interssen und den Rückhalt der anderen einsetzen.

Die Regelung des Zusammenkommens, der Versammlung und der Umgangsweise ist die Ursache der Gesetzgebung und des Prophetentums. Das ist doch die Religion der natürlichen Veranlagung. Um die Sache besser zu erklären, sage ich:

Die menschliche natürliche Veranlagung umfasst nicht nur die im Herzen und in der Vernuft innerlichen Triebkräfte, vielmehr bezieht sie sich auch auf die menschlichen natürlich veranlagten Handlungen. Ich habe eine gute Aussage von Abu Alqāsim Al-Aṣfahānīʿ gefunden, die das bezeugt, obwohl er diese Aussage nicht in Bezug auf die Erklärung der natürlichen Veranlagung erwähnt. Sie legt jedenfalls offensichtlich dar, was er damit meint. Abu l-Qāsim sagt: „Angesichts der bloß menschlichen Natur ist jeder Mensch dem anderen Menschen gleich. Wie gesagt: Die Erde ist (ursprünglich) aus Staub und die Leute sind aus einem einzelnen Menschen. Es beehrt jede Sache, dass sie völlig im Sinne ihrer Erschaffung zu ihrem bestimmten Zweck besteht." Eine weitere Verdeutlichung ist die folgende: Jedes Existierende, das Allah in dieser Welt erschaffen oder einige Menschen zu dessen Auffindung und Herstellung rechtgeleitet hat, hat eine eigene Aufgabe, wie z.B. das Kamel, dessen Aufgabe darin liegt, uns und unsere Lasten in ein Land zu tragen, das wir sonst nur mit größter Mühe hätten erreichen können, oder das Pferd, das für uns wie ein Flügel erschaffen wurde, mit dem wir fliegen können, oder die Säge und der Stichel, derer (beides) man sich für das Reparieren einer Tür, eines Betts oder Ähnlichem bedient, oder die Tür, die man zum Hüten des Hauses benutzt. Die eigenen Aufgaben des Menschen sind die folgenen drei:

1) Die Besiedlung der Erde, die in der folgenden Aussage des Erhabenen angeführt wird: „[…] und sie (die Erde) zu besiedeln gegeben […]“[10]. D.h. das Erhalten dessen, wodurch man für sich und für andere eine Lebensführung garantiert.

2) Die Anbetung, welche in der kommenden Aussage des Erhabenen erwähnt wird: „Und ich habe die Dschinn und die Menschen nur dazu erschaffen, damit sie Mir dienen.“[11] D.h. der Gehorsam gegenüber Allah sowohl in Hinsicht auf die Anbetung als auch auf die Gebote und Verbote.

3) Die Stellvertretung, die sowohl in der folgenden Aussage des Erhabenen zu finden ist: „[…] und euch zu Nachfolgern (Stellvertretern) auf der Erde machen und dann schauen, wie ihr handelt“[12] als auch in anderen Versen. D.h. die Nachahmung des erhabenen Schöpfers soweit, wie es den menschlichen Kräften mithilfe der edlen Eigenschaften und Ziele der Scharia möglich ist. Diese edlen Eigenschaften und Ziele der Scharia sind hier die Weisheit, die Umsetzung der Gerechtigkeit seitens der Herrscher unter den Menschen, das Gütigsein und die Wohltaten. Dann sagt Al-Aṣfahānī weiter: Wer weder für Allahs Stellvertretung noch dessen Anbetung noch der Besiedlung dessen Erde geeignet ist, dann ist ein Tier besser als er. Deswegen sagt Allah in Bezug auf diejenigen, denen diese Tugend fehlt: „[…] Sie sind doch nur wie das Vieh. Aber nein! Sie irren noch weiter vom Weg ab.“[13]

Dass der Islam die Religion der natürlichen Veranlagung ist, bedeutet, dass er diejenige Religion ist, welche die Taten des Menschen naturveranlagt macht, mit denen ein Geschöpf wirklich als Mensch und nicht als Tier betrachtet wird.

Dass der Islam die Religion der natürlichen Veranlagung ist, hat zur Folge, dass die glaubens- und praxisbezogenen Verpflichtungen auch begreifbar sind, damit man sich denen (den Verpflichtungen der Religion der natürliche Veranlagung) unterwerfen würde. Die letzten Abschnitte des Satzes habe ich vom Buch (*Die miteinander übereinstimmenden Dinge in*

10 Koran 11/61.
11 Koran 51/56.
12 Koran 10/14.
13 Koran 6/44.

den Grundwissenschaften der Scharia) von Al-Šātibī entliehen. Mit diesen Abschnitten meine ich, was auch Albuṣairī mit seinem folgenden Vers gemeint hat: „Aus Besorgnis um uns hat Er (Allah) uns nicht damit geprüft, was das Verständnis ermüdet. Deswegen sind wir nun weder zweifelnd noch verwirrt."[14]

Die islamische Scharia enthält keine glaubens- oder praxisbezogene Verpflichtung, die mit der Vernunft unvereinbar oder den Leuten unbegreifbar ist. Der Islam stellt sich als ein göttlicher Beweis bzw. als ein Licht dar, das zur Kenntnis und Sicherheit rechtleitet. Der Erhabene sagt: „O ihr Menschen, zu euch ist nunmehr ein Beweis von eurem Herrn gekommen, und wir haben zu euch ein deutliches Licht herabgesandt."[15]

Der Erhabene sagt ferner: „Und wer neben Allah einen anderen Gott anruft, für den er keinen Beweis hat, dessen Abrechnung liegt nur bei seinem Herrn. Gewiss, den Ungläubigen wird es nicht wohl ergehen."[16]

Weiter erklärt Allah in dem folgenden Vers die Argumentation der göttlichen Wahrheit: „Und wir nehmen aus jeder Gemeinschaft einen Zeugen heraus, und da sagen wir: ‚Bringt euren Beweis vor!' Dann werden sie wissen, dass die Wahrheit Allah gehört. Und entschwunden wird ihnen sein, was sie zu ersinnen pflegten."[17]

Allah beschreibt die Disputanten, die weder Wissen noch Beweis besitzen, als hochmütig, indem Er sagt: „Gewiss, diejenigen, die über Allahs Zeichen streiten, ohne dass sie eine Ermächtigung erhalten hätten, haben in ihren Brüsten nur Hochmut (hinsichtlich dessen), was sie nicht erreichen werden können."[18]

Wenn diese o.g. Verse neben dem Wort „Vernunft", das auch in Dutzenden von Versen im Koran vorkommt, Platz beziehen, dann wird erkennbar, dass diese Religion offensichtlich zum Nachdenken und zur Suche nach Beweisen und Argumentationen leitet. Es wird für uns auch erkennbar, dass die rechtlichen Verpflichtungen aufs Ganze geistig gesehen erfasst werden

---

14 Siehe Al-Busayri, URL: http://www.adab.com/modules.php?name=Sh3er&doWhat=shqas&qid=13725&r=&rc=2 (letzter Zugriff:01.06.2015)

15 Koran 10/57.

16 Koran 23/117.

17 Koran 28/75.

18 Koran 40/56.

sollen, damit die Verpflichtung mit diesen Verpflichtungen gültig wird. Diese können, wie schon gesagt, eine direkt klare Ursache haben oder im Rahmen einer allgemeinen Ursache implizit sein, nämlich die Stellung der Menschen auf die Probe stellen bezüglich des Gehorsames gegenüber ihrem Herrn, ohne dass sie (die rechtlichen Verpflichtungen) jedoch der gesunden Vernunft entgegenstehen müssen.

-37-

In diesem Zusammenhang bezweckte Al-Šāṭibī zwei Angelegenheiten, und zwar:

Erstens – Die Glaubensfragen müssen nach irgendeinem Verständnis so begreifbar und einfach sein, dass alle Mitglieder der Gesellschaft, seien sie Intellektuelle oder Laien, sich angesprochen fühlen. Sonst ist die Scharia nicht wirksam und in diesem Fall werden die Leute zu etwas verpflichtet, was sie nicht zu tun vermögen.

Zweitens – Bei der Durchführung (von Vorschriften) soll vor allem die Masse berücksichtigt werden, sodass die rechtlichen Urteile und Gesetze gemäß der allgemeinen Ebene geregelt werden, wie z.B. die Festlegung der Gebetszeiten aufgrund der menschlich sichtbaren Dinge, nämlich durch den Schatten, oder die Bestimmung der Fastenszeit dadurch, dass sich der weiße vom schwarzen Faden unterscheidet. Dazu gehört auch die Behandlung des Höchstwahrscheinlichen ebenso wie des Sicheren.

Die islamische Scharia beachtet sicherlich diese Zwecke, die von Al-Schātibī hier erwähnt werden. Die Urteile lassen sich aber je nach dem Umfang der Entwicklung des Menschen und dessen allgemeiner geistiger Fähigkeit ändern, da die Zeitepochen genau wie die einzelnen Personen in Bezug auf die geistigen Auffassungsvermögen und die Stufen des Wissens gestaffelt sind. Vorausgesetzt wird auch , dass diese Entwicklung sich auf das ganze Menschengeschlecht bezieht, oder auf eine Sache, die dem gesamten menschlichen Geschlecht nützlich ist.

Dass Al-Schātibī die hier angeführten Urteile mit dem Unkundigsein der Schrift der Scharia als eine für die Schriftunkundigen herabgesandte Botschaft begründet, ist fragwürdig. (Seiner Meinung nach sind die Schriftunkundigen diejenigen, die des Lesens und Schreibens nicht mächtig sind).

Es ist nicht unbedingt richtig, dass das Wort *al-umiyyīn* (die Schriftunkundigen), das in der folgenden Aussage des Erhabenen vorkommt: „Er ist es, der unter den Schriftunkundigen einen Gesandten von ihnen hat erstehen lassen, der ihnen Seine Zeichen verliest, sie läutert und sie das Buch und die Weisheit lehrt, obgleich sie sich ja zuvor in deutlichem Irrtum befanden. „Diejenigen" meint jene, die des Lesens und Schreibens nicht mächtig sind. Es ist auch nicht unbedingt richtig, dass die Beschreibung des Propheten als *ʾummī* diese Bedeutung hat.

Es ist jedoch bekannt, dass der Prophet (Allahs Segen und Friede auf ihm) des Lesens und Schreibens unkundig war. Darauf weist der folgende koranische Vers hin: „Und du hast vordem kein Buch verlesen und es auch nicht mit deiner rechten Hand niedergeschrieben. Sonst würden wahrlich diejenigen zweifeln, die es für falsch erklären."[19]

Die arabischen Ausdrücke „der schriftunkundige Prophet" (*an Nabiy al ʾUmmiy*) oder „die Schrifturkundigen" (*al ʾumiyyun*), die in den o.g. Versen erwähnt werden sowie „die schriftunkundige Gemeinschaft" (*al ʾummatu al ʾummiyatu*) werden nicht von der Wurzel „Ursprung" (*ʾumm*) abgeleitet, welche dann die folgende Bedeutung hat: Diejenigen, die noch in ihrem ursprünglichen Zustand der Unwissenheit sind, ohne etwas Neues zu lernen. Meiner Meinung nach werden diese Ausdrücke vielmehr von der Wurzel „Gemeinschaft" (ʾumma) hergeleitet. Somit sind die *Ummiyyūn* diejenigen Gemeinschaften, zu denen Allahs Gesandter geschickt wurde. Der Prophet ist einer von ihnen und er wird dabei als *ummī* beschrieben, weil er diesen Gemeinschaften bzw. Völkern (*Umam*) angehört.

Der vernünftige Grund, warum Allah speziell diese aus der Wurzel *Umma* (Gemeinschaft) abgeleitete Beschreibung auswählt, liegt darin, dass Er darlegt, dass die göttliche Rede sich im Allgemeinen an alle Gemeinschaften wendet und nicht auf ein bestimmtes Volk beschränkt ist. Darauf basierend gibt es weder Allahs Söhne noch seine Lieblinge, an die besonders unter Ausschluss der anderen Menschen die Rede Allahs gerichtet wird, wie einst die Kinder Israels behaupteten.

Al-ʿAqqad sagte: Das wird ferner dadurch bewiesen, dass das Wort „al-Umiyyīn" an mehreren Stellen des Koran als Gegensatz zu den „Leute[n]

---

19 Koran 29/48.

der Schrift von den Kindern Israels" auftaucht. Es kommt in Sure 3 „die Sippe ʿImrāns" zweimal vor in Bezug auf alle Gemeinschaften im Gegensatz zu den Kindern Israels.

1) „Dies, weil sie sagen: Gegen uns kann man der ʾUmiyyīn wegen nicht vorgehen […]"[20]

2) „[…] und sag zu jenen, denen die Schrift gegeben wurde, und den Umiyyīn: Seid ihr ergeben? […]"[21]

Gleichbedeutend kommt es auch im ehrwürdigen Koran vor, dass Allah es ist, „Der unter den Ummiyyīn einen Gesandten von ihnen hat erstehen lassen."[22] Das war gemeint als Widerlegung der Behauptung derer, die Allahs Rede für sich allein außerhalb der anderen Gemeinschaften in Anspruch nehmen, sowie als Erinnerung, dass jede Gemeinschaft von Allah angesprochen wird, solange ihr ein Gesandter geschickt wurde. „Und es gibt keine Gemeinschaft, in der nicht ein Warner vorangegangen wäre."[23]

Es gibt darüber hinaus andere Verse, die auf die oben angeführte Ansicht von Al-ʿAqqad hinweisen. Der Erhabene sagt: „Und wir haben ja bereits in jeder Gemeinschaft einen Gesandten erweckt: ‚Dient Allah und meidet die falschen Götter!' Unter ihnen gibt es manche, die Allah rechtgeleitet hat, und unter ihnen gibt es manche, an denen sich das Erregehen bewahrheitet hat […]"[24].

Was den folgenden prophetischen Hadith anbelangt: „Wir sind eine analphabetische Gemeinschaft: Wir lesen und rechnen nicht"[25], so kann er nur als allgemeine Beschreibung der analphabetischen arabischen Gemeinschaft und somit deren Unfähigkeit zum Rechnen des monatlichen Kalenders zur Zeit der prophetischen Berufung verstanden werden. D.h., es ist hier nur die arabische Gemeinschaft gemeint.

Man kann diesbezüglich auch sagen: Die Stammwurzel des Wortes *ʾummiyya* (Analphabetentum oder Schriftunkundigsein) ist von dem Wort *ʾumma* (Gemeinschaft oder Volk) abgeleitet worden, da diese Lage des

20 Koran 3/75.
21 Koran: 3/20.
22 Koran 62/2.
23 Koran 16/36.
24 Koran 16/36.
25 Siehe: http://www.jasas.net/vb/showthread.php?t=5296 (letzter Zugriff: 01.06.2015).

Unkundigseins in Bezug auf das Lesen und Schreiben über alle damaligen Völker geherrscht hatte, sodass das Wissen nur auf eine Elite bei jedem einzelnen Volk eingeschränkt worden war. Unter diesem Gesichtspunkt gab es keinen Unterschied, wenn gerade das arabische Volk oder irgendein anderes Volk als „analphabetisch" beschrieben wurde, denn wie bei den anderen damaligen Völkern gab es unter den Arabern manche Leute, die lesen und schreiben konnten. Die Mehrheit bildeten jedoch die Analphabeten, welche vor allem der Gesetzgeber berücksichtigt hatte.

Daher ist das Wort *Ummiyya*, wie gesagt, von dem Wort *Umma* abgeleitet worden, obgleich es auf das Analphabetentum hindeutet, welches des Schreibens- und Lesensunkundigsein bedeutet, oder auf die Beziehung der Proheten zu ihren Völkern und die Ausrichtung der göttlichen Rede auf alle Menschen. Diese zweite Bedeutung ist die gemeinte an allen koranischen Stellen, in denen das Wort *Ummiyyūn* vorkommt. Allah weiß es jedenfalls am besten.

Wenn der Gesandte mit einer Religion, die der natürlichen Veranlagung passend ist, zu diesen Gemeinschaften geschickt wurde, was ist dann sein Mittel zur Vermittlung des göttlichen Aufrufs und zur Unterweisung der Menschen darin, wie diese sich mit den menschlichen richtigen Eigenschaften schmücken können?

Im selben Vers, in dem das Wort *Ummiyyīn* vorkommt, gibt uns der Koran eine Antwort darauf: „[...] der ihnen seine Zeichen verliest, sie läutert, und sie das Buch und die Weisheit lehrt [...]"[26]

Allahs Zeichen sind hier die koranischen Suren, die den Menschen zu den kosmischen Zeichen Allahs sowie zu dessen Gesetzen in Hinsicht auf die Anordnung und Planung leiten. Die Beobachtung des Universums und der darin enthaltenen Beweise und Kennzeichen sowie das tiefe Nachdenken über den Koran sind die besten Hilfsmittel, die den Menschen an seine eigene heile natürliche Veranlagung und aufrichtige Wesensart erinnern.

„Sie läutert" bedeutet, dass er sie zu dem erzieht, was ihre Seelen, Körper und Verständnisse reinigt. Es bedeutet auch, dass er sie zu Gehorsam und der Durchführung der Verpflichtungen leitet und ihnen ein schönes Vorbild im Verhalten sowie in der Lebensweise zeigt.

---

26 Koran 62/2.

Das Buch, das sie der Prophet lehrt, ist jedes Buch im Allgemeinen d.h. die Fähigkeit zum Lesen und Schreiben, die Nutzbarmachung jedes Gelesenen und die Entwicklung der Kenntnis durch das Erlernen, Lesen, Untersuchen und Erforschen.

Das Lehren der Weisheit bedeutet die Hinleitung dazu. Dieses Wort *Ḥikma* (Weisheit) ist von *Ḥakama* (Gebissteil des Pferdezaums) abgeleitet worden. Dieser Vers bedeutet also, dass der Prophet ihre Verständnisse läutert und ihre Auffassungsfähigkeit dadurch entwickelt, dass er sie zu den Methoden des Denkens und der kritischen Argumentation hinleitet, damit sie scharfsinnige Philosophen werden.

Raschīd Ridā sagte: „Mit der Weisheit sind die nützlichen Wissenschaften gemeint, die zu guten Taten anspornen und die bei den Kulturvölkern als Philosophie genannt sind. Alle Ziele des Koran und der Sunna drehen sich nur um diese drei Angelpunkte: Das Verlesen des Koran weist also auf seine Ziele hin, und die nachfolgenden Aufgaben (des Propheten) sind nur Hilfsmitteln, die diese Ziele verdeutlichen und bestätigen."[27]

Das Ziel dieser Kenntnis liegt in der Aufrichtigkeit auf dem geraden Weg der natürlichen Veranlagung, indem man durch Umsetzung der Religion nicht von diesem Weg abweichen mag. Der Erhabene sagt: „So richte dein Gesicht aufrichtig zur Religion hin als Anhänger des rechten Glaubens, (gemäß) der natürlichen Anlage Allahs, in der Er die Menschen erschaffen hat. Keine Abänderung gibt es für die Schöpfung Allahs. Das ist die richtige Religion."[28]

Alles, was von dem geraden Weg der Naturveranlagung und dementsprechend von dem Wahren zum Falschen oder von der Rechtleitung zum Irrtum abweicht, ist der islamischen Religion widrig, weil es somit auch der natürlichen Veranlagung widrig ist.

Darauf basierend gilt die Aufrichtigkeit auf dem geraden Weg der natürlichen Veranlagung als ein islamischer Maßstab, mit dem sich das Gute vom Schlechten und das Erlaubte vom Verbotenen unterscheidet. Wer ihn zum Maßstab nimmt, wird nie irregehen: „Oh die ihr glaubt, wenn ihr Allah fürchtet, bestimmt er euch eine Unterscheidungsnorm [...]"[29], d.h.

---

27 Rida, *Al-Wahy al-Muhammadi*, S. 144.
28 Koran 30/30.
29 Koran 8/29.

Er bestimmt euch ein Mittel, wodurch ihr zwischen dem Wahren und Unwahren, dem Guten und Schlechten, dem Nützlichen und Schädlichen unterscheiden könnt.

Al-Schātibī sagte bezüglich „der zwölften Frage“:

Die Scharia schlägt bei der Verpflichtung mit ihren Erfordernissen einen mittleren gerechten Weg ein, der eine mäßige Stellung, ohne jegliche Neigung zu einer der beiden Seiten einnimmt und der dem Erwerb des Menschen ohne Schwierigkeit oder Vernachlässigung unterliegt. Vielmehr ist diese Verpflichtung gemäß der Abwägung, die von jedem einzelnen Verpflichteten die völlige Mäßigung verlangt, wie die Verpflichtungen des Gebets, Fastens, Dschihād, der Pilgerfahrt, Zakat und auch die anderen Verpflichtungen, die prinzipiell ohne sichtbaren erforderlichen Grund festgelegt wurden, oder doch aus einem Grund, der auf die Unkenntnis der Durchführungsweise zurückging, wie z.B. die Aussage des Erhabenen: „Sie fragen dich, was sie ausgeben sollen [...]“[30] oder „Sie fragen dich nach berauschendem Trunk und Glücksspiel“[31] und die ähnlichen Fragen.

Wenn die Gesetzgebung wegen der Abweichung des Verpflichteten oder wegen des Zweifels an dessen Abweichung von der Mitte zu einer der beiden Seiten erfolgt, dann wäre die Gesetzgebung in diesem Fall wie ein Zurückbringen in die gerechte Mitte. Dabei neigt man jedoch zu der anderen richtigen Seite, damit die gerechte Mäßigung erreicht werden kann. Das ähnelt der Verhaltensweise eines milden Arztes, der seinen Patienten zu dem zwingt, was zu seinem Wohl führt, je nach dessen Zustand, Angewohnheit sowie nach der Stärke oder Schwäche der Krankheit. Wenn dieser Patient anschließend seine Gesundheit wieder erlangt hat, dann bestimmt der Arzt für ihn einen mittleren Weg der Regelung, damit er auf jeden Fall gesund bleibt.

Nachdem Al-Schātibī verschiedene Beweise für seine Ansicht aufgeführt hat, betont er erneut, dass wer bei einem islamisch rechtlichen Allgemeinbegriff genau hinsehen und darüber aufmerksam nachdenken würde, in ihm einen Ansporn zum Mittelmaß findet. Wenn es eine Neigung zu einer der beiden Seiten gäbe, dann sollte dies nur als eine Entgegnung auf ein auf der anderen Seite tatsächliches oder erwartetes Geschehen betrachtet werden.

---

30 Koran 2/215.
31 Koran 2/219.

Mit der Seite der Erschwerung, die im Allgemeinen zum Schrecken, Einschüchtern und Zurückhalten eingesetzt wird, wird derjenige angesprochen, der fast immer in den Angelegenheiten der Religion vernachlässigend ist.

Was die Seite der Erleichterung betrifft, die sich jedoch im Allgemeinen als Erwecken der Hoffnung, Motivieren und Erteilung einer Erlaubnis zeigt, so kommt sie als Lösung für denjenigen, dem oft die Erschwerung eine Besorgnis darstellt. Wenn es aber um eine andere Angelegenheit geht, die keine der beiden Seiten ist, so erscheint das Mittelmaß offenbar und der gerade Weg deutlich, welche die autoritative Grundlage bilden.

Zusammengefasst hat Al-Schātibī dann gesagt: Das Mittelmaß wird man durch die Scharia erfahren. Sie kann auch durch die Gebräuche oder die Ansichten erkannt werden, die von der Mehrheit der weisen Persönlichkeiten anerkannt wird, wie etwa die Verschwendung des Vermögens oder der Geiz.

-38-

Ich habe schon erklärt, dass die Tugend nicht unbedingt in der Mitte zwischen den beiden Seiten derselben moralischen Eigenschaft liegt, da es z.B. beim Geiz keinen Unterschied zwischen dessen Seiten und dessen Mitte gibt. Es ist auch unmöglich, dass die Feigheit eine tadelsfreie Mitte und zwei tadelnswerte Seiten haben mag. Vielmehr bedeutet das Mittelmaß rechtlich gesehen die Aufrichtigkeit und das Nichtabweichen, vergleichend mit dem klaren Weg. Darauf weist der folgende Hadith hin: „Ich habe euch auf einem klaren Weg zurückgelassen – seine Nacht ist wie sein Tag – und niemand weicht von ihm (dem Weg) ab, außer dem, der (die abweichende Person) zerstört wird.“ In einem anderen Hadith wurde berichtet, dass der Prophet eine Linie rechts, sowie eine andere Linie links und eine weitere in der Mitte zog. Dann las er, zeigend auf die mittlere Linie, den folgenden Vers vor: „Und (Er hat euch anbefohlen:) Dies ist mein Weg, ein gerader. So folgt ihm! Und folgt nicht den anderen Wegen, damit sie euch nicht von seinem Weg auseinanderführen.“[32]

In einem anderen Hadith besteht das Verbot von der Krümmerung der Wege. Rechtlich gesehen ist die Mitte also die Aufrichtigkeit auf dem geraden Weg der natürlichen Veranlagung. Darauf deutet „die Religion der

32 Koran 6/153.

natürlichen Veranlagung“ hin. So hat uns der Prophet empfohlen, ungerade Wege zu vermeiden.

Da Mittelmaß und Toleranz die Natur der Scharia bilden, kann die Scharia als eine „Mitte zwischen den beiden Seiten, der Übertreibung und der Vernachlässigung“, beschrieben werden. Das Mittelmaß lässt sich trotzdem nicht als ein absoluter Maßstab der Gesetzgebung verstehen, wie schon einst die Griechen „die Mitte“ für einen Maßstab der Ethik gehalten haben.

Personenverzeichnis

Jens Bakker promovierte 2009 an der Universität Bonn im Fach Islamwissenschaft. Gegenwärtig ist er in der interdisziplinären Post-Doc-Forschungsgruppe am Institut für Islamische Theologie der Universität Osnabrück tätig. Seine Forschung ist im Bereich der Geistes- und Wissenschaftsgeschichte der islamischen Welt, insbesondere der Geschichte der Theologie der frühen Neuzeit und des Mittelalters angesiedelt.

Benjamin Jokisch promovierte (1994) und habilitierte sich (2005) im Fach Islamwissenschaft an der Universität Hamburg. Zurzeit forscht er zum frühislamischen Familien- und Erbrecht im Rahmen des Sonderforschungsbereiches 980 „Episteme in Bewegung“ an der Freien Universität Berlin.

Mouez Khalfaoui studierte Islamwissenschaft und Islamische Theologie in Tunesien, promovierte 2008 an der Universität Erfurt und hat seit 2012 einen Lehrstuhl für islamisches Recht an der Eberhard Karls Universität Tübingen inne. Zu seinen Forschungsschwerpunkten gehören islamisches Recht und Arbeitsethik im Islam sowie Minderheiten in Europa. Zudem fungiert er als Berater bei politischen und sozialen Institutionen in Europa und der muslimischen Welt.

Mohammed Nekroumi studierte allgemeine Sprachwissenschaften und Islamische Wissenschaften an der Universität Fes (Marokko) Universität Aix-en-Provence (Frankreich). Nach der Promotion arbeitete er als Dozent für Islamisches Recht an der Universität in Bonn und der FU in Berlin und an einem Forschungsprojekt über Maqāṣidat am Zentrum für Islamische Theologie in Tübingen. Gegenwärtig ist er Inhaber des Lehrstuhls Islamisch-Religiöse Studien mit Textwissenschaftlichem Schwerpunkt und Normenlehre an der Universität Erlangen.

Ibrahim Salama promovierte 2010 an der Universität Leipzig und arbeitet seit 2012 als Post-Doc am Institut für Islamische Theologie der Universität Osnabrück. Zu seinen Forschungsschwerpunkten zählen Islamische Normenlehre und deren Methodologie, Recht der muslimischen Minderheiten, Recht arabischer Länder, Wandelbarkeit der Scharia in der Moderne und Rechtliche Probleme der Integration der Muslime in Deutschland.

Ruggero Vimercati Sanseverino promovierte 2012 an der Universität Aix-Marseille in Frankreich. Seit 2013 ist er im Zentrum für Islamische Theologie an der Universität Tübingen als Dozent und Forscher und seit 2014 auch als wissenschaftlicher Leiter tätig. Seine Forschung und Lehre umfassen die islamische Prophetologie in ihren theologischen, spirituellen und philosophischen Dimensionen, sowie die prophetische Überlieferung im Zusammenhang der Problematik von Tradition und Hermeneutik im (post)modernen Kontext.

Hala Fouad-Sindlinger studierte Betriebswirtschaft an der Universität Kairo und Islamische Theologie an der Universität Tübingen. Ihre Arbeits- und Forschungsschwerpunkte sind deutsch-arabische interkulturelle Kommunikation, interkulturelle Kompetenz, Religion und Kultur in pluralistischer Gesellschaft und interreligiöser Dialog.

Bülent Ucar studierte Islamwissenschaften (Hauptfach), Politischen Wissenschaft und Privatrecht mit Rechtsvergleich an der Universität Bonn (Magister 2002), promovierte dort 2005 in Islamwissenschaft, verwaltete die Professur für Islamische Religionspädagogik 2007–2008 an der Universität Osnabrück, habilitierte an der Universität Nürnberg/Erlangen im Fach Islamwissenschaft 2008 und ist Ordentlicher Professor für Islamische Religionspädagogik in Osnabrück seit Juni 2008. Er leitete das Zentrum für Interkulturelle Islamstudien der Universität Osnabrück 2008–2012 und ist seit 2012 Direktor des Instituts für Islamische Theologie.

Reihe für Osnabrücker Islamstudien

Herausgegeben von Bülent Ucar und Rauf Ceylan

Band 1 Bülent Ucar / Ismail H. Yavuzcan (Hrsg.): Die islamischen Wissenschaften aus Sicht muslimischer Theologen. Quellen, ihre Erfassung und neue Zugänge im Kontext kultureller Differenzen. 2010.

Band 2 Bülent Ucar (Hrsg.): Die Rolle der Religion im Integrationsprozess. Die deutsche Islamdebatte. 2010.

Band 3 Bülent Ucar (Hrsg.): Islamische Religionspädagogik zwischen authentischer Selbstverortung und dialogischer Öffnung. Perspektiven aus der Wissenschaft und dem Schulalltag der Lehrkräfte. 2011.

Band 4 Christiane Paulus (Hrsg.): Amīn al-Ḫūlī: Die Verbindung des Islam mit der christlichen Reformation. Übersetzung und Kommentar. 2011.

Band 5 Amir Dziri: Al-Ǧuwaynīs Position im Disput zwischen Traditionalisten und Rationalisten. 2011.

Band 6 Wolfgang Johann Bauer: Aishas Grundlagen der Islamrechtsgründung und Textinterpretation. Vergleichende Untersuchungen. 2012.

Band 7 Ali Türkmenoglu: Das Strafrecht des klassischen islamischen Rechts. Mit einem Vergleich zwischen der islamischen und der modernen deutschen Strafrechtslehre. 2013.

Band 8 Rauf Ceylan (Hrsg.): Islam und Diaspora. Analysen zum muslimischen Leben in Deutschland aus historischer, rechtlicher sowie migrations- und religionssoziologischer Perspektive. 2012.

Band 9 Bülent Ucar (Hrsg.): Islam im europäischen Kontext. Selbstwahrnehmungen und Außenansichten. 2013.

Band 10 Wolfgang Johann Bauer: Bausteine des Fiqh. Kernbereiche der *´Uṣūl al-Fiqh*. Quellen und Methodik der Ergründung islamischer Beurteilungen. 2013.

Band 11 Lahbib El Mallouki: Zweckrationales Denken in der islamischen Literatur. Al-maqāṣid als systemhermeneutisches Denkparadigma. 2013.

Band 12 Bülent Ucar / Martina Blasberg-Kuhnke (Hrsg.): Islamische Seelsorge zwischen Herkunft und Zukunft. Von der theologischen Grundlegung zur Praxis in Deutschland. 2013.

Band 13 Kathrin Klausing: Geschlechterrollenvorstellungen im Tafsīr. 2014.

Band 14 Mohammed Hashim Kamali / Saffet Köse: Menschenrechte aus zwei islamtheologischen Perspektiven. 2013.

Band 15 Ṭāha Ǧābir Fayyāḍ Al-ᶜAlwānī: Verhaltensethik einer innerislamischen Streitkultur. Übersetzt und mit einer Einführung versehen von Bacem Dziri. 2013.

Band 16 Assem Hefny: Herrschaft und Islam. Religiös-politische Termini im Verständnis ägyptischer Autoren. 2014.

Band 17 Rauf Ceylan/Benjamin Jokisch (Hrsg.): Salafismus in Deutschland. Entstehung, Radikalisierung und Prävention. 2014.

Band 18 Kathrin Klausing / Erna Zonne (Hrsg.): Religiöse Früherziehung in Judentum, Islam und Christentum. 2014.

Band 19 Abdurrahim Kozali / Ibrahim Salama / Souheil Thabti (Hrsg.): Das islamische Wirtschaftsrecht. 2016.

Band 20 Murat Bagriacik: Tradition und Innovation des Fiqh im Denken von Hayreddin Karaman. 2016.

Band 21 Mouez Khalfaoui / Bülent Ucar (Hrsg.): Islamisches Recht in Theorie und Praxis. Neue Ansätze zu aktuellen und klassischen islamischen Rechtsdebatten. 2016.

www.peterlang.com

www.ingramcontent.com/pod-product-compliance
Ingram Content Group UK Ltd.
Pitfield, Milton Keynes, MK11 3LW, UK
UKHW041923210426
5322IPUK00002B/17

9 783631 673577